Grimm-Curtius / Thies

Finanzbuchhaltung

WISO-Studienbücher 1

Finanzbuchhaltung nach dem GKR und IKR

Technik des betrieblichen Rechnungswesens

mit 78 Abbildungen

Thomas Kroher
Häringloherstr. 15
8451 Poppenricht
Tel. 09621/61186

von
Prof. Dr. oec. publ. Helgo Grimm-Curtius
Fachhochschule Augsburg /
Lehrbeauftragter der Universität Augsburg
und
Cand. Dipl. Betriebswirt Frank Thies

5. Auflage 1992

htv hochschul texte verlag
Dr. H. Grimm-Curtius

CIP-Kurztitelaufnahme der Deutschen Bibliothek

Grimm-Curtius, Helgo:
Finanzbuchhaltung nach dem GKR und IKR:
Technik des betrieblichen Rechnungswesens
von Helgo Grimm-Curtius / Frank Thies
Stadtbergen: Hochschul-Texte-Verlag Grimm-Curtius
          (WISO-Studienbücher 1)
(Hauptband) 5. überarbeitete Auflage 1992
ISBN 3-924196-02-8

(c) 1992 Hochschul-Texte-Verlag
      Dr. H. Grimm-Curtius
      Stadtbergen

Das Werk ist urheberrechtlich geschützt. Ohne vorherige Zustimmung des Verlages ist es nicht gestattet, das Buch oder Teile daraus nachzudrucken oder auf fotomechanischem Wege (Fotokopie) zu vervielfältigen, auch nicht für Unterrichtszwecke. Auswertung durch Datenbanken oder ähnliche Einrichtungen nur mit Genehmigung des Verlages.

Umschlaggestaltung: Angela Reichart, Augsburg
Druck: Presse-Druck- und Verlags GmbH, Augsburg

VORWORT zur 1. Auflage

Das vorliegende Werk ist nach Anregungen der Studenten bei Lehrveranstaltungen des Verfassers entstanden. Das Buch möchte den studentischen Lesern eine Publikation bieten, die auf ihre Informationsbedürfnisse zugeschnitten ist. Sicherlich kann das Buch aber auch den vielen Praktikern der Industriebuchführung dienen, die sich derzeit mit der aktuellen Frage: Umstellung von GKR auf IKR? beschäftigen. Bei diesen Lesern möchte das Buch durch seine Besonderheit, die Gegenüberstellung der wichtigsten Buchungen nach GKR und IKR, die eventuell vorhandenen Umstellungsbedenken vermindern und den Einsatz des neuen Industriekontenrahmens fördern. Zu diesem Zweck ist auch die vom BDI empfohlene Tiefgliederung des IKR sowie der Kontenkasse 9 einbezogen.

Viele Studenten hatten bei der Klausurvorbereitung festgestellt, daß die vorhandene Buchhaltungsliteratur für studentische Benutzer gewisse Nachteile aufweist. Entweder sind die vorhandenen Werke zu einfach (Schulbücher für Handelsschulen usw.) oder sie sind zu schwirig (Lehrwerke für die Prüfung von Bilanzbuchhaltern oder Finanzbeamten). Vor allem sind die vorhandenen Bücher bereits stark spezialisiert auf Großhandelsbuchungen oder Industriebuchungen, auf Buchungen nach dem älteren Gemeinschaftskontenrahmen der Industrie (GKR) oder nach dem neueren Industriekontenrahmen (IKR). Studenten benötigen jedoch für ihr weiteres Studium grundlegende Kenntnisse des Rechnungswesen, sowohl für verschiedene Branchen als auch für verschiedne Kontenrahmen.

Durch die nachstehenden Zielsetzungen des vorliegenden Kurzlehrbuches hofft der Verfasser, zur Abdeckung der genannten Lücken in der Buchhaltungsliteratur beizutragen:

- Ausrichtung auf Studenten der Universitäten und Fachhochschulen (insbesondere in den Anfangssemestern), die zum größten Teil keine Vorkenntnisse zur Buchhaltung besitzen.
- Systematische Darstellung der in den Studienplänen wirtschaftswissenschaftlicher Fachbereiche geforderten Buchhaltungskenntnisse und -fertigkeiten. Das Werk soll insbesondere als Begleitmaterial der Lehrveranstaltung dienen und dem Studenten das lästige Mitschreiben des Grundwissens ersparen. Außerdem ermöglicht das Werk ein teilweises Selbststudium und eine gezielte Klausurvorbereitung.
- Gesamtüberblick über die Finanzbuchhaltung für die wichtigsten Branchen und Kontenrahmen. Gemeinsamkeiten und Unterschiede der Buchhaltung nach dem GKR und IKR werden kar herausgestellt.
- Intensive Visualisierung durch 78 Abbildungen, 43 Fallbeispiele mit übersichtlichem Buchungssätze-Schema sowie eine lernpsychologisch günstige Textgestaltung.

Möge das Werk seinen studentischen Lesern zu einer rationellen und erfolgreichen Bewältigung der zuvor teilweise "gefürchteten" Buchhaltungsklausur verhelfen.

Vorwort zur 4. Auflage

Die ersten drei Auflagen des Buches haben im Hochschulbereich sowie in der Buchhaltungspraxis überaus freundliche Aufnahme gefunden (z.T. auch im deutschsprachigen Ausland) und waren deswegen sehr schnell vergriffen. Das <u>Bilanzrichtlinien-Gesetz</u> und der dementsprechende <u>neue Industriekontenrahmen</u> (IKR`86 einschließlich der IKR-Kurzfassung für Aus- und Fortbildungszwecke) erforderten für die 4. Auflage eine völlige Neubearbeitung des gesamten Buches. Der bewährte Aufbau des Buches konnte zwar beibehalten werden, in den Einzelheiten jedoch ergaben sich vielfältige terminologische und buchungstechnische Anpassungen an das neue Recht. Auf die Anpassung der GKR-bezogenen Teile wurde verzichtet; es ist anzunehmen, daß viele Betriebe bei der Umstellung auf das Bilanzrichtlinien-Gesetz auf den IKR umstellen werden (falls noch nicht geschehen.)

Vorwort zur 5. Auflage

Die 5. Auflage erscheint in einer erweiterten und wesentlich überarbeiteten Form. Dies ist notwendig geworden, da viele **Neuerungen des Steuerrechts** (Steuerreform 1990 und weitere Änderungen) sich auch auf die Finanzbuchhaltung auswirken, insbesondere:

- Neufassung des § 5 EStG (Übereinstimmungspflicht bei steuerl. Wahlrechten)
- Neufassung des § 6 EStG (Wegfall des Wertzusammenhang-Prinzips)
- Wegfall der Börsenumsatzsteuer ab 01.01.91
- Privatabgrenzung bei Bewirtungskosten (Eigenverbrauch ?)
- Änderungen bei der Pauschallohnsteuer und bei vermögenswirksamen Leistungen

Abschließend möchten sich die Verfasser auch für die **wertvolle Mithilfe** bei der Erstellung der vorliegenden Neuauflage bedanken: bei Frl. Elke Bürger für die Mitarbeit bei den Kontenplänen sowie bei Herrn Michael Ochs für die Mitarbeit am Stichwortverzeichnis und bei den Korrekturen.

Die Verfasser

Hinweis:

Bei allen Beispielen und Übungsaufgaben wird aus Vereinfachungsgründen weiterhin mit dem ursprünglichen Umsatzsteuer-Tarif von 10 % sowie mit dem ursprünglichen Satz der Pauschallohnsteuer von 10 % gerechnet (wie in der Buchhaltungs-Ausbildung üblich).

Inhaltsverzeichnis

1. RECHNUNGSLEGUNG 13

1.1 Betriebliches Rechnungswesen 13
    1.1.1 Begriffsmerkmale des Rechnungswesens 13
    1.1.2 Teilbereiche des Rechnungswesens 14
    1.1.3 Wertgrößen des Rechnungswesens 15

1.2 Bestandteile der Rechnungslegung 17
    1.2.1 Jahresbilanz 17
    1.2.1.1 Grundbegriffe der Bilanz (Bilanzgleichung) 18
    1.2.1.2 Handelsbilanz - Steuerbilanz 19
    1.2.1.3 Bilanzgliederung gem. § 266 HGB 19
    1.2.1.4 Bewertungsprinzipien 24
    1.2.2 Gewinn- und Verlustrechnung gem. § 275 HGB 27
    1.2.3 Lagebericht / Angang (Kapitalgesellschaften) 31

1.3 Finanzbuchhaltung und Rechtsvorschriften 32
    1.3.1 Finanzbuchhaltung und Geschäftsfälle 32
    1.3.2 Grundsätze ordnungsmäßiger Buchführung (GOB) 35
    1.3.3 Buchführungsvorschriften des Handelsrechts 37
    1.3.4 Buchführungsvorschriften des Steuerrechts 39
    1.3.5 Inventurverfahren und Inventar 41
    1.3.6 Betriebsvermögen - Privatvermögen 45
    1.3.7 Einzelbewertung - Sammelbewertung 46

2. BUCHUNGSSÄTZE UND KONTEN 48

2.1 Belegwesen 48

2.2 Konten 49
    2.2.1 Bilanzauflösung 49
    2.2.2 Kontenseiten (Soll/Haben) 50
    2.2.3 Konteninhalt / Kontenformen 50
    2.2.4 Kontenarten-Systematik 52
    2.2.5 Bestandskonten 54
    2.2.6 Erfolgskonten 55
    2.2.7 Privatkonten 56
    2.2.8 Gemischte Konten 56
    2.2.9 Kontenabschluß-Systematik 58

2.3 Buchungssätze 58
    2.3.1 Einfache und zusammengesetzte Buchungssätze 58
    2.3.2 Bilden und Deuten von Buchungssätzen 60

2.4 Sachliche Abgrenzung 60
2.4.1 Abgrenzung der Erfolgskomponenten 60
2.4.1.1 Ergebnis-Abgrenzung 60
2.4.1.2 Abgrenzung: Aufwand - Kosten (Neutraler Aufwand) 61
2.4.1.3 Abgrenzung: Ertrag - Leistung (Neutraler Ertrag) 64
2.4.2 Einkreissysteme - Zweikreissysteme 65
2.4.3 Sachliche Abgrenzung nach dem GKR 66
2.4.4 Sachliche Abgrenzung nach dem IKR 67

3. BUCHFÜHRUNGSORGANISATION 69

3.1 Buchführungssysteme 69

3.2 Systembücher - Nebenbücher 70

3.3 Technische Buchhaltungsverfahren 71
3.3.1 Übertragungsbuchführung 71
3.3.2 Durchschreibebuchführung 71
3.3.3 EDV-Buchführung einschließlich DATEV-System 73
3.3.4 Offene-Posten-Buchhaltung 74

3.4 Kontenrahmen - Kontenpläne 75
3.4.1 Kontenplan - Kontenrahmen 75
3.4.2 Gemeinschaftskontenrahmen (GKR) 76
3.4.3 Industriekontenrahmen (IKR) 77
3.4.4 Großhandelskontenrahmen / Einzelhandelskontenrahmen 80
3.4.5 Übungskontenpläne 80

4. WARENVERKEHR 82

4.1 Konten des Warenverkehrs 82
4.1.1 Das ungeteilte Warenkonto 82
4.1.2 Getrennte Warenkonten 83

4.2 Abschluß der Warenkonten (Wareneinsatz) 84
4.2.1 Befundrechnung - Fortschreibungsrechnung 84
4.2.2 Nettoabschluß - Bruttoabschluß 85
4.2.3 Kombinationsverfahren 85

4.3 Umsatzsteuer (Mehrwertsteuer) 88
4.3.1 Grundprinzipien der Umsatzbesteuerung 88
4.3.2 Steuerbare Umsätze gemäß § 1 UStG 91
4.3.3 Umsatzsteuer-Bemessungsgrundlagen 92
4.3.4 Vorsteuer-Konten 93
4.3.5 Umstzsteuer-Konten 94
4.3.6 Abschluß der Umsatzsteuer-Konten 95

4.4 Wareneinkauf mit Sonderfällen ... 96
4.4.1 Bareinkauf - Zieleinkauf ... 96
4.4.2 Bezugskosten ... 97
4.4.3 Gutschrifts-Eingang ... 98
4.4.3.1 Grundbegriffe (Lieferer-Nachlässe) ... 98
4.4.3.2 Rücksendungen an Lieferer ... 98
4.4.3.3 Minderungen an Eingangsrechnung ... 99
4.4.4 Liefererskonti ... 100
4.4.5 Liefererboni ... 102

4.5 Warenverkauf mit Sonderfällen ... 103
4.5.1 Barverkauf - Zielverkauf ... 103
4.5.2 Gutschrifts-Ausgang ... 104
4.5.2.1 Grundbegriffe (Erlösschmälerungen) ... 104
4.5.2.2 Rücksendungen der Kunden ... 104
4.5.2.3 Minderungen an Ausgangsrechnung ... 105
4.5.3 Kundenskonti ... 106
4.5.4 Kundenboni ... 108

4.6 Warenentnahmen (Eigenverbrauch) ... 108

4.7 Anzahlungen im Warenverkehr ... 110

5. SONSTIGE LAUFENDE BUCHUNGEN ... 111

5.1 Personalaufwand ... 111
5.1.1 Lohnabrechnung (Nebenbuchhaltung) ... 111
5.1.2 Lohnsumme und Sozialabgaben ... 113
5.1.3 Vorschüsse und Personal-Darlehen ... 115
5.1.4 Aushilfskräfte (Pauschalbesteuerung) ... 116
5.1.5 Sachbezüge ... 116
5.1.6 Vermögenswirksame Leistungen ... 117

5.2 Steuerzahlungen ... 117
5.2.1 Körperschaftsteuer ... 118
5.2.2 Gewerbesteuer ... 119
5.2.3 Vermögensteuer ... 120
5.2.4 Grundsteuer ... 121
5.2.5 Einkommensteuer ... 121
5.2.6 Grunderwerbsteuer ... 123
5.2.7 Verbuchung der Steuerarten ... 123
5.2.7.1 Aktivierungspflichtige Steuern ... 123
5.2.7.2 Abzugsfähige Betriebssteuern ... 124
5.2.7.3 Nicht-abzugsfähige Betriebssteuern (KSt/VSt) ... 125
5.2.7.4 Privatsteuern ... 125
5.2.7.5 Durchlaufsteuern ... 125
5.2.7.6 Steuernachzahlungen / -erstattungen ... 126

5.3 Wechselverkehr ... 127
- 5.3.1 Gesetzliche Bestandteile von Wechseln ... 127
- 5.3.2 Wechselsteuer / Wechseldiskont ... 128
- 5.3.3 Wechsel-Kreislauf ... 129
- 5.3.4 Schuldwechsel beim Bezogenen ... 131
- 5.3.5 Besitzwechsel beim Aussteller ... 132
- 5.3.6 Besitzwechsel beim Wechselnehmer (Wechselverwendung) ... 134
- 5.3.7 Wechselprotest und -rückgriff ... 134

5.4 Wertpapiergeschäfte ... 135
- 5.4.1 Wertpapierarten und -konten ... 135
- 5.4.2 Nebenkosten bei Ankauf und Verkauf ... 138
- 5.4.3 An- und Verkauf von Dividendenpapieren ... 139
- 5.4.4 An- und Verkauf von Zinspapieren ... 140
- 5.4.5 Scheckverkehr ... 141

5.5 Zugänge und Abgänge von Anlagegütern ... 142
- 5.5.1 Kauf von Anlagegütern (Anschaffungskosten) ... 142
- 5.5.2 Im Bau befindliche Anlagen / Anzahlungen auf Anlagen ... 144
- 5.5.3 Herstellungs- und Erhaltungsaufwand (Großreparaturen) ... 145
- 5.5.4 Aktivierungspflichtige Eigenleistungen (Herstellungskosten) ... 146
- 5.5.5 Verkauf von Anlagegütern (Veräußerungsgewinn) ... 147
- 5.5.6 Entnahme von Anlagegütern (Eigenverbrauch) ... 149

5.6 Kalkulatorische Kosten im GKR ... 150

6. INDUSTRIE-BUCHUNGEN ... 154

6.1 Das ungeteilte Herstellkonto ... 154

6.2 Materialkonten ... 155
- 6.2.1 Rohstoffe, Hilfsstoffe, Betriebsstoffe ... 155
- 6.2.2 Ermittlung des Materialeinsatzes ... 156

6.3 Fabrikatekonten ... 157

6.4 Bestandsveränderungen bei unfertigen/fertigen Erzeugnissen ... 159

7. ABSCHLUSSBUCHUNGEN ... 161

7.1 Jahresabschlußarbeiten ... 161
- 7.1.1 Aufstellung des Jahresabschlusses ... 161
- 7.1.2 Vorbereitende Abschlußbuchungen (Übersicht) ... 162
- 7.1.2.1 Abschreibungen / Wertberichtigungen ... 163
- 7.1.2.2 Zeitliche Abgrenzungen ... 164
- 7.1.2.3 Abschluß der Unterkonten ... 164
- 7.1.2.4 Bestandsveränderungen ... 165
- 7.1.2.5 Steuerliche Abgrenzungen ... 165

7.1.2.6 Aufrechnung der Umsatzsteuerkonten 165
7.1.2.7 Sachliche Abgrenzung (GKR) 166
7.1.2.8 Umsatzkostenverfahren 166
7.1.3 Endgültige Abschlußbuchungen und Gewinnverteilung 166

7.2 Abschreibungen / Wertberichtigungen auf Anlagen 169
7.2.1 Begriff und Arten der Abschreibungen 169
7.2.2 Planmäßige Abschreibungen (bewegliche Anlagegüter) 171
7.2.2.1 Abschreibungskomponenten 171
7.2.2.2 Lineare Abschreibung 173
7.2.2.3 Degressive Abschreibung (Buchwert-AfA) 174
7.2.2.4 Wechsel von degressiver zu linearer Abschreibung 174
7.2.2.5 AfA im Zugangsjahr 175
7.2.2.6 Weitere Abschreibungsverfahren 175
7.2.3 Direkte Abschreibungen 176
7.2.4 Indirekte Abschreibungen (Wertberichtigungen) 177

7.3 Abschreibungen / Wertberichtigungen auf Forderungen 178
7.3.1 Forderungsarten und -bewertung 178
7.3.2 Einzelabschreibungen (direkt) auf Forderungen 181
7.3.3 Einzelwertberichtigungen zu Forderungen 183
7.3.4 Pauschalwertberichtigungen zu Forderungen 184
7.3.5 Gemischte Abschreibungen auf Forderungen 187

7.4 Zeiliche Abgrenzung 188
7.4.1 Abgrenzungsformen und Umsatzsteuerbehandlung 188
7.4.2 Aktive Antizipationen 190
7.4.3 Passive Antizipationen 191
7.4.4 Aktive Rechnungsabgrenzungsposten (einschl. Disagio) 192
7.4.5 Passive Rechnungsabgrenzungsposten 195
7.4.6 Rückstellungen 196

7.5 Inventurdifferenzen 199

7.6 Steuerrechtliche Abgrenzungen 200
7.6.1 Privatabgrenzungen 200
7.6.2 Abgrenzung der latenten Steuern 201
7.6.2.1 Aktive latente Steuern (Latente Steueransprüche) 201
7.6.2.2 Passive latente Steuern (Latente Steuerbelastung) 202

7.7 Haupt-Abschlußübersicht 203

7.8 Gewinnverteilung bei verschiedenen Rechtsformen 208
7.8.1 Gewinnverteilung bei Personengesellschaften 208
7.8.2 Stille Gesellschaft 210
7.8.3 Offene Handelsgesellschaft (OHG) 210
7.8.4 Kommanditgesellschaft (KG) 211

7.8.5 Aktiengesellschaft (AG) 213
7.8.5.1 Gezeichnetes Kapital / Ausstehende Einlagen 213
7.8.5.2 Kapital- und Gewinnrücklagen 214
7.8.5.3 Sonderposten mit Rücklagenanteil 214
7.8.5.4 Ergebnisverwendung im Jahresabschluß 215
7.8.5.5 Verwendung des Bilanzgewinns (Folgejahr) 218
7.8.5.6 Ergebnisabhängige Aufwendungen 220
7.8.6 Gesellschaft mit beschränkter Haftung (GmbH) 222

8. DER GESCHLOSSENE BUCHUNGSGANG 223

8.1 Jahreszyklus 223

8.2 Monatszyklus (Kurzfristige Erfolgsrechnung) 224

ABKÜRZUNGSVERZEICHNIS 226
LITERATURVERZEICHNIS 228
STICHWORTVERZEICHNIS 231
ANHANG 1/2: Abschreibungstabelle / Aktive latente Steuern 236
ANHANG 3: Gemeinschaftskontenrahmen der Industrie (GKR) 237
ANHANG 4: Übungskontenplan gemäß GKR 238
ANHANG 5: Industriekontenrahmen (IKR`86) 240
ANHANG 6: Übungskontenplan gemäß IKR`86 242

1. RECHNUNGSLEGUNG

1.1 Betriebliches Rechnungswesen

1.1.1 Begriffsmerkmale des Rechnungswesens

Die Finanzbuchhaltung wird vielfach als "Rückgrat" des gesamten Rechnungswesens in einer Unternehmung betrachtet. Zum Verständnis der Finanzbuchhaltung sollte man daher zunächst einmal die wesentlichen Merkmale des betrieblichen Rechnungswesens untersuchen. In seiner umfassenden Begriffsdefinition des Rechnungswesens hat Weber dieses bezeichnet als "System zur Ermittlung, Darstellung und Auswertung von Zahlen über gegenwärtige / zukünftige Tatbestände und Vorgänge im Betrieb sowie über dessen Umweltbeziehungen" (Weber 1978, S. 17).

Als Hauptmerkmal ist dabei wohl die Abbildung ökonomisch relevanter Vorgänge durch Zahlen (Rechnungsgrößen) festzuhalten. In der modernen, "entscheidungsorientierten" Betriebswirtschaftslehre wird das Rechnungswesen nicht als Selbstzweck betrachtet. Als Hauptzweck des Rechnungswesens wird angesehen, wesentliche Informationen für die Entscheidungen der Führungskräfte zu liefern, weiterhin sollen auch an Außenstehende (z.B. Kapitalgeber) grundlegende Informationen über das Betriebsgeschehen geliefert werden. Die kürzestmögliche Information über (quantifizierbare) Vorgänge bestehen eben in der zahlenmäßigen Darstellung über deren Ergebnisse. Die Vielzahl der auftretenden Rechengrößen kann insbesondere nach den folgenden Kriterien eingeteilt werden:

(1) **Nach dem Inhalt:**
   - Mengengrößen, z.B. Materialverbrauch 1.250 kg
   - Wertgrößen, z.B. Materialaufwand 12.500 DM

(2) **Nach der zeitlichen Orientierung:**
   - Istgrößen (an Gegenwart / Vergangenheit orientiert)
   - Sollgrößen (an Zukunft orientiert)

(3) **Nach dem zeitliche Bezug:**
   - Bestandsgrößen (Bezug: Zeitpunkt), z.B. Bilanzsumme am 31.12.1991
   - Strömungsgrößen (Bezug: Zeitraum), z.B. Materialaufwand vom 01.01. bis 31.12.1991

Das Rechnungswesen soll Informationen über das Betriebsgeschehen liefern. Dabei sind einerseits Informationen über Innenvorgänge (Vorgänge innerhalb des Betriebes, insbesondere im Rahmen der Produktion von Sachgütern) und andererseits Informationen über Außenvorgänge (Geschäftsbeziehungen des Betriebes mit der Außenwelt) möglich. Daneben ist jedoch die Stellung des Informationsadressaten für die Teile des Rechnungswesens von besonderer Bedeutung:

- Interne Informationsempfänger (z.B. Geschäftsleitung, Führungskräfte)
- Externe Informationsempfänger (z.B. außenstehende Gesellschafter, Gläubiger, Öffentlichkeit, Finanzbehörden).

Durch seine vielfältigen und präzisen Informationen ist ein aussagefähiges Rechnungswesen von großer Bedeutung für jeden Betrieb. In der Literatur werden hierfür meistens gewisse **Grundfunkionen** (Aufgaben) des Rechnungswesens aufgeführt:

(1) **Entscheidungsfunktion**
   (Planung und Vorbereitung von Entscheidungen, Dispositionen der Führungskräfte)
(2) **Dokumentationsfunktionen**
   (Festhaltung der Vergangenheitsinformationen zur Rechenschaftslegung)
(3) **Kontrollfunktion**
   (Vergleich von Ist-Werten und Soll-Werten ergibt Abweichungen und Verbesserungsmöglichkeiten)
(4) **Steuerungsfunktion**
   (Beeinflussung der betrieblichen Mitarbeiter und Abteilungen im Hinblick auf die Unternehmungsziele).

1.1.2 Teilbereiche des Rechnungswesens

In der Praxis wird vielfach die nachstehende, "traditionelle" Einteilung des Rechnungswesens verwendet.

(1) **Buchhaltung / Bilanz**: Hier handelt es sich um die klassische "Buchführung", die handels- und steuerrechtlich vorgeschriebene Dokumentation der abgelaufenen Geschäftsvorfälle des Geschäftsjahres einschließlich des entsprechenden Jahresabschlusses.

(2) **Kostenrechnung**: Zur Kontrolle der Wirtschaftlichkeit und zur Ermittlung der Selbstkosten werden detaillierte Informationen über den Produktionsfaktorverbrauch im Betrieb gesammelt und den Informationen über die erstellten Sachgüter bzw. Dienstleistungen gegenübergestellt. Dabei sind bei Industriebetrieben meist die nachstehenden Rechnungsstufen anzutreffen; die ersten drei Stufen werden dabei meist als "Betriebsbuchhaltung" bezeichnet:

- Kostenarten-Rechnung: Systematische Sammlung der angefallenen Kosten in einer Wirtschaftsperiode; die sogenannten "Einzelkosten" können direkt den einzelnen Kostenträgern (Erzeugnissen) zugerechnet werden, die "Gemeinkosten" fallen gemeinsam für mehrere Produkte in bestimmten Kostenstellen an.
- Kostenstellen-Rechnung: Die Beträge aus der Kostenarten-Rechnung werden auf die betreffenden Kostenstellen verteilt.

- Kostenträger-Zeitrechnung (Betriebsergebnisrechnung)
  Die angefallenen Kostenbeträge der Wirtschaftsperiode werden den Kostenträgern (hergestellte oder verkaufte Erzeugnisse dieser Periode) gegenübergestellt.
- Kostenträger-Stückrechnung (Selbstkosten-Kalkulation)
  Die Kostenbeträge je Stück der Kostenträger (Produkte) werden zusammengefaßt als Grundlage der Verkaufspreispolitik.

(3) **Planung:** Die Rechenwerke der Planung stellen eine Vorschau (Prognoseinformation) über zukünftige Vorgänge dar. Meist werden Teilpläne für bestimmte Betriebsfunktionen (z.B. Absatz-, Fertigungs-, Beschaffungs-, Finanzplan) oder für bestimmte Großprojekte aufgestellt. Durch Vergleich der Planwerte mit den entsprechenden Ist-Werten wird die Kontroll- und Steuerungsfunktion der Führungskräfte ermöglicht. Zur Unterstützung dieser Planungs- und Kontrollaufgaben wird bei modernen Betrieben in zunehmendem Maße eine zentrale Abteilung "Controller" eingerichtet.

(4) **Statistik:** Durch übersichtliche Darstellung der Ist-Werte bei massenhaften Vorgängen im Betrieb erhält die Geschäftsleitung wertvolle Informationen. Auch hier sollte die Geschäftsleitung im Interesse der Kontrollfunktion Vergleichswerte heranziehen: z.B. Ist-Werte derselben Vorgänge in früheren Jahren (Zeitvergleich) oder Ist - Werte derselben Vorgänge aus anderen Betrieben derselben Branche (zwischenbetrieblicher Vergleich).

Die angeführte "traditionelle" Einteilung des Rechnungswesens weist heute Überschneidungen auf, da z.B. moderne Formen der Kostenrechnung (Plankostenrechnung) bzw. der Buchhaltung (Planbilanzen) ebenfalls Planwerte verwenden und die Statistik vielfach Ergebnisse der Buchhaltung und Kostenrechnung auswertet. In der neueren Literatur ist daher häufig nur noch die nachstehende **Zweiteilung** des Rechnungswesens anzutreffen:

(1) **Internes Rechnungswesen:** Information über innerbetrieblichen Kosten-/Leistungsprozeß, vorwiegend für innerbetriebliche Empfänger
(2) **Externes Rechnungswesen:** Informationen über abgelaufene Geschäftsvorfälle einschließlich Jahresabschluß, sowohl für interne Empfänger als auch insbesondere für externe Empfänger

1.1.3 Wertgrößen des Rechnungswesens

Widerspruchsfreie Einteilungskriterien für das Rechnungswesen lassen sich aufgrund der betriebswirtschaftlichen Entscheidungstheorie gewinnen (vgl. Heinen 1986, S. 115). Wichtig erscheint hierbei, daß verschiedene Teile des Rechnungswesens ("Rechenwerke") durchaus verschiedene **Abgrenzungen** der hauptsächlichen **Rechengrößen** verwenden. Zum Verständnis der Finanzbuchhaltung ist besonders die

Abgrenzung der verwendeten Wertgrößen zur Kostenrechnung bzw. zu weiteren Rechenwerken von grundsätzlicher Bedeutung (vgl. Abb. 1). Die für die Finanzbuchhaltung wesentliche Abgrenzung der Strömungsgrößen gegenüber der Kostenrechnung wird in Punkt 2.4 dargestellt ("sachliche Abgrenzung").

Die aus der Abbildung ersichtliche Abgrenzung der Rechengrößen **"Einnahmen - Einzahlungen"** bzw. **"Ausgaben - Auszahlungen"** soll hier nun kurz erläutert werden. Dieser Differenzierung liegen die folgenden Begriffsdefinitionen zugrunde:

(1) Einzahlungen bzw. Auszahlungen: Erhöhungen bzw. Verminderungen des Zahlungsmittelbestandes der Unternehmung (Kassenbestände und Bankguthaben)
(2) Einnahmen bzw. Ausgaben: Erhöhungen bzw. Verminderungen des Geldvermögens der Unternehmung (Zahlungsmittelbestände sowie Bestände an Forderungen und Verbindlichkeiten)

Aus der Gegenüberstellung ergeben sich insgesamt die nachstehend genannten Gemeinsamkeiten bzw. Unterschiede der Rechengrößen bei Einnahme- / Ausgabe-Rechnungen:

(1) "Einnahme = Einzahlung":   z.B. Barverkauf von Fertigerzeugnissen
(2) "Einnahme, keine Einzahlung": z.B. Warenverkauf mit Zahlungsziel
(3) "Einzahlung, keine Einnahme": z.B. Aufnahme eines Bankkredits
(4) "Ausgabe = Auszahlung":   z.B. Bareinkauf von Fertigungsmaterial
(5) "Ausgabe, keine Auszahlung": z.B. Wareneinkauf auf Kredit
(6) "Auszahlung, keine Ausgabe": z.B. Bartilgung eines Bankkredits

Abschließend ist hier die Abgrenzung der Rechengrößen **"Einnahme - Ertrag"** bzw. **"Ausgabe - Aufwand"** darzustellen. Es ergeben sich insgesamt folgende mögliche Fälle von Gemeinsamkeiten bzw. Unterschieden:

(1) "Einnahme = Ertrag":   z.B. Barverkauf von Fertigerzeugnissen
(2) "Einnahme, kein Ertrag":   z.B. Verkauf einer Maschine zum Buchwert
(3) "Ertrag, keine Einnahme": z.B. Erhöhung der bilanzierten Wertpapierkurse
(4) "Ausgabe = Aufwand":   z.B. Barzahlung von Fertigungslöhnen
(5) "Ausgabe, kein Aufwand":   z.B. Verwendung von Pensionsrückstellungen
(6) "Aufwand, keine Ausgabe": z.B. Bildung von Pensionsrückstellungen

Rechenwerke → ↓ Wertgrößen	Finanzbuchhaltung	Kosten- / Leistungsrechnung	Einnahmen- / Ausgabenrechnung (z.B. Finanzplan)
Bestandsgrößen	Vermögensteile (Aktiva) Kapitalteile (Passiva)	Betriebsnotwend. Vermögen Betriebsnotwend. Kapital	Geldvermögen bzw. Zahlungsmittel- bestände, Kapitalteile
Strömungsgrößen	Aufwand Ertrag	Kosten Leistungen	Ausgaben (Auszahlungen) Einnahmen (Einzahlungen)

Abb. 1: **Wertgrößen bei verschiedenen Rechenwerken**

Die zuvor genannten Teilbereiche des Rechnungswesens werden nicht etwa völlig isoliert nebeneinander durchgeführt. Die Finanzbuchhaltung muß ohnehin von allen Vollkaufleuten bzw. Steuerpflichtigen durchgeführt werden und ist weitgehend unabhängig von dem jeweiligen Wirtschaftszweig. Die Kostenrechnung ist stark betriebsindividuell aufgebaut und stark vom jeweiligen Wirtschaftszweig abhängig. Meistens jedoch werden die Istdaten der Kostenrechnung zum größten Teil aus der Finanzbuchhaltung einschließlich deren Nebenbuchhaltung übernommen. Daher ist es durchaus berechtigt, die Finanzbuchhaltung als "Rückgrat" des betrieblichen Rechnungswesens zu bezeichen.

1.2 Bestandteile der Rechnungslegung

1.2.1 Jahresbilanz

Der Bereich der Finanzbuchhaltung wird in den letzten Jahren in zunehmendem Maße unter dem zentralen Aspekt einer **Rechnungslegung** der Unternehmung gesehen. In den heutigen Unternehmen, insbesondere in den Großunternehmen, sind erhebliche Vermögenswerte investiert; der Erfolg der Unternehmung ist für die Versorgung der Gütermärkte und für die Beschäftigungslage an den Betriebsstandorten von großer Bedeutung. Die Geschäftsleitung muß daher Rechenschaft ablegen für sich selbst und insbesondere für die Öffentlichkeit über die Entwicklung der Vermögenswerte und den Geschäftserfolg des abgelaufenen Geschäftsjahres. Für die Unternehmen in der Rechstform der AG bzw. für alle Großunternehmen ist eine derartige Rechnungslegung und Publizität gesetzlich vorgeschrieben, vgl. §§ 148 ff. AktG ("5. Teil: Rechnungslegung, Gewinnverwendung") bzw. §§ 1 ff. PublG ("Gesetz über die Rechnungslegung von bestimmten Unternehmen und Konzernen").

Gesetzlich vorgeschriebener Hauptbestandteil der Rechnungslegung ist bei allen Kaufleuten der **Jahresabschluß**, d.h. die Jahresbilanz sowie die Gewinn- und Verlustrechnung. Bei Kapitalgesellschaften ist der Jahresabschluß um einen Anhang zu erweitern sowie zusätzlich ein Lagebericht aufzustellen. Bei Kapitalgesellschaften ist die Rechnungslegung auch von unabhänigen Wirtschaftsprüfern zu prüfen und zu veröffentlichen ("Offenlegung"), wobei es für kleine und mittelgroße Gesellschaften gewisse Erleichterungen gibt (Vgl. §§ 316 ff. HGB).

1.2.1.1 Grundbegriffe der Bilanz (Bilanzgleichnung)

Als Hauptbestandteil der Rechnungslegung ist die Bilanz anzusehen. Der Bilanzbegriff kommt von lateinisch "bis" und "lanx" und bezeichnet die beiden Schalen der früher üblichen Waagen. Der traditionelle **Bilanzbegriff** bezeichnet eine kurzgefaßte, wertmäßige Gegenüberstellung von Formen und Finanzquellen aller betrieblichen Vermögensgegenstände zu einem bestimmten Stichtag in Kontoform. Die Vermögensteile in bestimmten Formen werden dabei als "Aktiva" bezeichnet (weil sie, wie z.B. Maschinen, aktiv arbeiten), die Quellen des Vermögens als "Passiva" (verschiedene Kapitalformen).

Die Aktivposten, z.B.: bebaute Grundstücke, Maschinen, Wertpapiere, Warenvorräte, Kassenbestand, werden in aufsteigender Reihenfolge nach ihrer Liquidität aufgeführt. Als **Liquidität** ist dabei die Möglichkeit anzusehen, die Vermögenswerte wieder in liquide Mittel (Bargeld) umzuwandeln. Bargeld z.B. hat die höchste Liquidität, bebaute Grundstücke mit speziellen Betriebsgebäuden haben demgegenüber eine wesentlich ungünstigere Liquidierbarkeit. Die Passivposten werden zunächst nach dem zugrundeliegenden Rechtsverhältnis eingeteilt in Eigenkapital (Kapital, welches der Inhaber bzw. die Gesellschafter selbst eingebracht haben, Gesellschaftsvertrag) und Fremdkapital (Kapital, welches außenstehende Dritte, wie z.B. Banken zur Verfügung gestellt haben, Darlehensvertrag). Innerhalb dieser Gruppen erfolgt die weitere Untergliederung in absteigender Reihenfolge nach der Überlassungsdauer der Kapitalteile.

Die Differenz von Vermögenswerten und Schulden wird als Eigenkapital (Reinvermögen) bezeichnet. Dieser Zusammenhang wird oft als **Bilanzgleichung** dargestellt:

    Summe der Aktiva   = Summe der Passiva
    Summe des Vermögens   = Summe des Fremdkapitals +
                            Summe des Eigenkapitals

Die Bilanzgleichung bedeutet, daß am Bilanzstichtag die Bilanzsumme auf der Aktivseite und die Bilanzsumme auf der Passivseite stets gleich sein müssen. Dies ergibt sich aus der Definition des Eigenkapitals als Restgröße von Vermögen und Fremdkapital. Zur Verdeutlichung dieses "Gleichheitsprinzips" sei als kleines Beispiel an die Eröffnungsbilanz einer kleinen Firma gedacht. Der Inhaber hat 20.000,-- DM Eigenkapital und 80.000,-- DM Fremdkapital zur Verfügung und hat für diese 100.000,-- DM die Büroeinrichtung gekauft (in gemieteten Räumen). Die Summe der Aktiva (100.000,-- DM Büroeinrichtung) ist notwendigerweise gleich der Summe des hierfür aufgenommenen Kapitals (100.000,-- DM Passiva). Ein Sonderfall der Bilanzgleichung ergibt sich, wenn das Eigenkapital einer Firma durch mehrjährige Verluste aufgezehrt wurde und noch weitere Verluste auftreten. Hier ergibt sich eine sogenannte "Unterbilanz" (Überschuldung), d.h. das Fremdkapital ist größer als die vorhandenen Vermögenswerte, es ergibt sich ein negatives Eigenkapital.

1.2.1.2 Handelsbilanz - Steuerbilanz

Trotz übereinstimmender Grundstruktur sind nach ihrer detaillierten Ausgestaltung mehrere verschiedenartige **Bilanzarten** anzutreffen. Diese können insbesondere nach den folgenden Kriterien eingeteilt werden:

- **Nach den zugrundeliegenden Rechtsvorschriften:** Handelsbilanzen - Steuerbilanzen
- **Nach der Anzahl einbezogener Unternehmen:** Einzelbilanzen - Konzernbilanzen
- **Nach der Häufigkeit der Bilanzerstellung:** Laufende Bilanzen, insbesondere Jahresbilanz - Gelegentliche Bilanzen (Sonderbilanzen, z.B. bei Umwandlungen). Sonderbilanzen, deren Positionen nicht mit den Werten aus der Finanzbuchhaltung angesetzt sind, werden auch als "Status" (Mehrzahl "Stati") bezeichnet.
- **Nach der zugrundeliegenden Steuerart** (bei Steuerbilanzen) Ertragssteuerbilanzen (gem. EStG, KStG, GewStG) - Vermögensaufstellung (gem.VSt). Die Ertragssteuerbilanzen sind aus der Finanzbuchhaltung abgeleitet, die Vermögensaufstellungen richten sich nach VStG und BewG.

Handelsbilanzen sind gem. Handelsrecht für Kaufleute und Handelsgesellschaften vorgeschrieben (HGB, AktG usw.) und werden aus der Finanzbuchhaltung einschließlich Inventar abgeleitet. Steuerbilanzen werden ebenfalls aus der Finanzbuchhaltung abgeleitet und berücksichtigen die speziellen Vorschriften des Steuerrechts (insbes. des Einkommensteuerrechts). Großunternehmen bzw. Aktiengesellschaften, die zur Veröffentlichung der Handelsbilanz verpflichtet sind (Bilanz ist u.a. im veröffentlichten Geschäftsbericht enthalten), haben meist eine eigene Handelsbilanz und Steuerbilanz. Bei mittelständischen Firmen wird vielfach nur eine einzige Jahresbilanz erstellt (meist sowohl des Handels- als auch des Steuerrechts). Nach dem "**Maßgeblichkeitsprinzip**" (Maßgeblichkeit der Handelsbilanz für die Steuerbilanz) ist daher für die Gestaltung der Steuerbilanz der Inhalt der Handelsbilanz als maßgeblich anzusehen. Endzweck der Finanzbuchhaltung ist die Aufstellung einer nach den Rechtsvorschriften ordnungsgemäßen jährlichen Handels- bzw. Steuerbilanz einschließlich Erfolgsrechnung.

1.2.1.3 Bilanzgliederung gem. § 266 HGB

Die weitere Gliederung der Jahresbilanz eines Industrieunternehmens in Übereinstimmung mit den Vorschriften des § 266 HGB ist in Abb. 2 dargestellt. Auch Unternehmungen, die nicht die Rechtsform der AG aufweisen, verwenden analog diese Bilanzgliederung; bei Unternehmen bestimmter Wirtschaftszweige, z.B. bei Banken, sind zwar grundsätzlich die gleichen Bilanzpositionen anzutreffen, jedoch gelten für deren Reihenfolge in der Bilanz etwas abweichende Rechtsvorschriften (gesetzlich vorgeschriebene Formblätter).

Bei den Aktivposten ist zunächst die Einteilung in Anlagevermögen und Umlaufvermögen von Bedeutung. Zum **Anlagevermögen** werden alle Vermögensgegenstände gerechnet, die über mehrere Jahre hinweg im Betrieb verwendet werden (vgl. § 247 Abs. 2 HGB). Eine wichtige Unterteilung ergibt sich in:

- **Sachanlagevermögen**: körperliche Gegenstände, z.B. Grundstücke, Gebäude, Maschinen
- **Immaterielles Anlagevermögen**: erworbene Schutzrechte, die auf mehrere Jahre hinaus gewerblich ausgenützt werden können, z.B. Lizenzen
- **Finanzanlagevermögen**: Geldmittel, die längerfristig außerhalb der Unternehmung angelegt sind, z.B. Beteiligungen.

Die während des Geschäftsjahres aufgetretenen Veränderungen des Anlagevermögens sind gem. § 268 Abs. 2 HGB in einem besonderen "**Anlagespiegel**" anzugeben; der Anlagespiegel kann wahlweise in der Bilanz oder im Anhang aufgeführt sein. Der Anlagespiegel umfaßt unter Einbeziehung der Geschäftsjahresabschreibung und der Restbuchwerte des Vorjahres die nachstehenden Spalten:

(1) **Anfangsbestand (Anschaffungs- / Herstellungskosten)**:
 Endbestand des Vorjahres
(2) **Zugänge im Geschäftsjahr**: Mengenmäßige Erweiterungen des Anlagevermögens, z.B. durch Kauf neuer Anlagegüter
(3) **Abgänge im Geschäftsjahr**: Mengenmäßige Verringerungen des Anlagevermögens, z.B. durch Verkauf von Anlagegütern
(4) **Umbuchungen im Geschäftsjahr**: Anlagegüter werden von einer Bilanzposition in eine andere übertragen, z.B. Umbuchung von "Anlagen im Bau" auf "bebaute Grundstücke" bei Fertigstellung eines Gebäudes
(5) **Abschreibungen (Kumuliert)**: Wertmäßige Verringerungen bei Anlagegütern seit ihrer Anschaffung, z.B. wegen Abnutzung (Verschleiß)
(6) **Zuschreibungen im Geschäftsjahr**: Wertmäßige Erhöhungen bei Anlagegütern, z.B. wegen gestiegenen Marktpreisen (höchstens bis zu den Anschaffungskosten). Die Zuschreibungen werden im Folgejahr mit den kumulierten Abschreibungen verrechnet
(7) **Endbestand**: Restbuchwert
(8) **Abschreibungen des Geschäftsjahres**: Angabe wahlweise im Anhang
(9) **Anfangsbestand (Restbuchwert)**: Angabe wahlweise im Anhang

Im Anlagespiegel nach § 268 HGB ist der Anfangsbestand mit den "historischen Anschaffungs- oder Herstellungskosten" zu bewerten, ebenso sind Zugänge und Abgänge mit den Anschaffungs- oder Herstellungskosten zu bewerten. Dies bedeutet für Kapitalgesellschaften die obligatorische Angabe der "Bruttowerte" (nach AktG alter Fassung konnten wahlweise Brutto- oder Nettowerte angegeben werden). Der seit Anschaffung der Anlagegüter eingetretene Wertverlust (kumuliete Abschreibungen) wird zur Ermittlung des Endbestands von den Anschaffungskosten abgezogen. Dies bedeutet die obligatorische Anwendung der "Direkten Abschreibung" im Anlagespiegel (nach AktG alter Fassung konnten wahlweise direkte oder indirekte Abschreibungen durchgeführt werden). Zusammenfassend läßt sich sagen, daß für Kapitalgesellschaften nunmehr ein Anlagespiegel nach der **direkten Bruttomethode** vorgeschrieben ist.

Beim **Umlaufvermögen** ist die grundsätzliche Einteilung in Vorratsvermögen und Finanzumlaufvermögen von Bedeutung. Das Vorratsvermögen enthält die bei Industriebetrieben oft umfangreichen Bestände an Rohstoffen, Hilfsstoffen und Betriebsstoffen (in der Praxis vielfach als "Material" bezeichnet), sowie die Bestände an Fertigerzeugnissen und unfertigen Erzeugnissen (in der Praxis vielfach als "Fabrikate"bezeichnet). Beim Finanzumlaufvermögen sind insbesondere die "Forderungen aus Lieferungen und Leistungen" (noch nicht bezahlte Rechnungen der Kunden, "Außenstände") und die liquiden Mittel (Kassenbestand, Bankguthaben) von Bedeutung.

Beim Ausweis des Eigenkapitals sind in Abhängigkeit von der Rechtsform der bilanzierenden Unternehmung zwei unterschiedliche Methoden anzutreffen. Die sogenannte Personenunternehmung (Einzelkaufmann, Personengesellschaften wie z.B. OHG) bilanziert meist nach der Methode des **"variablen Eigenkapitals"**, d.h. das am Beginn des Geschäftsjahres vorhandene Eigenkapital wird in der Schlußbilanz um den angefallenen Jahresgewinn bzw. Jahresverlust erhöht bzw. verringert ausgewiesen. Außerdem kann das Eigenkapital durch Entnahmen der Gesellschafter verringert werden. Bei einem Einzelkaufmann wird ein Eigenkapitalkonto geführt (oft nur als "Kapitalkonto" bezeichnet), bei mehreren Gesellschaftern A,B,C ... werden entsprechend mehrere Eigenkapitalkonten A,B,C ... ausgewiesen.

AKTIVA			PASSIVA	
Ausstehende Einlagen		Eigen-kapital	Gezeichnetes Kapital Kapitalrücklage Gewinnrücklagen (gesetzl., satzungsmäß., andere Rücklagen) Jahresüberschuß/Jahres- fehlbetrag	
Ingangesetz./Erweiterung d. Gesch.b.				
Konzessionen, gew.Schutzr. Geschäfts- od. Firmenwert Geleistete Anzahlungen	Immat. Vermög.- gegenst.			
Grundstücke / Bauten Techn.Anlagen / Maschinen And. Anlagen / Betriebs- u. Geschäftsausstattung Geleist. Anzahl./Anl.i.Bau	Sach- Anlagen	Sonderposten mit Rücklagenanteil		
		Rück- stellungen	R.f. Pensionen und ähnliche Verpflichtungen Steuerrückstellungen R.f. latente Steuern Sonstige Rückstellungen	
Anteile an verbund. Unt. Ausleih. an verbund. Unt. Beteiligungen Ausleih. an Untern. m.d. ein Beteil. verhältn. best. Wertpapiere d. Anlageverm. Sonstige Ausleihungen	Finanz- Anlagen			
		Verbind- lichkeiten	Anleihen V.g. Kreditinstituten Erhaltene Anzahlungen auf Bestellungen V.a. Lieferungen und Leistungen V.a.d. Annahme gezogener Wechsel / Ausstellung eigener Wechsel V.g. verbundenen Unter- nehmen V.g.Unternehmen, m.denen ein Beteiligungsverhält- nis besteht Sonstige Verbindlichk.	
Roh-, Hilfs- u. Betr.st. Unfert. Erzeugn. / Leist. Fertige Erzeugn. / Waren Geleistete Anzahlungen	Vorräte			
F.a. Liefer. u. Leistung. F.g. verbund. Unternehm. F.g. Untern., m.d. ein Beteil.verhältnis besteht Sonstige Vermögensgegenst.	Forderung. u. sonst. Vermögens- gegenst.			
Anteile an verbund. Unter. Eigene Anteile Sonstige Wertpapiere	Wert- papiere			
Schecks, Kasse, Bankguth.	Flüssige Mittel			
Lantente Steuern Disagio Sonst. R.A.P.	Rechn.- abgrenz.- posten	Rechn.- abgrenz.- posten	Passive Rechnungs- abrenzungsposten	
Nicht durch Eigenkap. ged. Fehlbetrag				

(Ohne Anlagenspiegel und ohne Vermerk der Eventualverbindlichkeiten)
* Für mittelgroße / große Kapitalgesellschaften

Abb. 2: **Bilanzgliederung für Kapitalgesellschaften (§ 266 HGB)***

Bei Kapitalgesellschaften (AG bzw. GmbH) wird obligatorisch die Methode des **"konstanten Eigenkapitals"** angewendet. Das sog. "Gezeichnete Kapital" ist in der Satzung festgelegt und darf nur durch satzungsändernde Maßnahmen der Kapitalerhöhung bzw. Kapitalherabsetzung verändert werden. Der jährlich anfallende Jahresüberschuß bzw. Jahresfehlbetrag wird nicht mit dem "Gezeichneten Kapital" verrechnet, sondern in einer eigenen Bilanzposition ausgewiesen (bei Ausweis des Eigenkapitals "vor Ergebnisverwendung"). Ein Teil dieses Jahresüberschusses kann nicht zur Ausschüttung verwendet werden, sondern muß aufgrund von gesetzlichen oder satzungsmäßigen Gründen zurückbehalten werden und in der Bilanz als "Rücklagen" ausgewiesen werden (Gewinnrücklagen). Der verbleibende Rest des Jahresüberschusses wird als Bilanzgewinn bezeichnet und dient zur Ausschüttung an die Gesellschafter (Dividende).

Innerhalb des **Fremdkapitals** ist zu unterscheiden zwischen Verbindlichkeiten (Verpflichtungen, deren Höhe und Fälligkeitsdatum bereits bekannt sind) und Rückstellungen (zukünftige Verpflichtungen, die bereits rechtlich begründet sind, deren Höhe und Fälligkeit aber noch ungewiß sind). Bei den Verbindlichkeiten ist ein getrennter Ausweis nach den Gläubigern vorgeschrieben (Verbindlichkeiten gegenüber den Lieferanten, gegenüber Kreditinstituten usw.). Eine weitere Differenzierung der Verbindlichkeiten ist vorgeschrieben nach den folgenden Kriterien (sog. "**Verbindlichkeitsspiegel**"):

- Restlaufzeit: bis zu 1 Jahr / 1-5 Jahre / Mehr als 5 Jahre
- Sicherheiten: Absicherung durch Grundpfandrechte usw.
- Währungsmaßstab: Fremdwährung / Inlandswährung

Die Bildung verschiedener Konten nach den genannten Kriterien stellt eine sehr aufwendige Maßnahme dar. Es ist daher vorzuziehen, die erforderlichen Angaben über die Verbindlichkeiten aus einer entsprechend geführten Nebenbuchhaltung zu entnehmen.

Vor der Aufnahme von Vermögensgegenständen und Kapitalteilen in die Bilanz ist deren **Bilanzierungsfähigkeit** zu prüfen (Aktivierungsfähigkeit bzw. Passivierungsfähigkeit). Hierbei sind in Einzelfällen umfangreiche Überlegungen anzustellen, die in der Bilanzliteratur dargestellt werden; insbesondere sind auch hier die entsprechenden handelsrechtlichen und steuerrechtlichen Vorschriften zu beachten. Für die Verbuchung sind die nachstehenden Grundbegriffe der formalen Bilanzierungsfähigkeit von Bedeutung:

(1) Bilanzierung auf der Aktivseite
- **Aktivierungspflicht:** Alle Gegenstände des (notwendigen) Betriebsvermögens müssen nach dem "Vollständigkeitsprinzip" in der Bilanz aufgeführt werden (Muß-Vorschrift).
- **Aktivierungs-Wahlrechte:** Für bestimmte Beträge besteht ein gesetzlich festgelegtes Wahlrecht zur Bilanzierung, z.B. für das Disagio bei Hypothekendarlehen (Kann-Vorschrift).
- **Aktivierungs-Verbote:** Für bestimmte Beträge besteht ein gesetzlich festgelegtes Bilanzierungsverbot, z.B. für immaterielle Vermögensgegenstände, die nicht entgeldlich erworben wurden ("originärer Firmenwert").

(2) Bilanzierung auf der Passivseite
- **Passivierungspflicht:** Grundsätzliche Bilanzierungspflicht auf der Passivseite nach dem "Vollständigkeitsprinzip".
- **Passivierungs-Wahlrechte:** Wahlrechte zur Bilanzierung auf der Passivseite
- **Passivierungs-Verbote:** Bilanzierungsverbote auf der Passivseite

Gewisse Posten in der Bilanz stellen weder Vermögensgegenstände noch Kapitalteile dar (sog. **Bilanzierungshilfen**). Das HGB (Bilanzrichtliniengesetz) ermöglicht als Bilanzierungshilfe in gewissen Fällen die Bilanzierung von Beträgen, die an sich keine bilanzierungsfähigen Beträge darstellen, z.B. die "Aufwendungen für die Ingangsetzung / Erweiterung des Geschäftsbetriebes" oder die "aktiven latenten Steuern". Die Bilanzierungshilfen werden jedoch bei der Ermittlung der Bilanzsumme voll berücksichtigt.

Für bestimmte Haftungsverhältnisse besteht keine Möglichkeit, sie als Bilanzposten aufzunehmen (sog. **Eventualverbindlichkeiten**). Die Kenntnis dieser Beträge ist jedoch zur Beurteilung der wirtschaftlichen Lage der Unternehmung durchaus von Bedeutung. Daher werden die Eventualverbindlichkeiten in der Bilanz aufgeführt, jedoch unterhalb der Bilanzsumme (rein informativ) gemäß § 251 HGB. Ein Beispiel hierfür stellt die Haftung der Unternehmung aus der Übertragung von Wechseln dar (Rückgriff des Wechselinhabers im Falle der Zahlungsunfähigkeit des Wechselschuldners).

1.2.1.4 Bewertungsprinzipien

Die wissenschaftliche Darstellung der Bewertungsmöglichkeiten in der Bilanz muß aus verständlichen Gründen der Bilanzliteratur vorbehalten bleiben. Jedoch ist auch im Rahmen der Finanzbuchhaltung die Kenntnis und Anwendung der nachstehend erläuterten Grundbegriffe der Bewertung erforderlich. Die Bewertung ergibt sich als zweiter Teilaspekt der Bilanzierung von Vermögensgegenständen und Schulden; bei der **Bilanzierung** der einzelnen Gegenstände werden auch im HGB explizit die folgenden Teilaspekte unterschieden:

(1) **Ansatz** von Bilanzpositionen: Bilanzierungsfähigkeit, Bezeichnung der Gegenstände, Ausweis im Gliederungsschema usw.

(2) **Bewertung** der Bilanzpositionen: Anzuwendender Bewertungsmaßstab, Bewertungsverfahren usw.

Beim Teilaspekt der Bewertung ergibt sich insbesondere die folgende Grundproblematik: Alle Vermögensgegenstände werden bei ihrer erstmaligen Verbuchung mit ihren Anschaffungskosten (beim Kauf von Außenstehenden) bzw. mit ihren Herstellungskosten (bei Selbstherstellung im Industriebetrieb) erfaßt. Bei späteren Bilanzierungen der Gegenstände hat sich jedoch der aktuelle Wert dieser Gegenstände (z.B. Börsenpreis, "Beizulegender Wert", "Teilwert") meistens verändert. Die verwendeten **Bewertungsmaßstäbe** (Anschaffungskosten usw.) werden in der vorliegenden Arbeit erst später, im Zusammenhang mit konkreten Geschäftsfällen, erläutert. Die zur Lösung des Bewertungsproblems in Übereinstimmung mit den handelsrechtlichen und steuerlichen Vorschriften anzuwendenden "**Bewertungsprinzipien**" sind überblicksmäßig in der folgenden Aufstellung erläutert:

(1) **Anschaffungswertprinzip**
 - Nach diesem grundlegenden Prinzip in Handels- und Steuerbilanz dürfen die Vermögensgegenstände höchstens mit ihren Anschaffungs- bzw. Herstellungskosten bilanziert werden (Vgl. § 253 Abs. 1 HGB).
 - Bei abnutzbaren Gegenständen des Anlagevermögens sind die genannten Anschaffungskosten während der Nutzungsdauer der Gegenstände um planmäßige mäßige Abschreibungen zu verringern (gem. § 253 Abs. 1 HGB).

(2) **Niederstwertprinzip**
 - Gemildertes Niederstwertprinzip: Dieses Prinzip besagt, daß im Falle eines gegenüber den Anschaffungskosten gesunkenen Tageswerts die Bewertung auch mit dem niedrigeren Tageswert erfolgen "darf" (Wahlrecht). Das gemilderte Niederstwertprinzip ist jedoch für alle Kaufleute auf vorübergehende Wertminderungen beim Anlagevermögen begrenzt (gem. § 253 Abs. 2 HGB). Bei Kapitalgesellschaften ist das gemilderte Niederstwertprinzip auf vorübergehende Wertminderungen im Finanzanlagevermögen begrenzt (gem. § 279 Abs. 1 HGB).
 - Strenges Niederstwertprinzip: Dieses Prinzip besagt, daß im Falle eines gegenüber den Anschaffungskosten gesunkenen Tageswertes die Bewertung mit dem niedrigeren Tageswert erfolgen "muß". Dieses Prinzip gilt für alle Kaufleute grundsätzlich bei dauerhaften Wertminderungen im Anlagevermögen (gem. §253 Abs. 2 HGB) sowie bei Gegenständen des Umlaufvermögens (gem. § 253 Abs.3 HGB). Das Prinzip gilt auch für Kapitalgesellschaften (gem. § 279 Abs. 1 HGB)

(3) **Abschreibungswahlrecht** zur Vorwegnahme zukünftiger Wertschwankungen:
 Dieses Prinzip ist auf das Umlaufvermögen beschränkt (gem. § 253 Abs. 3 HGB).

(4) **Abschreibungswahlrecht** im Rahmen vernünftiger kaufmännischer Beurteilung:
  - Durch dieses Wahlrecht (gem. § 253 Abs. 4 HGB) ergeben sich für Einzelleute und Personengesellschaften legale Möglichkeiten, stille Reserven zu legen.
  - Für Kapitalgesellschaften ist das genannte Prinzip ausdrücklich ausgeschlossen (gem. § 279 Abs. 1 HGB).

(5) **Beibehaltungswahlrecht**
  - Für Einzelkaufleute und Personengesellschaften gilt, daß nach sog. "außerplanmäßigen" Abschreibungen bei den zuvor genannten Bewertungsprinzipien der niedrigere Wert beibehalten werden darf, auch wenn der Grund des Wertverlustes wieder weggefallen ist (gem. § 253 Abs. 5 HGB). Mit anderen Worten läßt sich dieses Prinzip auch als "Zuschreibungs-Wahlrecht" nach außerplanmäßigen Abschreibungen beschreiben.
  - Für Kapitalgesellschaften gilt jedoch ausdrücklich das sog. "Wertaufholungsgebot" (gem. § 280 HGB), d.h. eine Zuschreibungspflicht nach früheren außerplanmäßigen Abschreibungen, wenn der Grund des Wertverlustes weggefallen ist.

(6) **Wahlrecht für steuerrechtliche Abschreibungen**
  - Für alle Kaufleute gilt im Falle gewünschter zusätzlicher Abschreibungen in der Steuerbilanz, daß diese auch in der Handelsbilanz wahlweise zulässig sind (gem. § 254 HGB).
  - Für Kapitalgesellschaften sind steuerrechtlich bedingte Abschreibungen in der Handelsbilanz auf die Fälle mit **"umgekehrter Maßgeblichkeit"** begrenzt (gem. § 279 Abs. 2 HGB). Die umgekehrte Maßgeblichkeit (Maßgeblichkeit der Steuerbilanz für die Handelsbilanz) bedeutet, daß gewünschte steuerliche Abschreibungen in der Handelsbilanz durchgeführt werden müssen, damit sie in der Steuerbilanz anerkannt werden.

(7) **Prinzip des Wertzusammenhangs (Steuerbilanz)**
  - **Uneingeschränkter Wertzusammenhang**: Dieses allgem. Prinzip besagt, daß der Wert eines Wirtschaftsgutes in der Bilanz nicht den Wert dieses Wirtschaftsgutes in der vorangegangenen Bilanz überschreiten darf. Dieses Prinzip galt früher für das abnutzbare Anlagevermögen und ist im Zusammenhang mit dem Bilanzrichtlinien-Gesetz durch die nachstehende Regelung eingestellt worden.
  - **Eingeschränkter Wertzusammenhang** (gem. § 6 Abs. 1 Ziff. 1 + 2 EStG): Dieses Prinzip besagt, daß der Wert eines Wirtschaftsgutes über den Wert aus der vorangegangenen Bilanz hinausgehen darf, jedoch höchstens bis zu den Anschaffungskosten.
  - **"Übereinstimmungsprinzip"**: Steuerliche Wahlrechte (insbes. Bewertungswahlrechte) müssen in Übereinstimmung mit der Handelsbilanz ausgeübt werden.

(8) **Weitere Bewertungsprinzipien**
- **Imparitätsprinzip**: Dieses Prinzip besagt, daß unrealisierte Gewinne nicht ausgewiesen werten dürfen (z.B. Tageswert über Anschaffungskosten), daß unrealisierte Verluste jedoch ausgewiesen werden müssen (z.B. Tageswert unter Anschaffungskosten).
- **Allgemeine Bewertungsprinzipien** sind im § 252 HGB festgelegt (für alle Kaufleute), für Kapitalgesellschaften ist jedoch speziell die Vorschrift des § 264 Abs. 2 von Bedeutung: Der Jahresabschluß muß ein den tatsächlichen Verhältnissen entsprechendes Bild ermöglichen.

(9) **Bewertung der Passiva**
- **Eigenkapital** ist mit dem Nennbetrag zu bewerten.
- **Verbindlichkeiten** sind mit dem Rückzahlungsbetrag zu bewerten. Im Falle von Fremdwährungsverbindlichkeiten bei veränderlichen Kursen hat gemäß "Vorsichtsprinzip" (§ 252 HGB) die Bewertung mit dem höheren Stichtagswert zu erfolgen.
- **Rückstellungen** sind mit den geschätzten zukünftigen Ausgaben zu bewerten, z.B. Pensionsrückstellungen anhand versicherungsmathemat. Berechnungen.

1.2.2 Gewinn- und Verlustrechnung gem. § 275 HGB

Neben den Informationen über die Vermögens- und Kapitalsituation der Unternehmung soll die Rechnungslegung aber auch Informationen über den zahlenmäßigen Erfolg der Unternehmung im abgelaufenen Geschäftsjahr liefern. Der Erfolg (Gewinn oder Verlust) ergibt sich aus der Differenz von Aufwand (Wertverbrauch, zurechenbare Ausgaben des Geschäftsjahres) und Ertrag (Wertzuwachs, insbesondere durch die erstellten betrieblichen Leistungen). Als Rechenwerte für die Ermittlung des Erfolges dient die Gewinn- und Verlustrechnung (Erfolgsrechnung). Durch dieses Rechenwerk werden die Aufwendung des Geschäftsjahres den Erträgen gegenübergestellt.

Da der Gewinn als Differenz von Ertrag und Aufwand definiert ist, ergibt sich das Prinzip der **Erfolgsgleichung**:

Summe der Erträge   = Summe der Aufwendungen plus Gewinn (Gewinnfall)
Summe der Aufwendungen   = Summe der Erträge plus Verlust   (Verlustfall)

Innerhalb der Gewinn- und Verlustrechnung können verschiedene **Aufwands- und Ertragsarten** differenziert werden, insbesondere nach den folgenden Kriterien:

(1) Nach der Regelmäßigkeit ihres Auftretens:
 - Ordentlicher Aufwand bzw. Ertrag (periodisch anfallend)
 - Außerordentlicher Aufwand bzw. Ertrag (periodisch anfallend)

(2) Nach der Beziehung zur betrieblichen Produktion:
- Betriebsbedingter Aufwand bzw. Ertrag (z.B. Materialverbrauch zur Fertigung
- Betriebsfremder Aufwand bzw Ertrag (z. B. Spekulationsgewinne aus Wertpapieren in einem Industriebetrieb)

(3) Nach der zutreffenden Rechnungsperiode:
- Periodenrichtiger Aufwand bzw. Ertrag (z.B. Gewerbesteuernachzahlung für eine frühere Rechnungsperiode)

Der Gewinn bzw. Verlust des Geschäftsjahres wird insbesondere bei Kapitalgesellschaften in zwei Stufen ausgewiesen, die durch zwei entsprechende **Gewinnbegriffe** gekennzeichnet werden:
1. **Jahresüberschuß** bzw. **Jahresfehlbetrag**
   (Überschuß der Erträge über den Aufwand bzw. umgekehrt)
2. **Bilanzgewinn** bzw. **Bilanzverlust**
   (= Jahresüberschuß nach Veränderung durch Rücklagen und Ergebnisvortrag)

Dieser Bilanzgewinn der Erfolgsrechnung entspricht dem separat ausgewiesenen Bilanzgewinn in der Jahresbilanz bei konstantem Eigenkapital.

Den Betriebsertrag bei Industrieunternehmen stellen insbesondere die während des Jahres produzierten Halb- und Fertigfabrikate dar. Um diese Produktionsleistung zu erreichen, ist während des Jahres der entsprechende Betriebsaufwand angefallen. Die hergestellten Fabrikate sind meist am Jahresende schon verkauft (Umsatzerlöse). Ein Teil der Fabrikate (insbesondere die Halbfabrikate) sind jedoch am Jahresende noch nicht verkauft, sondern werden durch die Invertur als **"Bestandserhöhung an Halb- und Fertigfabrikaten"** festgestellt. Daher ist zu beachten, daß zur Gewinnermittlung bei Industriebetrieben nicht einfach der Umsatzerlös und der Jahresaufwand gegenübergestellt werden können. Durch den Jahresaufwand entstanden auch Produkte, die zunächst nur zu einer Bestandserhöhung geführt haben.

Es zeigt sich, daß bei Industrieunternehmen zwei grundsätzlich verschiedene Verfahren der Erfolgsrechnung verwendet werden können (für die Gewinn- und Verlustrechnung gem § 275 HGB ist ein Wahlrecht zwischen beiden Verfahren gegeben):

- **Gesamtkostenverfahren**: Dem Gesamtertrag - einschließlich Bestandserhöhungen der Fabrikate! - wird der Gesamtaufwand gegenübergestellt. Dieses Verfahren war in Deutschland vor dem Bilanzrichtlinien-Gesetz in der Buchhaltung seit Jahrzehnten obligatorisch und wird auch weiterhin vorherrschend sein. Aus diesem Grunde sind die üblichen Erfolgskonten auf der Basis dieses Verfahrens untergliedert.
- **Umsatzkostenverfahren**: Den Umsatzerlösen wird der Teil des Aufwands gegenübergestellt, der für die verkauften Produkte angefallen ist. Da das Umsatzkostenverfahren für viele Betriebe eine neuartige Alternative darstellt seit dem Bilanzrichtlinien-Gesetz, wird es innerhalb dieses Gliederungspunktes später noch genauer erläutert. Das Umsatzkostenverfahren ist auch mit den üblichen Erfolgskonten mög-

lich durch eine entsprechende Umgliederung im Rahmen der Abschlußbuchungen (s. Gliederungspunkt 7.1.2.8 dieser Arbeit).

Einen Überblick über die wichtigsten Aufwands- und Ertragsarten und über die wichtigsten Zwischensummen zeigt das Schema der **handelsrechtlichen Erfolgsrechnung** in Abb. 3. Dieses Schema entspricht den Rechtsvorschriften des § 275 HGB, wird in der Praxis aber nicht nur von Kapitalgesellschaften, sondern auch von anderen Unternehmen analog verwendet. Das gesetzliche Schema verwendet die sog. "**Staffelform**, d. h. Erträge und Aufwandsarten werden gestaffelt nacheinander angegeben. Demgegenüber werden in der Finanzbuchhaltung die Aufwendungen und Erträge rechts und links gegenübergestellt (Kontoform).

Die Erfolgsrechnung nach dem Schema gemäß § 275 HGB ist stark an dem Ziel einer möglichst weitgehenden **Erfolgsspaltung** orientiert, d.h. es sollen unterschiedliche Einflußfaktoren auf den Erfolg möglichst differenziert ausgewiesen werden. Da die hier genannte Erfolgsspaltung auch in den Kontengruppen des Industriekontenrahmens (IKR) genau berücksichtigt wird, sollen im Folgenden die wesentlichen Erfolgsspaltungs-Kriterien und die jeweils entsprechenden Erfolgsbereiche angegeben werden.

(1) "Unternehmenszweck"
- **Ergebnis der gewöhnlichen Geschäftstätigkeit**: Dieses Ergebnis resultiert aus allen Aufwandsarten und Ertragsarten bei der für den Unternehmungszweck typischen Geschäftstätigkeit. Dazu gehören auch übliche, aber aperiodische Aufwandsarten und Erträge, wie z.B. Verluste aus Anlageverkäufen (die nach der klassischen Terminologie als "aperiodischer Aufwand" bezeichnet werden).
- **Außerordentliches Ergebnis** im Sinne von § 275 HGB: Dieses Ergebnis resultiert ausschließlich aus solchen Aufwandsarten bzw. Ertragsarten, die bei dem vorliegenden Unternehmungszweck ungewöhnlich (unüblich) sind.

(2) "Unternehmensprozesse"
- **Betriebsbereich**: Dieser umfaßt alle diejenigen Aufwandsarten und Ertragsarten, die unmittelbar beim Prozeß der Leistungserstellung und - verwertung entstehen (Erfolgsbegriff: "Betriebsergebnis").
- **Finanzbereich**: Dieser umfaßt solche Aufwandsarten und Ertragsarten, die durch die Finanzierung der Leistungsprozesse sowie durch Kapitalanlagen entstehen (Erfolgsbegriff: "Finanzergebnis").

(3) "Unternehmensverbindungen"
- Bereich "**Beteiligungen**" bzw. "**verbundene Unternehmen**": alle in diesem Zusammenhang anfallenden Erfolgskomponenten sollen gesondert ausgewiesen werden.
- Bereich "**Ergebnisabführungs-Verträge**": Aufwand (Verluste) bzw. Erträge (Gewinne) die aus diesen Quellen stammen, sollen ebenfalls gesondert ausgewiesen werden.

(4) "Besteuerungsphase"
- **Ergebnis vor Steuern**: Die zuvor genannten Ergebnisse werden zunächst noch ohne Abzug der auf sie entfallenden Steuern dargestellt, um einen Steuerunabhängigen Betriebsvergleich zu ermöglichen.
- **Ergebnis nach Steuern**: Bei diesem "Endergebnis" sind auch die ergebnisabhängigen Steuern abgezogen.

Die gesetzliche Gliederung der Gewinn- und Verlustrechnung nach dem **Umsatzkostenverfahren** ist aus § 275 Abs. 3 HGB ersichtlich. Das nach dem HGB (Bilanzrichtlinien-Gesetz) neuerdings alternativ zulässige Umsatzkostenverfahren unterscheidet sich vom Gesamtkostenverfahren durch die kürzere Darstellung des **Betriebsergebnisses**. Bei der Darstellung der zusätzlichen Positionen (Finanzbereich, Beteiligungsbereich usw.) stimmen beide Verfahren wieder überein. Beim Umsatzkostenverfahren werden als Betriebserträge nur die Umsatzerlöse und sonstige betriebliche Erträge ausgewiesen (keine Bestandsveränderungen der Fabrikate!). Als betriebsbedingte Aufwendungen werden nur die Herstellungskosten der verkauften Produkte (umsatzbezogene Herstellungskosten) sowie allgemeine Verwaltungskosten, Vertriebskosten und sonstige betriebliche Aufwendungen ausgewiesen. Die "sonstigen betrieblichen Erträge" bzw. "sonstigen betrieblichen Aufwendungen" stimmen inhaltlich nicht mit den entsprechenden Positionen beim Gesamtkostenverfahren überein (je nach der Abrenzung der umsatzbezogenen Herstellungskosten). Die systembedingten Merkmale des Umsatzkostenverfahrens (im Vergleich zum Gesamtkostenverfahren) sind in der nachstehenden Übersich kurz erläutert.

(1) Das Umsatzkostenverfahren ermöglicht keine genauere **Einsicht** in die betriebsbedingte **Aufwandsstruktur** (Materialaufwand, Personalaufwand usw.) für den Bilanzleser. Dieser Effekt dürfte jedoch den weniger publizitätsfreudigen Unternehmen entgegenkommen. Allerdings sind für mittelgroße und größere Kapitalgesellschaften entsprechende Angaben im Angang vorgeschrieben, der im nächsten Gliederungspunkt dargestellt wird.

(2) Das Umsatzkostenverfahren erfordert eine umfangreiche **"Nachkalkulation"** der fertigen und unfertigen Erzeugnisse zur Ermittlung der umsatzbezogenen Herstellungskosten.

(3) Wegen des Bewertungsspielraums bei der Bemessung der Herstellungskosten (z.B. bei der Aufteilung der Gemeinkosten auf die Kostenträger oder bei der Annahme eines bestimmten Beschäftigungsgrades) bietet das Umsatzkostenverfahren größere Möglichkeiten zur **Bilanzpolitik**.

(4) In der **angelsächsischen Bilanzierungspraxis** wird bisher ausschließlich das Umsatzkostenverfahren verwendet (in der deutschen Bilanzierungspraxis nach dem dem Aktiengesetz alter Fassung ausschließlich das Gesamtkostenverfahren).

```
1. Umsatzerlöse
2. Erhöhung / Verminderung des Bestands an fert. / unfert. Erzeugnissen
3. Andere aktivierte Eigenleistungen
4. Sonstige betriebliche Erträge
5. Materialaufwand
   a) Aufwendungen für Roh-, Hilfs- und Betriebsst. u.F. bezog. Waren
   b) Aufwendungen für bezogene Leistungen

   (ROHERGEBNIS) (=1. bei kleinen Kapitalgesellschaften)

6. Personalaufwand
   a) Löhne und Gehälter
   b) Soziale Abgaben und Aufwendungen f. Altersversorg. u. Unterstützg.
7. Abschreibungen
   a) Auf immaterielle Vermögensgegenstände des Anlagevermögens und
      Sachanlagen, sowie auf aktivierte Aufwendungen für die Ingang-
      setzung / Erweiterung des Geschäftsbetriebes
8. Sonstige betriebliche Aufwendungen
9. Erträge aus Beteiligungen
10. Erträge aus anderen Wertpapieren u. Ausleih. d. Finanzanlagevermögens
11. Sonstige Zinsen und ähnliche Erträge
12. Abschreibungen auf Finanzanlagen und Wertpapiere des Umlaufvermögens
13. Zinsen und ähnliche Aufwendungen

14. ERGEBNIS DER GEWÖHNLICHEN GESCHÄFTSTÄTIGKEIT

15. Außerordentliche Erträge
16. Außerordentliche Aufwendungen

17. AUSSERORDENTLICHES ERGEBNIS

18. Steuern vom Einkommen und vom Ertrag
19. Sonstige Steuern

20. JAHRESÜBERSCHUSS / JAHRESFEHLBETRAG
```

(ohne Gewinnverwendung)
* Für Kapitalgesellschaften (hier nach dem Gesamtkostenverfahren)

Abb. 3: **Gliederung der Gewinn- und Verlustrechnung (§ 275 HGB)***

1.2.3 Lagebericht / Anhang (Kapitalgesellschaften)

Bei Kapitalgesellschaften und Großunternehmen muß der Jahresabschluß noch um den sog. "**Anhang**" gemäß §§ 284 ff. HGB erweitert werden, der zusätzliche Angaben und Erläuterungen zu Bilanz sowie Gewinn- und Verlustrechnung enthält. Der Anhang umfaßt eine Vielzahl von gemäß HGB vorgeschriebenen Einzelangaben, deren Umfang nach verschiedenen Größenklassen der Kapitalgesellschaften differenziert worden ist. Das HGB enthält eine Vielzahl von Wahlrechten, bei denen bestimmte Angaben statt in der Bilanz wahlweise im Anhang aufgeführt werden können ("Entlastungsfunktion" des Anhangs). Um einen Überblick über den Inhalt des Anhangs zu ermöglichen, sei im Folgenden die Gliederung des Anhangs in Anlehnung an den bekannten Vorschlag von Selchert/Karsten dargestellt (Vgl. Selchert / Karsten, 1985, S.1890).

(1) Form der Darstellung von Bilanz / Gewinn- und Verlustrechnung
(2) Einzelne Personen von Bilanz / Gewinn- und Verlustrechnung
 - Ausweis, Bilanzierung und Bewertung der Bilanzpositionen
 - Reihenfolge möglichst entsprechend der Bilanz
 - Besondere wahlweise Angaben: Anlagespiegel, Geschäftsjahresabschreibungen, Rückstellungen für latente Steuern, Disagio
(3) Jahresergebnis
 - Beeinflußung des Jahresergebnisses durch Inanspruchnahme steuerlicher Vergünstigungen
 - Ergebnisverwendung
(4) Zusätzliche Angaben zur Vermittlung eines den tatsächlichen Verhältnissen entsprechenden Bildes
(5) Ergänzende Angaben
 - Sonstige finanzielle Verpflichtungen
 - Beteiligungsunternehmen und Verbundene Unternehmen
 - Zusammensetzung der Organe, Organkredite und Aufwendungen für Orane
 - Arbeitnehmerschaft

Zusätzlich zum Jahresabschluß haben Kapitalgesellschaften gem. § 289 HGB noch jährlich einen "**Lagebericht**" aufzustellen. Im Lagebericht ist der Geschäftsverlauf und die wirtschaftliche Lage der Unternehmung so darzustellen, daß ein "den tatsächlichen Verhältnissen entsprechendes Bild" vermittelt wird.

1.3 Finanzbuchhaltung und Rechtsvorschriften

1.3.1 Finanzbuchhaltung und Geschäftsfälle

Um eine vollständige Rechnungslegung zu ermöglichen, müssen bereits während des Geschäftsjahres alle wirtschaftlich relevanten Vorgänge exakt aufgezeichnet werden. Diese Aufgabe wird von der Finanzbuchhaltung übernommen. Die Finanzbuchhaltung läßt sich daher für eine **Begriffsdefinition** bezeichnen als derjenige Teil des Rechnungswesens, der alle für die Rechnungslegung relevanten Vorgänge (Geschäftsfälle) lückenlos und planmäßig dokumentiert und durch einen regelmäßigen Abschluß übersichtliche Informationen über die Finanz- und Ertragslage der Unternehmung im Istzustand liefert. Die wichtigsten Informationen, die dabei verarbeitet werden, sind die bei den Geschäftsfällen auftretenden Währungsbeträge (DM). Die Finanzbuchhaltung läßt sich daher auch als "zahlenmäßiges Spiegelbild" der Unternehmung, als wertmäßiges Unternehmungsmodell bezeichnen.

Von der Finanzbuchhaltung, auch Geschäftsbuchhaltung oder nur Buchführung / Buchhaltung genannt, werden dabei insbesondere die Außenvorgänge des Betriebes, die Geschäftsbeziehungen zu Kunden, Lieferanten, Banken usw. dokumentiert. Demgegenüber liefert die Betriebsbuchhaltung (Betriebsabrechnung) als Teil der Kostenrechnung insbesondere Informationen über die innerbetrieblichen Produktionsvorgänge im Istzustand. Die Betriebsbuchhaltung zeigt die bei der Produktion aufgetretenen Kosten nach Kostenstellen, Kostenarten und Kostenträgern.

Für die Finanzbuchhaltung werden in der Literatur insbesondere die folgenden **Aufgaben** aufgezeigt:

(1) Darstellung des Vermögens- und Schuldenbestandes der Unternehmung sowie die Veränderung dieser Bestände im Zeitablauf
(2) Ermittlung des Unternehmungserfolges und Darstellung seiner Quellen (Aufwands- und Ertragsstruktur)
(3) Lieferung von Ausgangsdaten über die Kostenarten im Ist-Zustand für die Kostenrechnung und Kalkulation
(4) Ermittlung der Besteuerungsgrundlagen bei den wichtigsten Unternehmungssteuern
(5) Lieferung von Informationen für die Finanzplanung (Einnahmen / Ausgaben) sowie für die Kontrolle der Ordnungsmäßigkeit und Wirtschaftlichkeit der Unternehmung
(6) Lieferung von Unterlagen und Beweisen, z.B. bei Kreditanträgen und Rechtsstreitigkeiten

Für die Finanzbuchhaltung einschließlich Jahresabschluß ist die exakte Abgrenzung des zu dokumentierenden Zeitraums von besonderer Bedeutung (Geschäftsjahr). Für die grundlegende Rechnungsperiode, das **Geschäftsjahr**, lassen sich folgende Arten abgrenzen:

- Kalendergeschäftsjahr: 01.01. - 31.12. des Kalenderjahres
- Abweichendes Geschäftsjahr, z.B. das "Siemens-Geschäftsjahr": 01.10. - 30.09. zweier aufeinanderfolgender Kalenderjahre
- Rumpfgeschäftsjahr (Geschäftsjahr weniger als 12 Monate): z.B. 01.05. - 31.12. eines Kalenderjahres, wegen Neueröffnung des Geschäftes am 01.05.

Da die laufende Finanzbuchhaltung stets die Beträge bei bestimmten Geschäftsfällen erfaßt, hat man schon früh eine Systematik der möglichen Geschäftsfälle entwickelt. Die Vielzahl möglicher Geschäftsfälle kann nach den folgenden Einteilungskriterien in bestimmte **Arten von Geschäftsfällen** eingeteilt werden.

(1) Nach der Auswirkung auf die Bilanz (Bilanzveränderungen):
   (a) **Aktivtausch**: Ein Aktivposten nimmt um einen best. Betrag zu, ein anderer Aktivposten nimmt um denselben Betrag ab, die Bilanzsumme bleibt unverändert, Bsp.: Einzahlung des abendlichen Kassenbestandes auf das Bankkonto.
   (b) **Passivtausch**: Ein Passivposten nimmt um einen bestimmten Betrag zu, ein anderer Passivposten nimmt um denselben Betrag ab, die Bilanzsumme bleibt verändert, Bsp.: Ein bisheriger Gläubiger wird als Gesellschafter aufgenommen, aus der bisherigen Verbindlichkeit wird ein Gesellschaftsanteil.
   (c) **Aktiv- / Passiv-Kürzung (Bilanzverkürzung)**: Sowohl ein Aktivposten als auch ein Passivposten nehmen um denselben Betrag zu, die Bilanzsumme wird geringer, Bsp.: Durch Barzahlung wird eine Verbildlichkeit getilgt (zurückbezahlt).
   (d) **Aktiv- / Passiv-Vermehrung (Bilanzverlängerung)**: Sowohl ein Aktivposten als auch ein Passivposten nehmen um denselben Betrag zu, die Bilanzsumme wird größer, Bsp.: Wareneinkauf auf Kredit.

(2) Nach der Auswirkung auf die Erfolgsrechnung:
   (a) **Erfolgsneutrale Geschäftsfälle**: Diese haben keine Auswirkung in der Gewinn- und Verlustrechnung als Aufwand oder Ertrag. Es handelt sich um Aktivtausch, Passivtausch, gewisse Bilanzverkürzungen (z.B. Privatentnahme von Geld) sowie gewisse Bilanzverlängerungen (z.B. Einlagen von Sachgütern aus dem Privatvermögen in das Betriebsvermögen).
   (b) **Erfolgswirksame Geschäftsfälle**: Diese haben stets Auswirkung in der Gewinn- und Verlustrechnung. Es handelt sich um gewisse Bilanzverkürzungen (z.B. Betriebsbedingter Aufwand; Privatentnahmen von Sachgütern, wenn deren Buchwert über dem aktuellen Wiederbeschaffungspreis = Teilwert liegt), sowie um gewisse Bilanzveränderungen (z.B. Betriebsbedingter Ertrag; Privatentnahmen von Sachgütern, wenn deren Buchwert unter dem aktuellen Wiederbeschaffungswert = Teilwert liegt).

(3) Nach der Auswirkung auf den Betriebsvermögens-Bestand:
   Die Differenz von: Wert aller Vermögengegenstände minus Schulden der Unternehmung wird als Reinvermögen bzw. Betriebsvermögen bezeichnet. Das Betriebsvermögen kann durch Entnahmen von Gegenständen für private Zwecke vermindert oder durch Einlagen von Gegenständen aus dem Privatvermögen erhöht werden.

   (a) **Betriebsvermögens-Umschichtungen**: Bei diesen Geschäftsfällen wird nur die Zusammensetzung des Vermögens bzw. der Schulden geändert, die Summe des Betriebsvermögens bleibt bestehen. Es handelt sich um Aktivtausch und Passivtausch sowie um erfolgsneutrale Bilanzverkürzungen bzw. Bilanzverlängerungen.
   (b) **Betriebsvermögens-Änderungen**: Bei diesen Geschäftsfällen wird der Gesamtbetrag des Betriebsvermögens erhöht oder erniedrigt. Es handelt sich um betriebsbedingten Aufwand bzw. Ertrag sowie um erfolgswirksame Privatentnahmen bzw. Privateinlagen.

Die hochentwickelte Systematik der Finanzbuchhaltung läßt sich durch die nunmehr bald 600-jährige **Entwicklungsgeschichte** erklären. Durch Ausweisung des Handelverkehrs im 15. Jahrhundert begannen die Kaufleute, insbesondere in Italien, die Forderungen und Schulden in zeitlicher Reihenfolge in einem gebundenen Grundbuch ("memorial") aufzuschreiben. Die erste literarische Darstellung der Buchführung als geschlossenes System ist in dem 1494 erschienenen Werk "Summa de Arithmetica, Geometria, Proportioni et Proportionalita" von Luca Pacioli enthalten. Das Grundbuch wurde bald weiter untergliedert, z.B. in Kassenbuch, Tagebuch, Wareneingangsbuch und Warenausgangsbuch. Zusätzlich wurden Aufzeichnungen der Geschäftsfälle nach sachlichen Kriterien getrennt geführt, z.B. Aufzeichnungen für einzelne Kunden bzw. Lieferanten oder Banken (Konten). Dadurch konnte eine gewisse Systematik erreicht und ausgebaut werden, allerdings war der Arbeitsaufwand für die "Übertragungsbuchführung" (Übertragung von Grundbuch in Hauptbuchkonten) erheblich.

Seit dem 20. Jahrhundert werden in der "Buch"-Führung keine echten gebundenen Bücher mehr geführt. Es werden einzelne Journale bzw. Kontenblätter geführt, die durch Buchungsmaschinen auch gleichzeitig (übereinander) beschriftet werden können, so daß die Übertragungsarbeit entfällt. Die neueste Form der Buchführung stellt die **"Speicherbuchführung"** dar, bei welcher die chronologischen und sachlichen Aufzeichnungen in Datenverarbeitungsanlagen auf Magnetspeichern festgehalten werden und duch Bildschirmgeräte sichbar gemacht werden. Aber auch bei dieser modernen Technik ("papierlose Buchführung"!) kann auf die seit langem entwickelte Logik und Systematik der Buchführung nicht verzichtet werden.

1.3.2 Grundsätze ordnungsmäßiger Buchführung (GOB)

Bei der im Handelsrecht und Steuerrecht festgelegten Pflicht der Kaufleute bzw. Steuerpflichtigen zur Buchführung und Bilanzierung findet sich die Vorschrift, daß diese Rechenwerke den "Grundsätzen ordnungsgemäßiger Buchführung" entsprechen sollen (vgl §§ 238 Abs. 1, 264 HGB, § 5 EStG). Die detaillierte praktische Ausgestaltung dieser Rechenwerke läßt sich jedoch nicht vollständig durch Rechtsvorschriften regeln, insbesodere da die Buchführungstechnik einem raschen Fortschritt unterliegt. Daher stellt die GOB einen unbestimmten Rechtsbegriff dar; eine Ideal-vorstellung, welche die Gesamtheit aller Grundsätze und Regeln der Kaufleute für eine zuverlässige und zweckmäßige Rechnungslegung umfaßt. Eine nähere Beschreibung des **Begriffs der GOB** ist in A 29 EStR enthalten; aus dieser Vorschrift wird häufig als Anforderung der GOB zitiert, daß sich ein sachverständiger Dritter in dem Buchführungswerken ohne große Schwierigkeiten und in angemessener Zeit zurechtfinden kann.

Die Ermittlung der GOB in konkreten Einzelfragen kann einerseits induktiv erfolgen (ausgehend von der praktischen Übung ordentlicher Kaufleute), andererseits auch deduktiv (ausgehend von den theoretischen Zielsetzungen der Rechnungslegung). Die GOB im weiteren Sinne umfassen die Grundsätze ordnungsmäßiger Bilanzierung, ordnungsmäßiger Inventur sowie die hier im Vordergrund stehenden Grundsätze ordnungsmäßiger Buchführung im engeren Sinne.

Für die GOB im weiteren Sinne hat Leffson ein wissenschaftlich fundiertes System entwickelt (vgl. Leffson, 1982). Als **Quellen** zur Ermittlung der **GOB** in Einzelfragen sind insbesondere zu nennen:

- Rechtsvorschriften des Handels- und Steuerrechts, d.h. die entsprechenden Gesetze und Verordnungen einschl. der dazugehörigen Rechtsprechung des Bundesgerichtshofs (BGH) und des Bundesfinanzhofs (BFH).
- Richtlinien, Erlassen von Behörden
- Fachgutachten von Verbänden, z.B. des Instituts der Wirtschaftsprüfer
- Wissenschaftliche Diskussion, wie Lehrmeinungen in Gesetzeskommentaren (Bsp.: "Adler-Düring-Schmaltz") oder in Werken des Rechnungswesens
- Verkehrsauffassung, d.h. die Anschaung anständiger Kaufleute in der Praxis.

Aus den genannten Quellen lassen sich als Grundsätze ordnungsmäßiger Buchführung im engeren Sinn die folgenden Regeln zusammenstellen, hier eingeteilt in Anlehnung an das System von Leffson mit eigenen Ergänzungen.

(1) **Prinzip der Wahrheit** (Richtigkeit und Willkürfreiheit):
Übereinstimmung der Buchungen mit den Tatsachen, Verbot von fiktiven Buchungen oder Bilanzfälschungen.

(2) **Prinzip der Klarheit / Übersichtlichkeit**:
- Belegprinzip: d.h. Keine Buchung ohne Beleg; Belege müssen fortlaufend nummeriert und geordnet aufbewahrt werden.
- Buchungen in lebender Sprache und Inlandswährung
- Verbot nachträglicher Änderungen, daher Eintragungen dokumentenecht (kein Bleistift), Eintragungen dürfen nicht unleserlich gemacht werden (keine Radierungen). Schutz gegen nachträgl. Eintragungen (keine leeren Zwischenräume, Ausfüllung durch "Buchhalternase"). Nachträgliche Korrekturen nur durch Stornobuchungen.
- Anlehnung an einen anerkannten Kontenrahmen, ausreichende Untergliederung der Konten, richtige Bezeichnung der Konten.
- Buchungen müssen jederzeit nachvollziehbar (nachprüfbar sein).

(3) **Pinzip der Vollständigkeit**
- Alle Geschäftsfälle müssen fortlaufend und vollständig aufgezeichnet werden.
- Buchungen müssen "zeitnah" durchgeführt werden, d.h. Kassenabstimmung täglich (§ 146 AO), Grundbuchungen spätestens bis zum Ablauf des folgenden Monats.
- Inventarprinzip: d.h. Aufteilung der Jahresbilanz unter Berücksichtigung einer körperlichen Bestandsaufnahme der Vermögensgegenstände und des daraus gewonnenen Verzeichnisses.

(4) **Prinzip der zeitlichen Abgrenzung bei der Verbuchung**
- Exakte Zuordnung der Geschäftsfälle auf das zutreffende Geschäftsjahr, nur so kann der " periodengerechte " Gewinn der einzelnen Geschäftsjahre ermittelt werden.

(5) **Prinzip der Stetigkeit**
- Gleiche Erfassungs- und Darstellungsmethoden in aufeinanderfolgenden Geschäftsjahren.
- Bilanzidentität: Eröffnungsbilanz des Berichtsjahres muß identisch sein mit Schlußbilanz des Vorjahres.

(6) **Aufbewahrungsprinzipien**
- Geordnete und gegen Verlust geschützte Aufbewahrung aller Buchungsunterlagen
- Aufbewahrungsfristen für Handelsbücher, Inventare und Bilanzen: 10 Jahre
- Aufbewahrungsfristen für Handelsbriefe und Buchungsbelege: 6 Jahre (§ 257 HGB, § 147 AO)
- Speichern der Buchungsunterlagen auf Mikrofilm oder Datenträgern zulässig, wenn die Buchungen in angemessener Zeit lesbar gemacht werden können und nachvollziehbar sind.

1.3.3 Buchführungsvorschriften des Handelsrechts

Durch eine Reihe von Vorschriften des Handels- und Steuerrechts sollen die Kaufleute bzw. Steuerpflichtigen zu einer zuverlässigen und aussagefähigen Buchführung und Bilanzierung angehalten werden. Hier seien zunächst in der folgenden Aufstellung die wichtigsten Rechtsvorschriften des Handelsrechts überblicksmäßig zusammengestellt.

(1) **Handelsrechtliche Buchführungspflicht**
Diese ist in den §§ 238-241 HGB (3.Buch: Handelsbücher) geregelt. Gem. § 238 (Buchführungspflicht) sind alle Kaufleute verpflichtet, Bücher zu führen. Eine Ausnahme von dieser allgemeinen Buchführungspflicht ist gem. § 4 Abs. 1 HGB nur nur für Minderkaufleute gegeben, d.h. für Personen, deren Gewerbebetrieb nach Art oder Umfang einen in kaufmännischer Weise eingerichteten Geschäftsbetrieb nicht erfordert. Daher ist nur für alle sog. **Vollkaufleute** die allgem. Buchführungspflicht nach Handelsrecht gegeben. Bei den Buchführungspflichtigen

handelt es sich um die sogenannten Muß-Kaufleute (Personen mit Grundhandelsgewerbe gem. § 1 HGB), um Soll-Kaufleute (handwerkliches oder sonst. gewerbliches Unternehmen gem. § 2 HGB), Kann-Kaufleute (Betrieb der Land- und Forstwirtschaft gem. § 3 HGB) sowie um Formkaufleute (Personenhandelsgesellschaften wie OHG/KG sowie Kapitalhandelsgesellschaften wie GmbH/AG, § 6 HGB).

(2) **Ausgestaltung der Buchführung und Rechnungslegung**
Eine Reihe weiterer Vorschriften regelt die detaillierte Ausgestaltung der Buchführung: Vorschriften für alle Kaufleute bzw. für alle Kapitalgesellschaften oder Genossenschaften (HGB) sowie zusätzliche Rechtsvorschriften für bestimmte Rechtsformen (AktG. GenG) oder für bestimmte Unternehmensgrößen PublG.). Bei den Richtlinien: "Grundsätze für das Rechnungswesen (GKR)" bzw. "Industriekontenrahmen (IKR)" handelt es sich nicht um gesetzl. Vorschriften, sondern um Empfehlungen des BDI (Bundesverband der deutschen Industrie). Die hier zu nennenden Rechtsvorschriften sind überblicksmäßig in Abb. 4 dargestellt.

```
                        - VORSCHRIFTEN FÜR ALLE KAUFLEUTE:
§§ 238 - 241 HGB        Führung der Handelsbücher, Inventar
§§ 242 - 245 HGB        Eröffnungsbilanz / Jahresabschluß -Allgem.Vorschriften
§§ 246 - 251 HGB        Ansatzvorschriften
§§ 252 - 256 HGB        Bewertungsvorschriften
§§ 257 - 263 HGB        Aufbewahrung, Vorlage, Sollkaufleute, Landesrecht

                        - ERGÄNZENDE VORSCHRIFTEN FÜR KAPITALGESELLSCHAFTEN:
§§ 264 - 265 HGB        Jahresabschluß und Lagebericht / Allgem. Vorschriften
§§ 266 - 274 HGB        Bilanz
§§ 275 - 278 HGB        Gewinn- und Verlustrechnung
§§ 279 - 283 HGB        Bewertungsvorschriften
§§ 284 - 289 HGB        Anhang, Lagebericht
§§ 290 - 315 HGB        Konzernabschluß und Konzernlagebericht
§§ 316 - 329 HGB        Prüfungspflicht, Offenlegung
§§ 330 - 335 HGB        Formblätter, Strafvorschriften, Zwangsgelder

§§ 336 - 339 HGB - ERGÄNZENDE VORSCHRIFTEN FÜR EINGETR. GENOSSENSCHAFTEN

§   150       AktG      Gesetzliche Rücklage
§   152       AktG      Vorschriften zur Bilanz
§   158       AktG      Vorschriften zur Gewinn- und Verlustrechnung
§   160       AktG      Vorschriften zum Anhang
§§ 170 - 171  AktG      Prüfung durch den Aufsichtsrat
§§ 172 - 173  AktG      Feststellung des Jahresabschlusses
§   174       AktG      Gewinnverwendung
§   337       AktG      Vorlage des Konzernabschl. u.d. Konzernlageberichts

§  41 Abs. 1  GmbHG     (Ordnungsmäßige Buchführung der Gesellschaft)
§§ 42, 42a    GmbHG     (Aufstellung / Feststellung des Jahresabschlusses,
                         Ergebnisverwendung)

§   33        GenG      (Aufstellung des Jahresabschlusses und Lageberichts)

§§ 25 ff.     KWG       Rechnungslegung der Kreditinstitute
§§ 55 ff.     VAG       Rechnungslegung der Versicherungsunternehmen

§§  1 - 10    PublG     Rechnungslegung von Unternehmen (Einzelbilanz)
§§ 11 - 16    PublG     Rechnungslegung von Konzernen
```

Abb. 4: **Rechnungslegungsvorschriften im Handelsrecht**

Zur Vereinheitlichung der handelsrechtlichen Bilanzierungsvorschriften in den EG-Mitgliedsstaaten wurden inzwischen die 4. EG-Richtlinie (Bilanzrichtlinie), die 7. EG-Richtlinie (Konzernabschlüsse) sowie die 8. EG-Richtlinie (Prüferqualifikation) erlassen. Zur Umsetzung der 4. EG-Richtlinie in national geltendes Recht der BRD wurde inzwischen das "**Bilanzrichtlinien-Gesetz**" verabschiedet. Die für mehrere Rechtsformen geltenden neuen Bilanzierungsvorschriften sind in einem zusätzlichen dritten Buch zum HGB (§§ 238 ff. HGB) enthalten. Daneben wurden noch die rechtsformspezifischen neuen Vorschriften in die Spezialgesetze (GmbHG, AktG) aufgenommen, neue Vorschriften wurden auch in die wirtschaftszweigspezifischen Gesetze aufgenommen (KWG, VAG). Die neuen Vorschriften zu Konzernrechnungslegung sind in den §§ 290 - 315 HGB enthalten.

Weiterhin wurden in der EG die "Mittelstands-Richtlinien" sowie die "Ergänzungs-Richtlinien" verabschiedet. Durch diese Richtlinien soll auch die GmbH & Co KG den Vorschriften der Kapitalgesellschaften unterliegen. Die Schwellenwerte für die Größenklassen der Kapitalgesellschaften sollen erhöht werden.

(3) **Aufzeichnungspflichten für bestimmte Berufe**
Zusätzlich zu den allgemeinen Buchführungsvorschriften bestehen noch für rund 40 Berufe in der BRD spezielle Aufzeichnungspflichten, z.B. gem. Apothekerbetriebsverordnung, Weingesetz oder Depotgesetz (Depotbücher bei Banken).

(4) **Folgen der Verletzung von Buchführungsvorschriften**
Die Verletzung von Buchführungsvorschriften kann neben den steuerrechtlichen Folgen auch zu einer strafrechtlichen Verfolgung führen. Insbesondere nach § 283 b StGB (Betrug, Untreue, Urkundenfälschung, Konkursvergehen) sowie gem. §§ 283, 283 a-d StGB (Betrügerischer Bankrott) können nicht oder unrichtig geführte Bücher u.U. mit Freiheitsstrafe geahndet werden.

1.3.4 Buchführungsvorschriften des Steuerrechts

(1) Allgemeine Buchführungspflicht
(a) § 140 AO ("**Derivative Buchführungspflicht**"): Die außersteuerrechtlichen Buchführungspflichten (HGB) sind auch für die Besteuerung zu beachten.
(b) § 141 ("**Originäre Buchführungspflicht**"): Über die Buchführungspflichten gem. HGB hinaus, sind auch andere Personen buchführungspflichtig, wenn ihr Betrieb folgende Grenzen überschreitet:
  - Jahresumsätze von mehr als 500.000,-- DM
  - Betriebsvermögen von mehr als 125.000,-- DM
  - Jährlicher Gewinn aus Gewerbebetrieb / Land- und Forstwirtschaft von mehr als 36.000,-- DM
  - Wirtschaftswert der land- und forstwirtschaftlichen Flächen von mehr als 40.000,-- DM (§ 46 BewG).

Die Grenzen des § 141 AO gelten für jeden einzelnen Betrieb. Beim Überschreiten von mindestens einer der genannten Grenzen durch den Betrieb haben die Steuerpflichtigen für diesen Betrieb ebenfalls die Buchführungsvorschriften gem. §§ 238 ff. HGB zu erfüllen. Unter die originäre Buchführungspflicht fallen insbesondere Land- und Forstwirte sowie Minderkaufleute, welche die genannten Grenzen überschreiten. Selbständig Tätige (Freie Berufe) gem. § 18 EStG fallen nicht unter § 141 AO.

(2) **Steuerbilanz / Betriebsvermögensvergleich**
Diesbezügl. Rechtsvorschriften finden sich zunächst in den §§ 4-7 EStG (einschl. der entspr. Vorschriften der EStDV). Das für die ESt relevante Einkommen setzt sich aus 7 möglichen Einkunftsarten des Steuerpflichtigen zusammen, wobei die Einkünfte aus Land- und Forstwirtschaft, aus Gewerbebetrieb und aus selbständiger Arbeit als sog. **Gewinneinkünfte** bezeichnet werden, d.h. die steuerpflichtigen Einkünfte ergeben sich hier aus dem Gewinn des betreffenden Betriebes.

Obwohl sich der Gewinn bei Buchführungspflichtigen auch aus der Erfolgsrechnung ergibt, so erfolgt die steuerrechtliche Gewinnermittlung doch grundsätzlich als Betriebsvermögensvergleich zweier aufeinanderfolgender Wirtschaftsjahre (§ 4 Abs. 1 EStG).

Als Betriebsvermögen (Eigenkapital) wird dabei die Differenz aus bewerteten Vermögensgegenständen minus Schulden des Betriebes betrachtet. Das **Betriebsvermögen** ist streng vom buchhaltungsmäßig nicht erfaßten Privatvermögen des Inhabers bzw. der Gesellschafter zu trennen. Werden Gegenstände aus dem Betriebsvermögen in das Privatvermögen übernommen bzw. umgekehrt, so ist dies als Gegenstands-Entnahme bzw. als Sacheinlage zu verbuchen. Die steuerliche Gewinnermittlung als Betriebsvermögensvergleich läßt sich durch folgende Formel zusammenfassen:

$$G = B_t - B_{t-1} + EN - EL$$

G = Gewinn, B = Betriebsvermögen, t = Schluß des Berichtsjahres, t-1 = Schluß des Vorjahres, EN = Entnahmen, EL = Einlagen

Bei Gewerbetreibenden, die nach handelsrechtlichen oder steuerrechtlichen Vorschriften zur Buchführung verpflichtet sind (oder die freiwillig Bücher führen), ist gemäß § 5 Abs. 1 EStG das Betriebsvermögen nach den handelsrechtlichen Grundsätzen ordnungsmäßiger Buchführung anzusetzen.

(3) **Steuerrechtliche Aufzeichnungspflichten**
Die nachstehenden Aufzeichnungspflichten werden bei buchführ. Unternehmen in der Regel bereits durch die Buchführung erfüllt, gelten daher insbesondere bei Steuerpflichtigen, die weder nach Handelsrecht noch nach Steuerrecht Bücher führen:

- Aufzeichnung des Wareneingangs gem. § 143 Abs. 1 AO (**Wareneingangsbuch**)
- Aufzeichnung des Warenausgangs gem. § 144 Abs. 1 AO (**Warenausgangsbuch**, insbesondere bei Großhändlern)
- Aufzeichnungspflichten gem. UStG (Aufzeichnung der Bemessungsgrundlagen bei steuerpflichtigen Umsätzen, **Umsatzsteuerhaft**)
- Erweiterte **Verzeichnisse** gem. §§ 6 ff. EStG für geringwertige Wirtschaftsgüter sowie für Wirtschaftsgüter, für welche erhöhte Absetzungen beansprucht werden
- Weitere Aufzeichnungspflichten, z.B. gem. § 7 LStDV (**Lohnkonto**) für Verkehrssteuern wie Versicherungssteuern usw.

Der nach Einkommensteuerrecht ermittelte Gewinn dient darüberhinaus auch als **Bemessungsgrundlage** für das körperschaftssteuerliche Einkommen gem §§ 7 ff. KStG. Weiterhin dient der einkommensteuerliche Gewinn nach gewissen Hinzurechnungen und Kürzungen auch als Steuerpflichtiger Gewerbeertrag gem. GewStG. Die Vermögensaufstellung für die Besteuerung gem. VStG wird jedoch nicht aus der Buchführung bzw. Steuerbilanz gem § 5 EStG übernommen. Hier erfolgt die Aufteilung und Bewertung des steuerpflichtigen Vermögens nach den Vorschriften des Bewertungsgesetzes (§§ 54 - 56 BewG).

(4) **Folgen der Verletzung von Buchführungsvorschriften**

Die Erfüllung der steuerlichen Buchführungs- und Aufzeichnungspflichten kann durch Festsetzung von Zwangsgeld erzwungen werden (§§ 328 ff. AO). Darüberhinaus hat das Finanzamt bei nicht ordnungsmäßig geführten Büchern die Besteuerungsgrundlagen zu schätzen (§ 162 AO). Bei Buchführungsverstößen, die eine Steuergefährdung bedeuten, sind Geldbußen bis 10.000 DM verhängt worden (§ 379 AO). Buchführungsverstöße, die zu einer Steuerhinterziehung führen, werden mit Geld- oder Freiheitsstrafen geahndet.

1.3.5 Inventurverfahren und Inventar

Das zu einem ordnungsmäßigen Jahresabschluß erforderliche Inventar (Verzeichnis) muß durch eine entsprechende Inventur ermittelt werden. Der Begriff der Inventur läßt sich grundsätzlich kennzeichnen als die gesetzlich vorgeschriebende Bestandsaufnahme aller Vermögensteile und Schulden eines Unternehmens nach Art, Menge und Wert dieser Gegenstände. Zur Durchführung der Bestandsaufnahme wird meist eine "**körperliche Inventur**" durchgeführt, d.h. das Zählen, Messen, Wiegen der Vorratsgegenstände durch jeweils einen Mitarbeiter sowie das Aufschreiben der Ergebnisse durch einen weiteren Mitarbeiter. Bei bestimmten Wertgegenständen, z.B. bebauten Grundstücken, Forderungen an Kunden, genügt eine "Beleginventur", d.h. eine Bestandsaufnahme anhand der vorliegenden Belege.

Für die verschiedenen Inventurverfahren läßt sich grundsätzlich nach dem **Inventurzeitpunkt** die nachfolgende Einteilung aufstellen.

(1) **Bilanzstichtagsinventur gem § 240 Abs. 2 HGB**
Die Inventur (Bestandsaufnahme) erfolgt am Bilanzstichtag bzw. an dem darauffolgenden oder letzten vorangegangenen Werktag. Die ermittelten Bestände, meist bewertet mit den Anschaffungskosten der Gegenstände, können direkt in die Bilanz übernommen werden. Bei größeren Vermögensbeständen ist es jedoch sehr sehr schwierig, alle Inventurmaßnahmen am Bilanzstichtag abzuwickeln (Betriebsunterbrechung). Daher werden weitere Inventurverfahren angewendet, die möglichst schon lange vor dem Bilanzstichtag oder nach diesem stattfinden.

(2) **Ausgeweitete Stichtagsinventur gem § 30 EStR**
Die Inventur erfolgt bis zu **10 Tage** vor oder nach dem Bilanzstichtag. Um die Inventurbestände am Bilanzstichtag zu ermitteln, ist bei allen aufgenommenen Gegenständen nach der Inventur eine mengenmäßige Fortschreibung bzw. Rückschreibung auf den Bilanzstichtag notwendigt. Bsp.: Artikel XYZ: Inventurbestand (21.12.): 60 Stück, Zugänge v. 21.12. - 31.12.. (Bilanzstichtag) : 24 Stück, keine Abgänge, Inventar- bzw. Bilanzwert: 84 Stück à 10,-- DM = 840,-- DM.

(3) **Vorverlegte / Nachverlegte Inventur gem § 241 Abs. 3 HGB**
Der Inventurstichtag und die betreff. Inventur wird gegenüber dem Bilanzstichtag um bis zu **3 Monate** vor- oder **2 Monate** nachverlegt. Zur Ermittlung des Bilanzwertes muß bei den im Inventar aufgestellten Bestandswerten der Vorratsgegenstände ständig eine wertmäßige Fortschreibung durchgeführt werden. Es handelt sich um ein "besonderes Inventar" (vom Bilanzstichtag abweichender Stichtag). Bsp. zur zur Fortschreibungsrechnung:

	Wert am Inventurtag (01.10.)	... DM
+	Wert der Zugänge 01.10. - 31.12.	... DM
./.	Wert der Abgänge 01.10. - 31.12.	... DM
=	Wert am Bilanzstichtag	... DM

(4) **Permanente Inventur gem. § 241 Abs. 2 HGB**
Durch exakte mengenmäßige Verbuchung aller Zugänge und Abgänge bei den einzelnen Vorratsgütern (z.B. durch Datenverarbeitungsanlagen) ist der Lagerbestand jederzeit aus der Buchführung ersichtlich. Die trotzdem einmal jährlich vorgeschriebene körperliche Bestandsaufnahme kann bei den verschiedenen Vorratsgütern über das ganze Jahr verteilt werden.

(5) **Stichprobeninventur gem. § 241 Abs. 1 HGB**
Bei massenhaften Vorratsgütern mit niedrigen Stückwerten kann auf eine lückenlose körperliche Inventur verzichtet werden, wenn eine Stichprobe und Hochrechnung nach anerkannten methemat. statistischen Verfahren erfolgt.

(6) **Festbewertung gem. § 240 Abs. 3 HGB**
Bei Wirtschaftgütern, deren Bestände oft jahrelang annähernd gleich bleiben (z.B. Hotelwäsche), kann u.U. auf eine jährliche körperliche Inventur verzichtet werden. Der aufgrund einer Inventur ermittelte Bestandswert wird in mehrere aufeinanderfolgende Bilanzen unverändert übernommen. Es wird vorausgesetzt, daß die Abgänge wegen Verschleiß und Diebstahl durch Zukäufe in gleicher Höhe ausgeglichen werden. Spätestens alle 3 Jahre ist jedoch wieder eine körperliche Inventur erforderlich. Die Zulässigkeit der Festbewertung ist auf das Sachanlagevermögen sowie auf Roh-, Hilfs- und Betriebsstoffe begrenzt.

Das schriftliche Endergebnis der Inventur, das Inventar, stellt ein ausführliches Verzeichnis über die Vermögensteile und Schulden der Unternehmung dar, wobei wiederum Art, Menge und Wert der Vorratsgüter festgehalten werden. Der übliche **Aufbau** des bei Eröffnung und Jahresabschluß einer Unternehmung vorgeschriebenen **Inventars** läßt sich wie folgt beschreiben (vgl. Beispiel 1):

(A) Vermögensteile, z.B. Grundstücke, Gebäude, Maschinen, Bargeld, Warenvorräte, Forderungen usw.
(B) Schuldteile, z.B. Warenschulden, Hypothekenschulden, Wechselschulden usw.
(C) Reinvermögen (Eigenkapital) = Vermögenswerte - Schulden
(D) Unternehmungserfolg durch Betriebsvermögensvergleich
(E) Unterschrift des Geschäftsinhabers mit Ort und Datum

Beispiel 1:
Inventar der Bauschlosserei Hans Zange, Augsburg zum 31. Dezember 19..

	DM	DM
A. Vermögensanteile		
I. Anlagevermögen		
1. Grundstück mit Geschäfts- und Betriebsgebäude, Augsburg, Holzweg 99		520.000,--
2. Maschinen lt. gesondertem Verzeichnis		231.000,--
3. Betriebs- und Geschäftsausstattung		
a) im Fertigungsbetrieb (lt. gesond. Verz.)	37.000,--	
b) in der Verwaltung (lt.gesond. Verz.)	85.000,--	122.000,--
II. Umlaufvermögen		
1. Rohstoff-Vorräte (lt. gesond. Verz.)		31.000,--
2. Hifsstoff-Vorräte (lt. gesond. Verz.)		5.000,--
3. Betriebsstoff-Vorräte (lt. gesond. Verz.)		9.000,--
4. Unfertige Erzeugnisse (lt. gesond. Verz.)		23.000,--
5. Forderungen an Kunden		
a) J. Mücke, Himmelsthür	17.000,--	
b) B. Uhse, Flensburg	4.000,--	
c) Sonstige lt. gesond. Verz.	23.000,--	44.000,--
6. Kassenbestand		7.000,--
7. Guthaben bei Stadtsparkasse Augsburg		3.000,--
Summe der Vermögensteile		995.000,--
B. Schuldteile		
I. Langfristige Verbindlichkeiten		
a) Hypothekendarlehen Stadtsparkasse	300.000,--	
b) Hypothekendarlehen Stadtsparkasse	160.000,--	460.000,--
II. Andere Verbindlichkeiten		
1. Verbindlichkeiten aus Lieferungen und Leistungen		
a) S. Peters, Seesen	13.000,--	
b) Sonstige lt. gesond. Verz.	158.000,--	171.000,--
2. Verbindlichkeiten gegenüber Commerzbank (Kontoschuld)		19.000,--
Summe der Schuldteile		650.000,--
C. Ermittlung des Eigenkapitals		
Summe der Vermögensteile		995.000,--
Summe der Schuldteile		650.000,--
Eigenkaptial (Reinvermögen)		345.000,--

Augsburg, den 31. Dezember 19.., Unterschr. d. Inh. (nicht mehr vorgeschr.)

1.3.6 Betriebsvermögen - Privatvermögen

Vor Aufstellung des Inventars und der Bilanz für Einzelkaufleute bzw. Personengesellschaften ist bei vielen Vermögensgegenständen zu klären, ob diese zum Betriebsvermögen oder zum Privatvermögen gehören (z.B. PKW des Inhabers). Der grundlegende Begriff des Betriebsvermögens umfaßt alle positiven Wirtschaftsgüter (Vermögensgegenstände) und negativen Wirtschaftsgüter (Schulden), die dem Betrieb tatsächlich dienen. Für die Einbeziehung der einzelnen Wirtschaftsgüter ist zu klären, in welche der drei nachstehenden Vermögenskategorien diese fallen.

(1) **Notwendiges Betriebsvermögen**
Hierzu gehören alle Wirtschaftsgüter, welche objektiv erkennbar und unmittelbar zum Einsatz im Betrieb bestimmt sind, z.B. Betriebsgebäude, Maschinen, Materialvorräte, Kundenforderungen und Liefererverbindlichkeiten eines Industriebetriebs. Diese Wirtschaftsgüter müssen in Buchführung und Bilanz erfaßt werden.

(2) **Notwendiges Privatvermögen**
Hierzu gehören alle Wirtschaftsgüter, die nach ihrer Art oder nach ihrem tatsächlichen Einsatz privat genutzt werden, z.B. persönlicher Schmuck der Inhaber eines Industriebetriebes. Diese Wirtschaftsgüter dürfen in Buchführung und Bilanz nicht erfaßt werden.

(3) **Gewillkürtes Betriebsvermögen**
Hierzu gehören alle Wirtschaftsgüter, die weder zum notwendigen Betriebsvermögen noch zum notwendigen Privatvermögen gehören. Diese Wirtschaftsgüter können nach dem Willen des Kaufm. dem Betriebsvermögen zugeordnet werden, wenn diese Wirtschaftsgüter mit dem Betrieb in einem objektiven Zusammenhang stehen und geeignet sind, diesen zu fördern. Der Wille des Kaufmanns wird durch die Aufnahme dieser Wirtschaftsgüter in die Buchführung dokumentiert. Beispiel: Der Inhaber eines Industriebetriebs bezieht sein ertragbringendes, an Privatleute vermietetes Miethaus in das Betriebsvermögen ein.

(4) **Gemischt-genutzte Wirtschaftsgüter**
Gundsätzlich müssen alle Wirtschaftsgüter in vollem Umfange einer der genannten Kategorien zugeordnet werden. Die gemischt-genutzten Wirtschaftsgüter (teilweise betriebliche, teilweise private Nutzung, z.B. PKW) können folgendermaßen zugeordnet werden:
- Bei überwiegend betrieblicher Nutzung (mehr als 50 % der Jahresfahrleistung): notwendiges Betriebsvermögen
- Bei überwiegend privater Nutzung: gewillkürtes Betriebsvermögen
- Bei unbedutender betrieblicher Nutzung (unter 10 %): notwendiges Privatvermögen.

Bei Gundstücken (und Gebäuden) kann eine Aufteilung der Gundstücksteile auf die einzelnen Vermögenskategorien erfolgen. Näheres ist in Abschnitt 14 EStR geregelt.

1.3.7 Einzelbewertung - Sammelbewertung

Zur Errechnung der Bestandswerte in Inventar und Bilanz müssen die bei der Inventur festgestellten Bestandsmengen verwertet werden. Grundsätzlich müssen alle einzelnen Gegenstände mit ihren Anschaffungskosten (bei gekauften Gegenständen) bzw. mit ihren Herstellungskosten (bei selbsthergestellten Gegenständen) bewertet werden. Dieser Grundsatz wird als Grundsatz der Einzelbewertung bezeichnet. Ausnahmen von der Einzelbewertung sind erforderlich, wenn bei bestimmten Vermögensgegenständen mehrere Zugänge mit unterschiedlichen Anschaffungskosten bzw. Herstellungskosten aufgetreten sind. Bei der Inventur dieser Vermögensgegenstände läßt sich meistens nicht mehr festestellen, aus welchen Zugängen der Endbestand stammt. Hier sind zur Erleichterung der bilanzierenden Wirtschaft die sogenannten **Sammelbewertungsverfahren** zugelassen, insbesondere die sogenannte Durchschnittsbewertung (§ 240 Abs. 4 HGB) und die Verbrauchsfolgeverfahren (§ 256 HGB).

Die genannten grundlegenden Verfahren der Sammelbewerung sollen kurz anhand des nachstehenden Beispiels dargestellt werden. Aus der Lagerkartei eines Rohstoffes sind die nachstehenden Zugänge im abgelaufenen Geschäftsjahr ersichtlich. Alle Zugänge wurden in demselben Regalfach eingelagert.

Beispiel 2: **Zugänge des Rohstoffes ABC im Geschäftsjahr 19..**

Datum	Menge (kg)	Anschaff.kosten (DM)	Anschaff.wert (DM)
01.01. Anfangsbestand	500	50,--	25.000,--
23.04. Zugang	350	57,--	19.950,--
07.09. Zugang	510	41,--	20.910,--
20.12. Zugang	450	63,--	28.350,--
	1.810		94.210,--

Endbestand (Inventur): 400 kg, Bewertung?

Die erste Möglichkeit der Sammelbewertung besteht in der **Durchschnittsbewertung**:

Durchschnittliche Anschaffungskosten: $\dfrac{94.210,\text{-- DM}}{1.810} = 52{,}04$ DM

Bestandswert: 400 kg à 52,04 DM = 20.816,--DM

Bei diesem Verfahren ist eine Reihe von Verfeinerungen möglich (z.B. gleitender Durchschnitt), die in der Bilanzliteratur dargestellt werden.

Die zweite Möglichkeit der **Sammelbewertung** besteht darin, eine bestimmte Verbrauchsfolge anzunehmen:

a) **Fifo-Verfahren** ("First in, first out"): Bewertung mit den Anschaffungskosten des letzten Zugangs.

 Bestandswert: 400 kg à 63,--   = 25.200,-- DM

b) **Lifo-Verfahren** ("Last in, first out"): Bewertung mit den Anschaffungskosten des ersten Zugangs bzw. des Anfangsbestandes:

 Bestandswert: 400 kg à 50,--   = 20.000,-- DM

c) **Hifo-Verfahren** ("Highest in, first out"): Bewertung mit den niedrigsten Anschaffungskosten aller Zugänge:

 Bestandswert: 400 kg à 41,--   = 16.400,-- DM

Auch zu diesen Verfahren gibt es eine Reihe von Verfeinerungen, die in der Bilanzliteratur dargestellt werden.

Die genannten Sammelbewertungsverfahren sind auch Steuerrechtlich zulässig, wenn die Verbrauchsreihenfolge plausibel gemacht werden kann. Das Lifo-Verfahren ist seit der Steuerreform 1990 ausdrücklich zulässig für die Vorratsvermögen ("inflationsfreie Bewertung")

2. BUCHUNGSSÄTZE UND KONTEN

2.1 Belegwesen

Die Verbuchung der laufenden Geschäftsfälle erfolgt im Zusammenwirken der sogenannten "Grundelemente der Finanzbuchhaltung": Belege - Konten - Buchungssätze. Ausgangspunkt aller Verbuchungen sind dabei die Belege; auf die Vorschriften über ein geordnetes Belegwesen im Betrieb wurde schon hingewiesen. Für die Vielzahl der in der Praxis möglichen **Belegarten** läßt sich eine Einteilung insbesondere nach den folgenden Kriterien aufstellen:

(1) **Nach der Beleg-Herkunft:**
   - Fremdbelege (Externe Belege), z.B. Eingangsrechnungen (Lieferantenrechnungen), Bankauszüge, Steuerbescheide
   - Eigenbelege (Interne Belege), z.B. Ausgangsrechnungen (Kundenrechnungen), Lohnlisten, Materialentnahme-Scheine

(2) **Nach der "Originalität" der Belege:**
   - Urbelege: ursprünglich bei bestimmten Geschäftsfällen anfallende Belege
   - Ersatzbelege: nachträglich erstellte Belege, weil keine Urbelege ausgestellt worden sind oder diese verloren gegangen sind
   - Hilfsbelege: Selbsterstellte Belege mit zusammengefaßten Daten der Urbelege, z.B. Buchungsanweisungen, Rechnungssummenbücher

(3) **Nach dem Umfang der einbezogenen Geschäftsfälle:**
   - Einzelbelege: für einzelne Geschäftsfälle
   - Sammelbelege: Belege als Zusammenfassung für mehrere Geschäftsfälle bzw. Einzelbelege

Für den **Belegfluß** im Betrieb, d.h. den Durchlauf der Belege von ihrem ersten Auftreten im Rechnungswesen bis zu ihrer endgültigen Ablage, lassen sich folgende typische Phasen darstellen:

(1) **Beleg-Vorbereitung**
   - Belegerstellung, dabei Schutz gegen Abhandenkommen und unberechtigt ausgestellte Belege durch lückenloses Beleg-Nr.-System
   - Beleg-Sammlung: Zusammenfassung aller gleichartigen Belege in einem bestimmten Zeitraum
   - Beleg-Prüfung: Prüfung der Belege auf ihre sachliche Richtigkeit (z.B. Übereinstimmung der Eingangsrechnung mit Bestellschein und Lieferschein nach Art und Menge der Waren) sowie auf ihre rechnerische Richtigkeit (z.B. fehlerfreie Errechnung der Mehrwertsteuer und des Rechnungs-Endbetrages). Die erfolgte Prüfung wird durch entsprechende Vermerke mit Unterschrift des Belegprüfers auf den Belegen gekennzeichnet.

- **Beleg-Kontierung:** Zu den Belegen werden die zutreffenden Buchungsanweisungen zusammengestellt, insbesondere durch Angabe der Konto-Nr., auf denen verbucht werden soll. Hierfür werden entweder Kontierungsstempel direkt auf den Beleg eingesetzt oder es werden spezielle Buchungsanweisungszettel ausgefüllt und bei den Urbelegen angeheftet.

(2) **Beleg-Verbuchung**
Verbuchung des Beleges entsprechend den Buchungsanweisungen, dabei Vermerke der erfolgten Buchung auf Beleg und Angabe der Beleg-Nr. bei den Buchungen, um Nachprüfbarkeit zu sichern.

(3) **Beleg-Ablage:** Beleg-Registratur, Altablage

(4) **Beleg-Überwachung:** Nachträgl. Kontrollen des Belegwesens durch die betriebsinterne Revisionsabteilung oder durch externe Prüfer.

2.2 Konten

2.2.1 Bilanzauflösung

Es wäre viel zu umständlich, nach jedem Geschäftsfall (der mindestens 2 Bilanzpositionen ändert) eine neue Bilanz aufzustellen. Vielmehr wird für jede Bilanzposition eine eigene Abrechnungseinheit angelegt, auf der dann alle Zugänge und Abgänge aufgezeichnet werden (Konten). Bilanzpositionen, bei denen viele Zugänge / Abgänge zu erwarten sind, können auch in mehrere Abrechnungseinheiten unterteilt werden. Dieser Vorgang wird vielfach als "Bilanzzerlegung" oder auch **"Bilanz-Auflösung"** bezeichnet.

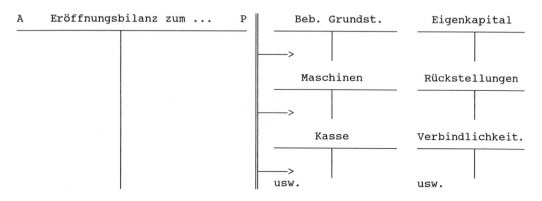

Abb. 5: **Bilanzauflösung**

2.2.2 Kontenseiten (Soll/Haben)

Der für die Finanzbuchhaltung wesentlichste Begriff des Kontos (ital. "conto" = Rechnung) läßt sich damit kennzeichnen als eine zweiseitig geführte Rechnung, bei welcher die Zugänge und Abgänge einer Bilanzposition bzw. Abrechnungseinheit gegenübergestellt werden. Wie bei der Bilanz die Aktiva und Passiva, so werden auch bei den Konten zunächst einmal die Zugänge und Abgänge (einschl. Anfangsbestand und Endbestand) waagenförmig gegenüber gestellt. Die Bezeichnung der beiden **Konten-Seiten** wurde historisch aufgrund der Geschäftsfreunde-Konten (Kunden und Lieferanten) entwickelt und dann für alle Konten beibehalten.

(1) **SOLL-Seite / Lastschriften ("linke Seite")**
Die erste Bezeichnung stammt von ital. "deve dare" (er soll geben). Bei modernen Konto-Vordrucken wird meist die Bezeichnung "Lastschriften" verwendet (das Konto eines Kunden wird für eine erfolgte Warenlieferung mit dem Rechnungsbetrag belastet). Gelegentlich wurde auch die Bezeichnung "debet" (lat. "er schuldet") verwendet. Vielfach werden die Kunden-Konten als "Debitoren" bezeichnet.

(2) **HABEN-Seite / Gutschriften ("rechte Seite")**
Die erste Bezeichnung stammt von ital. "deve avere" (er soll haben). Bei modernen Konto-Vordrucken wird meist die Bezeichnung "Gutschriften" verwendet (dem Konto eines Lieferanten wird für eine erfolgte Warenlieferung der Rechnungsbetrag gutgeschrieben). Für die Bezeichnung: "dem Konto gutschreiben" wird auch die Bezeichnung "(auf) dem Konto erkennen" verwendet. Gelegentlich wurde auch die Bezeichnung "credit" (er hat gut) verwendet, vielfach werden die Lieferantenkonten als "Kreditoren" bezeichnet.

2.2.3 Konteninhalt / Kontenformen

Der typische "Kontenformalismus" bei der Führung und beim Abschluß von Konten sei an einem kleinen Beispiel in Abb. 6 dargestellt.

```
S                    070 Technische Anlagen und Maschinen                    H
---------------------------------------------------------------------------
AB.....              100.000,--    | 25. (288).....            4.000,--
17. (280).....        10.000,--    | EB (Saldo)              115.000,--
19. (288).....         5.000,--    |
20. (280).....         3.000,--    |
21. (288).....         1.000,--    |
                    -----------    |
                     119.000,--    |
                    ===========                              ===========
```

Abb. 6: **Kontenformalismus ("T-Konto")**

Hier lassen sich folgende Formalelemente (Konteninhalte) erkennen:

(1) Bezeichnung der **Kontenseiten**: hier "S" und "H"
(2) **Konto-Nr.** gemäß einem Kontenverzeichnis (Kontenplan), hier "070"
(3) **Konto-Bezeichnung** gemäß Kontenplan, hier "Technische Anlagen und Masch."
(4) **Konto-Bestände** Anfangsbestand (aus der Eröffnungsbilanz) und Endbestand (für Schlußbilanz), hier mit "AB" und "EB" gekennzeichnet
(5) **Konten-Umsatzzahlen (Verkehrszahlen)**
Die verbuchten Zugänge bzw. Abgänge auf dem Konto stellen die Konten-Umsätze (Verkehrszahlen) dar. Angegeben werden hierbei jeweils
- Geschäftsfall-Nr., hier 17., 19., 20., 21., 25.
- Gegenkonto bei diesen Geschäftsfällen, hier (280), (288)
(6) **Konten-Saldo**
Der Saldo eines Kontos ist die Differenz aus: Summe aller Sollbeträge minus Summe aller Habenbeträge vor dem Abschluß, d.h. vor Ermittlung des Endbestandes. Hier: Sollsumme (119.000,--) - Habensumme (4.000,--) = niedrigere Summe eingesetzt, damit das Konto ausgeglichen ist.
(7) **Kontensumme**
Auf Soll-Seite und Haben-Seite werden jeweils unter der letzten Buchung die sogenannten "Text-Schlußstriche" gezogen. Unterhalb der untersten Buchung im Konto wird der "Summenstrich" gezogen. Die Leerzeilen auf der Kontenseite mit den wenigeren Buchungen werden durch die "Buchhalternase" aufgefüllt. Danach wird auf Soll-Seite und Haben-Seite die Kontensumme eingetragen (Soll - Summe bzw. Haben-Summe), hier "119.000,--". Die Summen werden durch doppelte Abschlußstriche (Summenstriche) unterstrichen. Hat das Konto nur 1 Soll- und Habenbuchung, so können für Ausbildungszwecke auch direkt unter den Soll- und Habenbeträgen die Summenstriche gezogen werden.
(8) **Weitere Kontenangaben**
In der Praxis werden in den Konten eine Reihe weiterer Angaben aufgeführt, z.B. Kontenkopf: Anschrift des Kunden, Bonitätskennzeichen usw., bei Geschäftsfällen: Beleg-Nr., Buchungstext, Buchungsdatum.

Durch die Buchführungstechnik haben sich im Laufe der Zeit verschiedene **Kontenformen** entwickelt. Die klassische, waagenförmige Kontoform wird heute fast nur noch für Ausbildungszwecke verwendet. Bei den Konten-Vordrucken in der Praxis wird meist die Form des Reihenkontos mit Kontokopf, Soll- und Habenspalten verwendet. Die Grundform des Reihenkontos für das zuvor genannte Beispiel ist in Abb. 7 dargestellt. Bei Kontoauszügen der Kreditinstitute wird meist nur noch eine Betragsspalte verwendet, in einer Zusatzspalte wird gekennzeichnet, ob Soll (S) oder Haben (H).

070 Technische Anlagen und Maschinen				
Gesch.-Fall	Gegen-konto	Buchungstext	Lastschrift (S)	Gutschrift (H)
AB		.....	100.000,--	
17.	(280)	.....	10.000,--	
19.	(288)	.....	5.000,--	
20.	(280)	.....	3.000,--	
21.	(288)	.....	1.000,--	
25.	(288)	.....		4.000,--
EB		.....		115.000,--
			119.000,--	119.000,--

Abb. 7: **Reihenkonto / Grundform**

2.2.4 Kontenarten-Systematik

Die Vielzahl möglicher Konten in größeren Betrieben läßt sich in best. Kontenarten einteilen, ein Überblick über die verschiedenen Kontenarten ist in Abb. 8 dargestellt. Dabei sind die Kontenarten nach folgenden Kriterien unterteilt:

(1) **Nach der Personenbezogenheit:**
  - Personenkonten (Kunden-, Lieferantenkonten)
  - Sachkonten (z.B. Maschinen)
(2) **Nach dem Zeitbezug:**
  - Bestandskonten (Stichtagsbestände), unmittelbar durch Bilanzauflösung entstanden
  - Erfolgskonten (zeitraumbezogene Größen, Aufwendungen und Erträge). Die Erfolgskonten entstehen als Unterteilung des Gewinn- und Verlustkontos bzw. letztlich des Eigenkapitalkontos aus der Bilanz.
  - Gemischte Konten: enthalten sowohl Bestandsgrößen als auch Erfolgsgrößen
(3) **Nach der Stellung zur Bilanz:**
  - Aktivkonten: Konten für Aktivposten der Bilanz, die Verbuchung eines Betrages auf einem Passivkonto wird als "passivieren" dieses Betrages bzw. des Kapitalpostens bezeichnet.
(4) **Nach der Stellung zur Gewinn- und Verlustrechnung**
  - Aufwandskonten
  - Ertragskonten
(5) **Nach der Stellung zum Eigenkapital:**
  - Für Bewegungen zwischen Betriebsvermögen und Privatvermögen werden die Privatkonten geführt. Diese können nach den einzelnen Gesellschaftern weiter unterteilt werden und / oder unterteilt in: "Privatentnahmekonto", "Privateinlagekonto".

(6) **Abschlußkonten**
- Auch für den Jahresabschluß werden entsprechende Konten geführt, die Abschlußkonten übernehmen die Endbestände (Salden) der einzelnen Konten am Ende des Jahres. Als Abschlußkonten werden zumindest ein Schlußbilanzkonto sowie ein Gewinn- und Verlustkonto benötigt. Das Eröffnungsbilanzkonto des neuen Jahres entsteht aus dem Schlußbilanzkonto des alten Jahres. Daneben werden in der Paxis noch eine Reihe von Abschlußkonten zur Gewinnverwendung bei Personengesellschaften bzw. Kapitalgesellschaften gebildet (vgl. Kontenklasse 8 des Industriekontenrahmens IKR im Anhang).

Innerhalb der Finanzbuchhaltung sollte somit genau unterschieden werden zwischen:

- Schlußbilanz-Konto / Gewinn- und Verlust-Konto einerseits:
  aus den einzelnen Konten entwickelter Jahresabschluß in Kontenform (streng an Kontenformalismus gebunden, Überschriften z.B. Soll und Haben)
- Schlußbilanz / Gewinn- und Verlustrechnung andererseits:
  der aus den Abschluß-Konten entwickelte Jahresabschluß zur Veröffentlichung und Rechnungslegung (Kontenformalismus nur noch angedeutet. Überschriften z.B. Aktiva, Passiva, Aufwand und Ertrag, Erfolgrechnung meist nicht in Kontoform, sondern in Staffelform).

(7) **Weiterhin kann eine Einteilung der Kontenarten nach folgenden Kriterien erfolgen:**
- Einzelkonten: z.B. für einzelne Kunden / Lieferanten
- Sammelkonten: Bei sehr vielen Kunden / Lieferanten werden oft die Aufzeichnungen für die einzelnen Kunden in sogenannten Nebenbüchern geführt. In der Hauptbuchführung werden dann nur noch je ein Sammelkonto für alle Kunden (Debitoren) bzw. für alle Lieferanten (Kreditoren) benötigt.

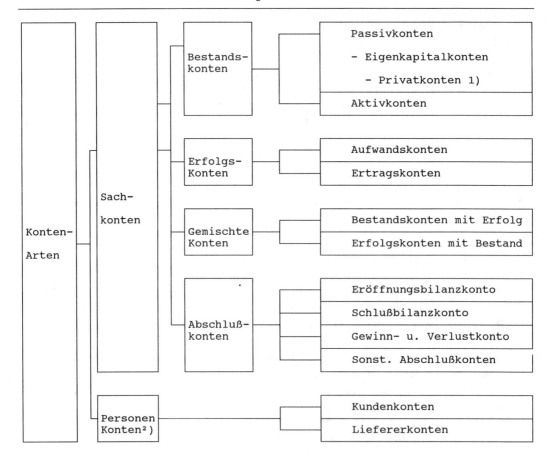

1) Unterkonten der Eigenkapitalkonten
²) Eigentlich Bestandskonten, oft als Sammelkonten "Debitoren" bzw. "Kreditoren" geführt

Abb. 8: **Kontenarten**

2.2.5 Bestandskonten

Bei der Erläuterung der wichtigsten Kontenarten sei zunächst auf die Bestandskonten eingegangen. Der typische Ablauf der Buchungen auf den Aktiv- und Passivkonten ist in Abb. 9 dargestellt. Daraus lassen sich übereinstimmend die folgenden Merksätze für die **Verbuchung** auf **Bestandskonten** ersehen:

(1) Anfangsbestände: im Bestandskonto auf der gleichen Kontoseite wie im Eröffnungsbilanzkonto
(2) Zugänge: auf der gleichen Kontenseite wie der Anfangsbestand (Zugänge erhöhen den Anfangsbestand)

(3) Abgänge: auf der entgegengesetzten Kontenseite wie der Anfangsbestand (Abgänge vermindern den Anfangsbestand)
(4) Endbestand: auf der entgegengesetzten Kontenseite wie der Anfangsbestand (Saldo)

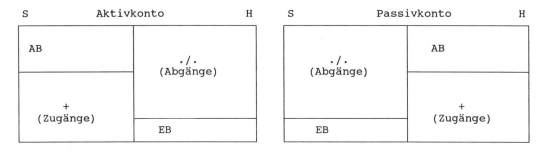

Abb. 9: **Aktiv- und Passivkonten**

2.2.6 Erfolgskonten

Der typische Ablauf der Verbuchung bei Aufwands- und Ertragskonten ist in Abb. 10 dargestellt. Auch aus dieser Abb. sind die wichtigsten Merksätze für die **Verbuchung** auf **Erfolgskonten** ersichtlich:

(1) Erfolgskonten haben keinen Anfangsbestand (Zeitraumgrößen)
(2) Erfolgskonten stellen Unterkonten des Gewinn- und Verlustkontos bzw. des Eigenkapitalkontos dar
(3) Aufwands-Buchungen: werden auf der Soll-Seite verbucht (Minderungen des Eigenkapitals)
(4) Ertrags-Buchungen: werden auf der Haben-Seite verbucht (Mehrungen des Eigenkapitals)
(5) Eventuelle Stornierungs-Buchungen stehen auf der entgegengesetzten Seite wie die zu stornierenden Buchungen.
(6) Der Saldo steht beim Abschluß auf der betragsmäßig kleineren Seite und wird in das Gewinn- und Verlustkonto übernommen.

S	Aufwandskonto	H	S	Ertragskonto	H
Aufwands-Buchungen	ev. Storno			ev. Storno	Ertrags-Buchungen
	Saldo			Saldo	

Abb. 10: **Aufwands- und Ertragskonten**

2.2.7 Privatkonten

Der typische Ablauf der Verbuchungen auf Privatkonten ist in Abb. 11 dargestellt (2 Gesellschafter A und B). Aus der Abbildung lassen sich folgende Merksätze für die Verbuchung auf Privatkonten ersehen:

(1) Privatkonten sind Unterkonten des Eigenkapitalkontos des Inhabers bzw. der Eigenkapitalkonten bei Personengesellschaften
(2) Privatkonten haben keinen Anfangsbestand (Zeitraum-Größen)
(3) Privatentnahmen: auf der entgegengesetzten Kontenseite wie das Eigenkapital in der Eröffnungsbilanz (Verminderung des Eigenkapitals)
(4) Privateinlagen: auf der gleichen Kontenseite wie das Eigenkapital in der Eröffnungsbilanz (Erhöhung des Eigenkapitals)
(5) Saldo: kann sowohl ein Sollsaldo (Gesellschafter B) als auch ein Habensaldo sein (Gesellschafter A), der Saldo wird in das betreffende Eigenkapitalkonto übernommen.

Gelegentlich werden auch getrennte Konten für Privatentnahmen und Privateinlagen bei jedem einzelnen Gesellschafter geführt. Die Verbuchung erfolgt hierbei ebenfalls wie in den Merksätzen geschildert.

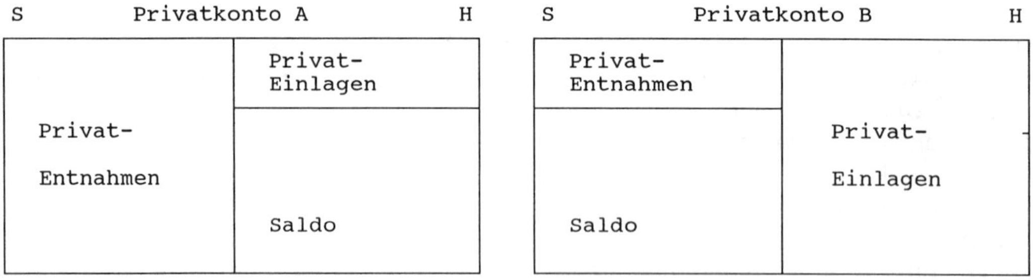

```
S           Privatkonto A           H     S           Privatkonto B           H
+-----------------+---------------+       +-----------------+---------------+
|                 | Privat-       |       | Privat-         |               |
|                 | Einlagen      |       | Entnahmen       |               |
| Privat-         |               |       |                 | Privat-       |
| Entnahmen       |               |       |                 | Einlagen      |
|                 | Saldo         |       | Saldo           |               |
+-----------------+---------------+       +-----------------+---------------+
```

Abb. 11: **Privatkonten**

2.2.8 Gemischte Konten

Gemischte Konten sind Konten, auf denen sowohl typische Buchungen für Bestandskonten als auch Buchungen für Erfolgskonten vorkommen. Als **Beispiel** hierfür sei ein ungeteiltes **Wertpapier-Konto** in Abb. 12 betrachtet.

2. Buchungssätze und Konten

S	Ungeteiltes Wertpapier-Konto		H
AB (EP)	55.000,--	Umsatzerlöse (VP!)	57.000,--
Zugänge (EP)	38.000,--	EB (EP) gemäß Inventur	49.000,--
Rohgewinn	13.000,--		
	106.000,--		106.000,--

EP = Einstandspreis / VP = Verkaufspreis

Abb. 12: Ungeteiltes Wertpapierkonto (gemischtes Konto)

Der verbuchte Anfangsbestand sowie die Zugänge enthalten die Wertpapiere, bewertet mit ihren Einkaufspreisen (wie bei anderen Bestandskonten). Die verbuchten Umsatzerlöse jedoch enthalten die verkauften Wertpapiere, bewertet mit ihren Verkaufspreisen.

	AB	55.000,-- DM
+	Zugänge	38.000,-- DM
	Sollumsatz	93.000,-- DM
./.	Umsatzerlöse	57.000,-- DM
=	Saldo (ungeteilt)	36.000,-- DM

Der Saldo des Kontos (36.000,--) zeigt nun nicht mehr den richtigen Endbestand, wie bei Bestandskonten üblich. Der Saldo wurde durch den Rohgewinn bei den verkauften Wertpapieren beeinflußt (Verkaufte Stückzahl mal Differenz von Verkaufspreis und Einstandspreis). Dieser Rohgewinn als Erfolgsanteil (13.000,--) muß beim Abschluß zuerst in das Gewinn- und Verlustkonto umgebucht werden, erst dann ergibt sich der richtige Endbestand als verbleibender Saldo (49.000,--).

Zum korrekten **Abschluß** der gemischen Konten sind die nachstehenden beiden Methoden denkbar.

(1) **Abschluß als "gemischte Bestandskonten"**: erst Ausbuchung des Erfolgsanteils, Restsaldo ergibt Endbestand für die Schlußbilanz (wie im Beispiel)
(2) **Abschluß als "gemischte Erfolgskonten"**: erst Ausbuchung des Endbestands (ermittelt durch Inventur), Restsaldo ergibt Erfolgsbeitrag für die Gewinn- und Verlustrechnung.

Es zeigt sich, daß gemischte Konten unübersichtlich sind und wegen der verschiedenen Preisbasis leicht zu Mißverständnissen führen. Gemischte Konten sollten daher vermieden werden. An ihrer Stelle sollten besser gleich ein Bestandskonto und ein Erfolgskonto geführt werden.

Die getrennten Konten für den gleichen Sachverhalt wie in Abb. 12 würden aussehen wie in Abb. 13 dargestellt. Das Bestandskonto enthält nun nur noch Buchungen mit Einstandspreisen.

S	Wertpapiere - Bestand		H	S	Wertpapiere - Erträge		H
AB	55.000,--	EB	49.000,--	Abgänge	44.000,--	Umsätze	57.000,--
Zugänge	38.000,--	Abgänge	44.000,--	Rohgew.	13.000,--		
	93.000,--		93.000,--		57.000,--		57.000,--

Abb. 13.: **Geteilte Wertpapierkonten**

2.2.9 Kontenabschluß-Systematik

Ein Überblick über den Abschluß der wichtigsten Kontenarten ist in Abb. 14 zusammengestellt. Die Pfeile zeigen an, auf welches Abschlußkonto der Saldo der jeweiligen Kontenart übertragen wird. Die Abb. 14 enthält aus Gründen der Übersichtlichkeit keine gemischen Konten und keine neutralen Aufwendungen und Erträge. Für die **Reihenfolge** dieser **Abschlußbuchungen** gibt es verschiedene Empfehlungen. Wenn die Konten-Nr. eines Betriebes dem Industriekontenrahmen IKR entsprechen (Konten-Nr. entsprechen der Reihenfolge der Positionen in Bilanz und Erfolgsrechnung), so brauchen die Konten nur nach der Reihenfolge der Konto-Nr. abgeschlossen werden. Beim Abschluß der Passivkonten muß jedoch das Eigenkapital-Konto offen bleiben, bis der Gewinn / Verlust verbucht ist (bei variablem Eigenkapital). Der Verfasser empfiehlt daher, die durch die Ziffern in Abb. 14 angegebene Reihenfolge, die mehr Sammelbuchungen beim Abschluß ermöglicht.

2.3 Buchungssätze

2.3.1 Einfache und zusammengesetzte Buchungssätze

Zu jedem aufgetretenen Geschäftsfall muß eine Buchungsanweisung erstellt werden, d.h. eine Anweisung insbesondere darüber, auf welchen Konten der aufgetretene Betrag zu verbuchen sei. Da in der Praxis täglich eine Vielzahl von Buchungsanweisungen erforderlich ist, hat man eine rationelle und einheitliche Formulierung für Buchungsanweisungen entwickelt: den **Buchungssatz** (Konten-Anruf). Ausgangspunkt ist die Überlegung, daß jeder Geschäftsfall ja mindestens 2 Konten berührt (Konto - Gegenkonto) und zwar stets ein Konto auf der Soll-Seite, das andere auf der Haben-Seite (Doppelte Buchführung). Der Buchungssatz nennt nun aus historischen Gründen zuerst die Angabe für die Soll-Buchung, dann die Angaben für die Haben-Buchung.

2. Buchungssätze und Konten

Wenn ein Geschäftsfall nur eine Soll-Buchung und eine Haben-Buchung erfordert, so kann dies mit dem sogenannten "einfachen Buchungssatz" formuliert werden. Als Merksatz läßt sich der einfache Buchungssatz wie folgt beschreiben:

  Per Sollkonto DM an Habenkonto DM

Wenn der Geschäftsfall mehrere Soll-Buchungen und / oder Haben-Buchungen erfordert, so wird dies als "zusammengesetzter" Buchungssatz formuliert. Als Merksatz lassen sich zusammengesetzte Buchungssätze wie folgt beschreiben:

  Per Sollkonto DM an mehrere Habenkonten DM oder
  Per mehrere Sollkonten DM an Habenkonto DM

Für alle Buchungssätze ist die wichtige **Abstimmungsregel** zu beachten, die sich aus der Bilanzgleichung bzw. aus dem System der doppelten Buchhaltung ergibt: "Keine Buchung ohne Gegenbuchung(en) in gleicher Höhe!"

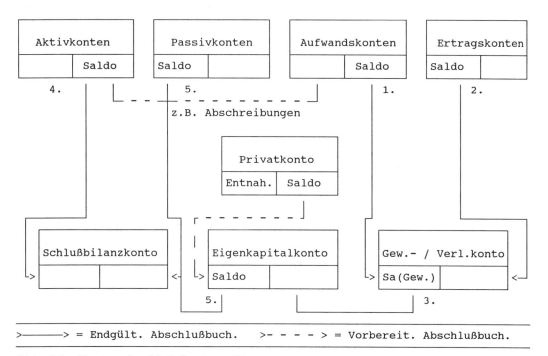

Abb. 14.: **Kontenabschluß Systematik**

2.3.2 Bilden und Deuten von Buchungssätzen

Zu den Hauptaufgaben des Buchhalters gehört die **Bildung** der zutreffenden **Buchungssätze** für die aufgetretenen Geschäftsfälle. Die Formulierung des richtigen Buchungssatzes stellt für den Buchhaltungs-Studenten eine schwierige Aufgabe dar, die durch die nachstehenden Hilfsfragen erleichtert werden kann:

(1) Welche **Konten** berührt der Geschäftsfall?
 Ein Verzeichnis aller geführten Konten enthält der Kontenplan.
(2) Um welche **Kontenart** handelt es sich bei diesen Konten?
 (Aktiv- / Passivkonto, Aufwands- / Ertragskonto)
(3) Liegt bei Bestandskonten ein **Zugang** oder **Abgang** vor?
(4) Auf welcher **Kontenseite** ist demnach zu buchen? (Soll-Haben?)
(5) Liegt bei Erfolgskonten ein **Aufwand** oder **Ertrag** vor?
(6) Auf welche **Kontenseite** ist demnach zu buchen?
(7) Wie lautet der korrekte **Buchungssatz**?
 (Zuerst Angaben zur Soll-Buchung, dann Angaben zur Haben-Buchung!)

Zum Verständnis des Buchungssatzes ist es auch zweckmäßig, das "Deuten von Buchungssätzen" einzuüben. Hierbei soll aus einem vorhandenen Buchungssatz der zugrundeliegende Geschäftsfall erkannt werden. So z.B. läßt der Buchungssatz "Per Bank an Kasse 10.000,-- DM" schließen, daß aus der Kasse 10.000,-- DM entnommen wurden und auf dem Bankkonto einbezahlt wurden.

2.4 Sachliche Abgrenzung

2.4.1 Abgrenzung der Erfolgskomponenten

2.4.1.1 Ergebnis-Abgrenzung

Da in den später dargestellten Kontenplänen oft die Bezeichnungen "Aufwand" bzw. "Ertrag" vorkommen, ist es zuvor hier nun erforderlich, die bedeutungsvolle Abgrenzung dieser beiden Begriffe klarzustellen. Aufwand bzw. Ertrag sind die grundlegenden Begriffe der Finanzbuchhaltung für die negativen bzw. positiven Komponenten des Unternehmungserfolgs (**Unternehmungsergebnis**):

(1) **Aufwand:** jeder Werteverzehr in der Unternehmung (Vermögensminderung)
(2) **Ertrag:** jeder Wertezuwachs in der Unternehmung (Vermögensmehrung)

Aufwand und Ertrag werden meist mit den Beträgen angesetzt, wie sie bei Zahlungsvorgängen in der Unternehmung auftreten ("Finanzbuchhaltung").

Die Gegenüberstellung von Aufwand und Ertrag zeigt das gebuchte Ergebnis für die ganze Unternehmung (Unternehmungsergebnis). Demgegenüber ist die Betriebsbuchhaltung (Kostenrechnung) bestrebt, speziell das **Betriebsergebnis** zu ermitteln, d.h. den Erfolg ausschließlich aus der betrieblichen Leistungserstellung und -verwertung. Der Betriebserfolg ergibt sich durch Gegenüberstellung der gemäß dem "Betriebszweck" erstellten Sachgüter und Dienstleistung (z.B. produzierte Automobile) mit dem hierfür angefallenen Werteverbrauch (Kosten). Die grundlegenden Erfolgskomponenten der Kostenrechnung lauten daher wie folgt:

(1) **Kosten**: bewerteter Güter- und Diensteverzehr, wie er zur Erstellung der betrieblichen Leistung normalerweise anfällt
(2) **Leistungen**: die gemäß Betriebszweck erstellten Sachgüter und Dienstleistungen

Solche Ausgaben und Einnahmen in der Buchhaltung, die nicht durch den Betriebszweck bedingt sind, müssen als neutrale Aufwendungen und Erträge abgegrenzt werden **(Neutrales Ergebnis)**.

2.4.1.2 Abgrenzung: Aufwand - Kosten (Neutraler Aufwand)

Die Abgrenzung der negativen Erfolgskomponenten: Aufwand - Kosten ist in Abb. 15 dargestellt. Die in der Abbildung ersichtlichen Unterschiede und Gemeinsamkeiten zwischen Aufwand und Kosten sollen anschließend genauer dargestellt werden.

Abb. 15: **Abgrenzung: Aufwand - Kosten**

Der in der Buchhaltung schon seit langem verwendete Begriff des **Neutralen Aufwands** bedeutet Aufwendungen, bei denen in der Kostenrechnung keine entsprechenden Kostenarten gebildet werden (wesensbedingte Unterschiede) oder bei denen die entsprechenden Kostenbeträge niedriger sind. Die neutralen Aufwendungen werden üblicherweise in die folgenden Gruppen eingeteilt:

(1) **Betriebsfremde Aufwendungen:** d.h. Aufwendungen, die nicht durch den Betriebszweck bedingt sind und denen keine Kostenarten entsprechen. Beispiele:
  - Verluste aus Wechselkursänderungen. Forderungsbeträge in ausländischer Währung (Währungsforderungen) müssen hier in DM umgerechnet und verbucht werden. Hat sich der Wechselkurs der betreffenden Währung bei Einlösung der Forderung verschlechtert, so entsteht ein Wechselkurs-Verlust.
  Bsp:

Forderung: 10.000 $ x 1,80	= 18.000,-- DM
Zahlung (Dollarkurs gesunken)	
10.000 $ x 1,60	= 16.000,-- DM
Wechselkurs-Verlust	2.000,-- DM

  Bei Währungsverbindlichkeiten entsteht ein Verlust im Falle einer späteren Erhöhung des Wechselkurses.
  - Spenden bei Kapitalgesellschaften (AG, GmbH)
  (Spenden bei Einzelkaufleuten und Personengesellschaften müssen auf dem Privatkonto verbuch werden)
  - Verluste aus Wertpapiergeschäften
  (bei Industriebetrieben)
  - Aufwendungen für nicht-betrieblich genutzte Gebäude einschließlich evtl. Veräußerungsverluste beim Verkauf.

(2) **Periodenfremde Aufwendungen:** d.h. betriebsbedingte Aufwendungen, die aber in einer anderen Periode verbucht werden als in der Kostenrechnung. Beispiel: Steuernachzahlung bei der Betriebsprüfung für Betriebssteuern (Kostensteuern) früherer Jahre.

(3) **Außerordentlicher Aufwand:** d.h. betriebsbedingte Aufwendungen, die aber unregelmäßig oder in außerordentlicher Höhe anfallen und daher in der Kostenrechnung nicht einberechnet sind. Beispiele:
  - Veräußerungsverluste beim Verkauf betrieblicher Anlagegüter
  - Verluste durch Einbruchdiebstahl, Brand oder Überschwemmung bei Fertigungsanlagen
  - Überhöhte bilanzielle Abschreibungen (höhere Abschreibungsbeträge als in der Kostenrechnung)
  - Außerordentlich hohe Ausfälle bei Forderungen aus Warenlieferungen
  - Haus- und Grundstücksaufwendungen, die über den kalkulatorischen Raumkosten liegen
  - Zinsaufwendungen, die über den kalkulatorischen Zinsen liegen.

Die hier genannten Begriffe des Rechnungswesens (z.B. außerordentl. Aufwand) decken sich nicht genau mit den Bezeichnungen bei der Gliederung der Erfolgsrechnung gem HGB-neu.

Ein großer Teil des **Zweckaufwands** aus der Finanzbuchhaltung kann unverändert als **Grundkosten** in die Kostenrechnung übernommen werden. Als Beispiel hierfür sind zu nennen: Löhne für Arbeitskräfte in der Fertigung, Fertigungsmaterial. Ein Teil des verbuchten Zweckaufwands kann jedoch nicht ohne weiteres in die Kostenrechnung übernommen werden, da bestimmte Kostenbeträge in der Kostenrechnung selbständig ermittelt werden (Kalkulatorische Kosten).

Die **kalkulatorischen Kosten** können im Hinblick auf ihre Beziehungen zur Finanzbuchhaltung wie folgt differenziert werden:

(1) **Anderskosten** (Kosiol, 1981, S. 35 f.): Es handelt sich um Kostenarten, denen auch bestimmte Aufwandsarten entsprechen. Die Beträge der Anderskosten können jedoch höher oder niedriger sein als die entsprechenden Aufwandsbeträge, weil andere Berechnungsmethoden verwendet werden. Beispiel:
- Bilanzielle Abschreibungen: Berechnung ausgehend von den tatsächlichen Anschaffungskosten des Gegenstandes
- Kalkulatorische Abschreibungen (Anderskosten): Berechnung ausgehend von den (gestiegenen) Wiederbeschaffungskosten

(2) **Zusatzkosten im engeren Sinne**: es handelt sich um Kostenarten, für die es aus rechtlichen Gründen überhaupt keine entsprechende Aufwandsart gibt; Beispiel: Kalkulatorischer Unternehmerlohn (in der Handelsbilanz kein Aufwand, sondern Gewinn). Von manchen Autoren werden die kalkulatorischen Kosten generell als Zusatzkosten bezeichnet (Zusatzkosten im weiteren Sinne).

Im einzelnen handelt es sich bei den kalkulatorischen Kosten um die nachstehend erläuterten Kostenarten (kalkulatorische Kostenarten):

(1) **Kalkulatorischer Unternehmerlohn:** Für geschäftsführende Gesellschafter bei Personengesellschaften (kein Aufwand)
(2) **Kalkulatorische Raumkosten:** In der Kostenrechnung werden für die betriebsnotwendigen Gebäudeflächen die üblichen Mietkosten angesetzt, in der Finanzbuchhaltung nur die effektiv bezahlten Mieten bzw. Haus- und Grundstücksaufwendungen.
(3) **Kalkultorische Wagnisse:** In der Kostenrechnung werden für die betriebsgewöhnlichen Risiken (z.B. Diebstahl) Pauschalsätze eingerechnet, die auf dem Durchschnitt früherer Jahre beruhen.
(4) **Kalkulatorische Zinsen:** In der Kostenrechnung wird für das gesamte betriebsnotwendige Kapital die marktübliche Verzinsung einkalkuliert, in der Finanzbuchhaltung werden nur die effektiv bezahlten Fremdkapitalzinsen verbucht.

(5) **Kalkulatorische Abschreibungen:** In der Kostenrechnung werden bei steigenden Preisen der Anlagegüter die Abschreibungen oft von den gestiegenen Wiederbeschaffungskosten aus berechnet. In der Finanzbuchhaltung dürfen stets nur die effektiv angefallenen Anschaffungskosten abgeschrieben werden.

2.4.1.3 Abgrenzung: Ertrag - Leistung (Neutraler Ertrag)

Die **Abgrenzung** der positiven Erfolgskomponenten: Erträge - Betriebsleistungen ist in Abb. 16 dargestellt. Auch hier ergeben sich gewisse Gemeinsamkeiten und Unterschiede zwischen Finanzbuchhaltung und Kostenrechnung, die im Folgenden näher dargestellt werden sollen.

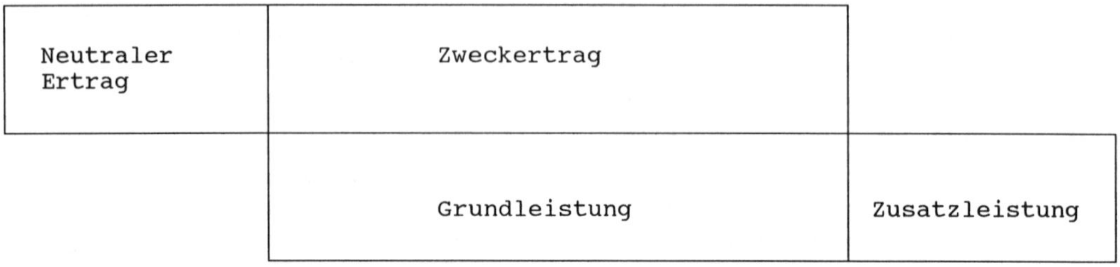

Neutraler Ertrag	Zweckertrag	
	Grundleistung	Zusatzleistung

Abb. 16: **Abgrenzung: Ertrag - Leistung**

Die in der Finanzbuchhaltung verwendeten **neutralen Erträge** stellen Wertzuwächse dar, die nicht durch die regelmäßige Betriebstätigkeit entstanden sind. Eine Unterteilung ist ähnlich wie bei den neutralen Aufwendungen möglich:

(1) **Betriebsfremde Erträge**, Beispiele:
  - Gewinne aus Wechselkursänderungen (Wechselkurserhöhung bei Währungsforderungen, Wechselkurssenkung bei Währungsverbindlichkeiten)
  - Gewinne aus Wertpapiergeschäften (Spekulationsgewinne) bei Industriebetrieben
  - Erträge aus Geschäften mit nicht betrieblich genutzten Grundstücken und Gebäuden
(2) **Periodenfremde Erträge:** d.h. betriebsbedingte Erträge, die in einer anderen Periode verbucht werden als in der Kostenrechnung. Beispiel: Steuererstattung für Betriebssteuern (Kostensteuern des Vorjahres)
(3) **Außerordentliche Erträge:** d.h. betriebsbedingte Erträge, die aber unregelmäßig oder in außergewöhnlicher Höhe anfallen. Beispiel: Veräußerungsgewinne beim Verkauf betrieblicher Anlagegüter

Ein großer Teil der verbuchten Erträge stellt gleichzeitig Leistungen in der Kostenrechnung dar (**Zweckerträge bzw. Grundleistung**). Es gibt jedoch auch aus der Betriebstätigkeit entstehende Leistungen, denen kein Ertrag in gleicher Höhe entspricht (**Zusatzleistungen**); Beispiel: Selbstgeschaffene Patente, die in der Handelsbilanz nicht als Ertragsposten zulässig sind. Auch hier könnte man zwischen wesensverschiedenen und verrechnungsverschiedenen Zusatzleistungen (Anders-Leistungen) differenzieren.

2.4.2 Einkreissysteme - Zweikreissysteme

Für die Verbuchung auf Aufwands- oder Kostenkonten ist weiterhin entscheidend, wie die organisatorische Abgrenzung zwischen Finanzbuchhaltung und Kostenrechnung erfolgt. Während die Finanzbuchhaltung (mit Ausnahme der "Nebenbuchhaltungen") stets buchhalterisch erfolgt, so kann die Kostenrechnung entweder ebenfalls buchhalterisch (mit Soll- und Haben-Systematik) oder aber tabellarisch durchgeführt werden. Bei der tabellarischen Kostenrechnung werden die Kostenaufzeichnungen einfach in Rechentabellen geführt, ohne die strenge Konten- und Abschlußsystematik der Buchhaltung.

Bei der organisatorischen Abgrenzung zwischen Finanzbuchhaltung und Kostenrechnung sind die nachstehenden Grundformen anzutreffen:

(1) **Einkreis-System**: Finanzbuchhaltung und Kostenrechnung werden in einem geschlossenen Kontenkreis geführt. Als negative Erfolgskomponenten werden grundsätzlich die Kosten verbucht, alle neutralen Aufwendungen (analog: Erträge) werden in gesonderten Konten erfaßt und abgegrenzt. Beim Abschluß ergibt sich einerseits das Betriebsergebnis (aus Betriebserträgen minus Kosten), andererseits das neutrale Ergebnis. Erst die Zusammenfassung von Betriebsergebnis und neutralem Ergebnis ergibt das gesamte Unternehmungsergebnis für die Finanzbuchhaltung. Die Konzeption des Einkreissystems geht bereits auf die Ideen von Schalenbach zurück und wird z.B. im Gemeinschafts-Kontenrahmen der Industrie (GKR) sowie in den daraus abgeleiteten Kontenrahmen (z.B. Großhandelskontenrahmen) angewendet. Die weitere Verteilung der Kostenarten auf Kostenstellen und Kostenträger wird jedoch schon meistens tabellarisch durchgeführt.

(2) **Zweikreis-System**: Da die Kostenrechnung bei größeren Betrieben meist nur tabellarisch geführt wird, werden im Zweikreis-System zwei völlig getrennte Rechnungskreise Finanzbuchhaltung - Kostenrechnung eingerichtet. Im Rechnungskreis der Finanzbuchhaltung werden als Erfolgskomponenten alle Aufwendungen und Erträge verbucht, unabhänig ob sie gleichzeitig Kosten / Betriebsleistungen sind oder nicht. Der Abschluß der Finnazbuchhaltung ergibt die für die Rechnungslegung der Unternehmung erforderliche Erfolgsrechnung. Für die Abgrenzung:"Aufwand - Kosten" und die Kosten- und Leistungsrechnung ist der zweite Rechnungskreis vorgesehen. Der zweite Rechnungskreis kann tabellarisch geführt werden, die Kontengruppen-Bezeichnung im zweiten Rechnungskreisen stellen dann eben Tabellen-Überschriften dar. Zwischen den Rechnungskreisen ist eine Abstimmung (Kontrollvergleich) jederzeit möglich, denn das Unternehmungsergebnis aus dem ersten Rechnungskreis muß ebenso groß sein wie das Betriebsergebnis und das neutrale Ergebnis aus dem zweiten Rechnungskreis zusammen.

2.4.3 Sachliche Abgrenzung nach dem GKR

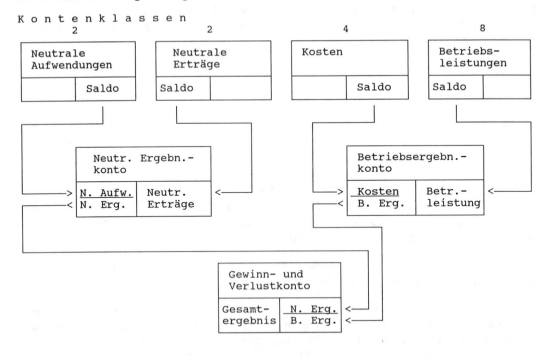

Abb. 17: **Abschluß von neutralem Aufwand und Ertrag**

Die Sachliche Abgrenzung in einem Einkreis-System erfordert bei allen erfolgsbezogenen Buchungen und Abschlußbuchungen eine strikte Trennung von **neutralen Aufwendungen** bzw. **Erträgen** (Kontenklasse 2) einerseits und Kosten bzw. Betriebsleistungen andererseits (Kontenklasse 4 bzw. 8). Beim Abschluß ergeben die Konten für Betriebsleistungen und Kosten das Betriebsergebnis (Konto 980), die Konten der neutralen Aufwendungen und Erträge ergeben das neutrale Ergebnis (Konto 987). Erst im Gewinn- und Verlustkonto werden Betriebsergebnis und neutrales Ergebnis zum Unternehmungsergebnis zusammengefaßt. Die gesamte Abgrenzung der neutralen Aufwendungen und Erträge einschließlich Abschluß ist in Abb. 17 dargestellt.

2.4.4 Sachliche Abgrenzung nach dem IKR

Bei einem Zweikreis-System werden im Rechnungskreis der Finanzbuchhltung alle Aufwendungen und Erträge als solche verbucht; die Differenz von Aufwand und Ertrag ergibt den Unternehmungsgewinn, wie in Abb. 14 dargestellt. Für die Abgrenzungsrechnung und die Kosten-/Leistungsrechnung ist der zweite Rechnungskreis vorgesehen, der buchhalterisch durchgeführt werden kann, meist aber tabellarisch durchgeführt wird. Für die Kontengruppen in Klasse 9 bei buchhalterischer Abgrenzung hat der BDI eine interessante Gliederung vorgeschlagen, die auch bei tabellarischer Abwicklung von Nutzen ist (BDI 1986, S. 78 ff). Die Kontengruppen sind aus dem Übungskontenplan gem. Industriekontenrahmen IKR'86) im Anhang ersichtlich. Bei einer buchhalterischen Abwicklung des Rechnungskreises II wird die **Abgrenzung** wie folgt vorgeschlagen (vgl. Abb. 18):

- Die betriebsfremden Aufwendungen bzw. Erträge werden in Kontengruppe 90 "**Unternehmensbezogene Abgrenzung**" übernommen, daraus ergibt sich das betriebsfremde Ergebnis (1. Teil des neutralen Ergebnisses).
- Die außerordentlichen Aufwendungen bzw. Erträge werden in Kontengruppe 91 "**Kostenrechnerische Korrekturen**" übernommen. Dort werden sie den verrechneten Kosten bzw. Leistungen gegenübergestellt, daraus ergibt sich das Korrekturergebnis (2. Teil des neutralen Ergebnisses).
- In der Kontengruppe 97/98 werden die Umsatzleistungen und Umsatzkosten gegenübergestellt (Umsatzkostenverfahren, kurzfristige Erfolgsrechnung). Hieraus ergibt sich das Betriebsergebnis I.
- In der Kontengruppe 92 werden alle verrechneten Kosten und Leistungen gegenübergestellt, hieraus ergibt sich das Betriebsergebnis II.
- Die verschiedenen Ergebnisarten werden in Kontengruppe 99 systematisch zusammengefaßt und ermöglichen eine Abstimmung zwischen Geschäftsbuchhalung und Kostenrechnung.

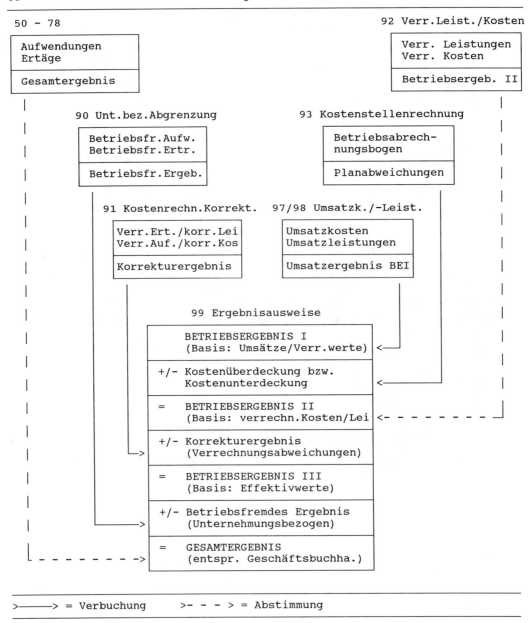

Abb. 18: **Abgrenzungsrechnung gem. IKR**

3. BUCHFÜHRUNGSORGANISATION

3.1 Buchführungssysteme

Im 3. Abschnitt dieser Arbeit sollen nun die grundlegenden Methoden betrachtet werden, die bei der praktischen Durchführung der Finanzbuchhaltung angewendet werden. In der Entwicklungsgeschichte haben sich die nachstehenden drei "Buchführungssysteme" herausgebildet, die heute noch alle verwendet werden.

(1) Einfache Buchführung
Hier handelt es sich um eine Dokumentation der Geschäftsfälle jeweils durch eine einzige Buchung. Diese Buchungen werden in chronologischer Reihenfolge in best. Büchern aufgezeichnet. Die typischen Bücher, die hierbei verwendet werden, sind die folgenden: Kassenbuch, Tagebuch, Einkaufsbuch, Verkaufsbuch, Kontokorrentbuch (Debitoren und Kreditoren) usw. Dieses Buchführungssystem ist heute nur noch ausreichend für Kleinbetriebe, z.B. im Einzelhandel.

(2) Kameralistische Buchführung
Hier handelt es sich in der Grundform um eine exakte Aufzeichnung der Geschäftsfälle, getrennt nach Einnahmen und Ausgaben. Die effektiven Einnahmen / Ausgaben werden den geplanten Einnahmen und Ausgaben im Haushaltsplan gegenübergestellt. Diese Aufzeichnungen werden durch bestimmte Vermögensaufstellungen ergänzt. Dieses Buchführungssystem ist das typische System der Behördenbuchführung. Die Einnahmen und Ausgaben werden nach bestimmten Kapiteln und Titeln unterteilt, das kaufmännische Erfolgsdenken durch Aufwendungen und Erträge fehlt hier.

(2) Doppelte (kaufmännische) Buchführung
Diese hochentwickelte Form der Finanzbuchhaltung ist durch eine besondere Systematik, die sogenannte "Doppik", gekennzeichnet. Das System der Doppik bedeutet, daß alle Geschäftsfälle durch ein geschlossenes System von jeweils zweifachen Buchungen dokumentiert werden:
- Für jeden Geschäftsfall mindestens eine Soll-Buchung, mindestens eine Haben-Buchung.
- Für jeden Geschäftsfall einmal Verbuchung im Journal (chronologische Gliederung) und einmal Verbuchung auf Konten (sachliche Gliederung).

Nur diese, zunächst "redundant" erscheinende Aufzeichnung aller Geschäftsfälle ermöglicht eine **Kontrolle** des gesamten Buchungsstoffes: Bei allen Journalen, Konten, Bilanzen usw. muß nach dem Abschluß stets die Soll-Summe gleich der Haben-Summe sein. Die doppelte Buchführung liefert jederzeit Informationen über die bisher angefallenen Aufwendungen und Erträge, über den Stand einzelner Kundenkonten usw. Nur dieses Buchführungssystem ist zur Erfüllung der Rechnungslegungspflichten bei größeren Unternehmen geeignet und wird daher im Weiteren vorausgesetzt.

3.2 Systembücher - Nebenbücher

Bei der doppelten Buchführung werden in der Praxis eine Reihe einzelner Bücher geführt, die in bestimmten Beziehungen zueinander stehen. Die in der Praxis üblicherweise verwendeten Bücher und ihr Zusammenhang sind in Abb. 19 dargestellt. Ausgangspunkt ist die grundsätzliche Einteilung in Systembücher (Hauptbuchhaltung) und Nebenbücher (Nebenbuchhaltung). Bei einer Vielzahl von einzelnen Geschäftsfällen, z.B. bei mehreren tausend Kunden oder Artikeln im Sortiment, wäre es zu umständlich, für diese Kunden oder Artikel jeweils ein eigenes Konto nach dem Doppiksystem zu führen. Die Aufzeichnungen über die einzelnen Kunden usw. werden deshalb außerhalb des Doppiksystems geführt (z.B. in Karteien). Eine Reihe typischer **Nebenbücher** sind in Abb. 19 ersichtlich. Um den vollständigen Überblick in der Finanzbuchhaltung nicht zu vermindern, müssen für alle Nebenbücher Sammelkonten in den Systembüchern geführt werden (z.B. Debitorenkonto für alle Kunden). Für alle Einzeleintragungen in den Nebenbüchern müssen aufsummierte Sammlungen in den Sammelkonten vorgenommen werden.

Nur die **Systembücher** werden in dem strengen Doppik-System geführt. Hier stellt sich ab Gründung des Betriebes ein geschlossener jährlicher Kreislauf ein:

```
Inventar - Eröffnungsbilanz - Grundbuchungen - Hauptbuchungen
Inventar - Schlußbilanz - Eröffnungsbilanz usw.
```

Systembücher (Doppiksystem)	1)	Nebenbücher (z.B. Karteien)

```
                    ┌─────────┐
                    │Inventar │
                    │ Bilanz  │            ┌──Kontokorrent-   Kunden      A-Z
                    └────┬────┘            │  buchhaltung     Lieferanten A-Z
                       ↓ ↑                 │
┌─────────┐      ┌──────────┐              │
│Grundbuch│─────>│Hauptbuch │<─────────────┼──Lagerbuchh.     Artikel
│(Journal)│      │ (Konten) │              │                  Materialarten
└─────────┘      └──────────┘              │
                                           ├──Lohnbuchh.      Mitarbeiter
                                           │
                                           └──Anlagenbuch.    Maschinen und
                                                              Anlagen
```

1) Einzelvorgänge werden in der
   Nebenbuchhaltung aufgezeichnet,
   in der Systembuchhaltung erfolgt
   lediglich eine "Sammelbuchung"

Abb. 19: **Systembücher - Nebenbücher**

3.3 Technische Buchhaltungsverfahren

Nach dem Einsatz der technischen Hilfsmittel können die technischen Verfahren der doppelten Buchführung in die nachstehenden Stufen eingeteilt werden.

3.3.1 Übertragungsbuchführung

(1) **Klassische Übertragungsbuchführung**: Hierbei wurden zwei oder später mehrere gebundene Bücher verwendet. Die Eintragungen erfolgten zuerst im Grundbuch in chronologischer Reihenfolge, dann wurden die Eintragungen in das sachlich unterteilte Hauptbuch übertragen. Dadurch erreichte man die Informationsmöglichkeit der doppelten Buchführung, jedoch ist der Übertragungsaufwand (Fehlergefahr) beträchtlich. Wegen der Übertragungsarbeit wird dieses Verfahren heute in der Praxis kaum noch verwendet, ist jedoch bei Ausbildungsveranstaltungen die vorherrschende Buchführungsform.

(2) **Amerikanisches Journal**: Die Übertragungsarbeit wird erleichtert, wenn die Journalspalten und die Hauptbuchspalten auf einem Blatt nebeneinander angeordnet sind (vgl. Abb. 20).

Journal			Konto		Konto		.....		G.-u.V.-Konto		Bilanz-Konto	
Dat.	Text	DM	S	H	S	H	S	H	S	H	S	H
Grundbuch			Hauptbuch									

Abb. 20: **Amerikanisches Journal**

Hierfür sind im Bürohandel entsprechende Vordrucke erhältlich. Da die Anzahl der Konten doch begrenzt ist, wird das Amerikanische Journal heute nur noch von Kleinstbetrieben verwendet.

3.3.2 Durchschreibebuchführung

Durch die Einführung loser Blätter (Vordrucke) für Journal und Konten, sowie durch zeilenrichtiges Übereinanderlegen der Vordrucke in best. Maschinen wurde die **Durchschreibebuchführung** ermöglicht. Sie erspart die Übertragungsarbeit, da die Eintragung in Grund- und Hauptbuch gleichzeitig erfolgt. Neben den manuellen Buchführungsapparaten können hierzu auch elektronische Buchführungsmaschinen verwendet werden, die eine Beschriftung mit Tastatur, den automatischen Einzug der

Kontokarten (Magnet-Kontokarten), sowie bereits programmgesteuerte Gegenbuchungen, Mehrwertsteuer-Summen usw. ermöglichen. Auch werden bereits ergonomische Gesichtspunkte berücksichtigt, z.B. Buchhaltungsvordrucke in augenschonenedem Spezialpapier.

Die Vielzahl von **Formen** der Durchschreibebuchführung kann man nach den nachstehenden Kriterien näher unterscheiden.

(1) **Nach der Urschrift:**
- Original-Konten-Verfahren (Urschrift auf Konto, Durchschrift auf Journal)
- Original-Journal-Verfahren (Urschrift auf Journal, Durchschrift auf Konto)

(2) **Nach Anzahl der Schriftzüge:**
- Ein-Zug-Verfahren: Soll- und Habenbuchung in einem Schriftzug
- Zwei-Zug-Verfahren: Separate Schriftzüge jeweils für Lastschrift und Gutschrift

(3) **Nach der Spaltenanzahl:**
- Ein-Spalten-Journal: 1 Spalte auf Journal und Konto, unterteilt in Lastschrift/Gutschrift
- Mehrspaltenjournal: 2 - 12 Spaltenjournal, verschiedene Spalten für Debitoren, Kreditoren, Sachkonten, verschiedene Umsatzsteuer-Sätze usw. (vgl. Abb. 21).

JOURNAL

Dat.	Kto.-Nr	Buch.text	Debitoren		Kreditoren		Sachkonten	
			S	H	S	H	S	H
			123,--					

KONTO Müller .....

Dat.	Kto.-Nr	Buch.text	Debitoren					
			S	H	S	H	S	H
			123,--					

Abb. 21: **Durchschreibebuchführung (Dreispaltenverfahren)**

(4) **Nach der Einheitlichkeit des Journals**
   - Einzeljournal
   - Geteiltes Journal (z.B. für Elnkauf / Verkauf usw.)
(5) **Nach der Blätter-Anzahl**
   - Zweiblatt-Verfahren (Grundbuch und Kontenblatt)
   - Mehrblatt-Verfahren (weitere Blätter für best. Abteilungen)

3.3.3 EDV-Buchführung einschließlich DATEV-System

Die mehr und mehr verbreiteten Anlagen zur automatischen Datenverarbeitung wurden bald auch für die Fiananzbuchhaltung eingesetzt. Die ersten Ansätze durch Lochkarten-Buchführung (Buchungssätze auf Lochkarten, Journale und Konten durch Tabelliermaschinen ausgedruckt) werden heute als veraltet angesehen. Bei der modernen EDV-Buchführung wird meist eine **Magnetspeicher-Buchführung** durchgeführt, d.h. die herkömmliche Konten-Stammdaten sind auf Magnetplatten gespeichert, die laufenden Buchungen werden am Bildschirm eingegeben, die Buchungsergebnisse sind ebenfalls am Bildschirm abrufbar und werden zum Zeil nicht mehr auf Papier ausgedruckt.

Die vielfältigen Formen der EDV-Buchführung könne überblicksmäßig wie folgt angegeben werden.

(1) **EDV-Programme zur Finanzbuchhaltung:** Neben eigenen Anlagen (zentrales Rechenzentrum und/oder dezentraler Mikro-Computer in der Buchhaltung) wird in zunehmendem Maße die "EDV-Buchführung außer Haus" angewendet. So z.B. kann das Buchführungssystem der DATEV (mehrere Großcomputer und ein umfassendes Programmsystem zur Buchführung und Betriebsanalyse) von allen Buchführungspflichtigen über ihre Steuerberater in Anspruch genommen werden. Ein Überblick über die buchhalterischen Elemente des **DATEV-Systems** ist in Abb. 22 enthalten. Daneben halten auch alle größeren EDV-Hersteller Standardprogramme für die Finanzbuchhaltung zum Einsatz auf den eigenen Anlagen der Kunden bereit (Bsp.: Programm SAFIR v. Siemens).
(2) **Dateneingabe:** Die Eingabe der Buchhaltungsdaten kann mit verschiedenen Datenträgern erfolgen: so z.B. Lochkarten/Lochstreifen, Magnetbändern, Disketten, Markierungsbelegen, Klarschriftbelegen, Handschriftbelegen. Ein Beispiel für maschinell lesbare Buchhaltungsdaten in Handschrift enthält Grimm-Curtius, 1974, S. 87. Auch Bildschirmeingabe und Eingabe aus anderen Programmen (z.B. Fakturierprogramm) sind anzutreffen.
(3) **Datenausgabe:** Die konventionelle Ausgabe erfolgt durch Schnelldruckerlisten, z.B. in Form von Tagesjournalen / monatlichen Auszügen der Hauptbuchkonten und Jahresabschlüssen (vgl. Grimm-Curtius, 1972, S. 12 ff).

Mehr und mehr werden die Buchungs-Angaben nur noch auf **Mikrofilm** ausgegeben. So z.B. können im DATEV-System die Journalseiten auf Mikrofische / Mikrofilmplatten ausgegeben werden, was den Mandanten viel Papier erspart. Moderne COM-Geräte (Computer Output to Microfilm) ermöglichen die Ausgabe von Computerdaten unmittelbar auf Mikrofilm, ohne die Daten auszudrucken und abzufilmen.

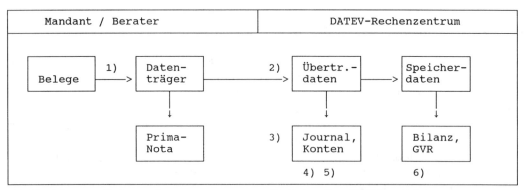

Abb. 22: **Grundelemente des DATEV-Systems**

3.3.4 Offene-Posten-Buchhaltung

Gerade bei den massenhaften Debitoren- und Kreditoren-Buchungen kann die Offene-Posten-Buchhaltung dem Buchführungspflichtigen eine erhebliche Arbeitsersparnis bringen. Bei der Offenen-Posten-Buchführung wird die Verbuchung der einzelnen Vorgänge auf Systemkonten durch eine geordnete Ablage der Ur-Belege ersetzt (z.B. Fotokopien der Ausgangsrechnungen). Eine chronologisch geordnete Ablage der Kopien ersetzt die Grundbuchungen, eine nach Kunden bzw. Lieferanten geordnete Ablage die Hauptbuchungen. Die Summe aller offenen Beträge wird auf dem **Sammelkonto** Debitoren bzw. Kreditoren geführt. Der Saldo dieser Sammelkonten muß mit der Summe aller offenen Kundenrechnungen bzw. Lieferantenrechnungen übereinstimmen. Bei Zahlungseingängen werden diese auf den betreffenden Rechnungskopien vermerkt (Stempel) und die Rechnungskopien werden als "ausgeglichene Posten" abgelegt. Die tägliche Summe aller Eingänge wurde auf dem Sammelkonto gutgeschrieben. Das Verfahren der Offenen-Posten-Buchhaltung hat bei manchen Buchführungspflichtigen eine Einsparung von bis zu 75 % aller Kontokorrentbuchungen gebracht.

3.4 Kontenrahmen - Kontenpläne

3.4.1 Kontenplan - Kontenrahmen

Um jederzeit einen Überblick über die im Betrieb ansprechbaren Konten zu haben, pflegen die Buchführungspflichtigen einen **Kontenplan** aufzustellen. Der Kontenplan stellt ein betriebsindividuelles Verzeichnis aller vorgesehenen Konten jeweils mit Konto-Nr. und Konto-Bezeichnung dar. Eine sinnvolle Nummerierung der Konten ist dabei von großer Bedeutung: eine gewisse Systematik der Konto-Nr. kann die laufenden Buchungen und die Abschlußbuchungen sehr erleichtern. Als **Konto-Nr.** wird eine mehrstellige Zahl verwendet, wobei die Unterteilung einer vorderen Stelle (Hauptkonto) durch die Ziffern der nachfolgenden Stelle (Unterkonto) gekennzeichnet wird. Es handelt sich um ein hierarchisches, nummerisches Schlüssel-System (Dekadisches System). Für die hierarchischen Stufen haben sich die Bezeichnungen **Konten-Klasse** (1.Stufe), **Konten-Gruppe** (2.Stufe), **Konten-Art** (3. Stufe) eingebürgert. Als Beispiel für die Konto-Nr. sei das Konto-Nr. 2281: "Bezugskosten für Handelswaren" gemäß IKR in Abb. 23 betrachtet.

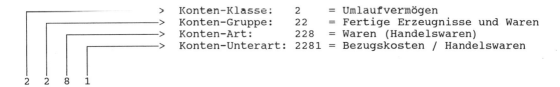

Abb. 23: **Dekadische Konto-Nr. (Beispiel: 2281)**

Im Gegensatz zu betriebsindividuellen Kontenplänen stellen die **Kontenrahmen** allgemeine Verzeichnisse für alle typischen Konten einer bestimmten Branche dar; die Kontenrahmen werden von den Branchenverbänden empfohlen, haben eine hochentwickelte Systematik und dienen den einzelnen Betrieben als Hilfe zur Aufstellung der Kontenpläne. Durch Kontenrahmen wird die Ausbildung der Buchhalter, die rationelle Abwicklung bei den Buchführungspflichtigen und der zwischenbetriebliche Vergleich der Buchhaltungsergebnisse (Betriebsvergleich) sehr gefördert.

Die in Deutschland intensive **Entwicklungsgeschichte** der Kontenrahmen sei durch die nachstehenden Angaben kurz gekennzeichnet.

- erste Veröffentlichung eines allgemeinen Kontenrahmens durch J.F. Schär, 1911
- Buch "Der Kontenrahmen" von E. Schmalenbach, 1927
- Buchhaltungsrichtlinien und Erlaßkontenrahmen für die Industrie, 1937 (rechtsverbindlich)
- Grundsätze für das Rechnungswesen 1951/52
- Geimeinschafts-Konten-Rahmen für die Industrie, 1951 (**GKR**)
- Industrie-Konten-Rahmen, 1971 (**IKR**)
  Die Kontenrahmen GKR und IKR stellen Entwicklungen und Empfehlungen des BDI

dar, um eine rationelle und einheitliche Buchhaltung zu fördern.
- Heute haben die Branchenverbände in der BRD insgesamt etwa 200 Branchenkontenrahmen vorgestellt. Zu ihnen gehört der auch bei Ausbildungszwecken häufig verwendete "Großhandels-Kontenrahmen" oder der "Einzelhandels-Kontenrahmen". Beide Kontenrahmen verwenden die Systematik des GKR.
- Bei mittelständischen Betrieben sind die **DATEV-Kontenrahmen** stark verbreitet. Ursprünglich wurden die Standardkontenrahmen SKR 01 (Personengesellschaften) sowie SKR 02 (Kapitalgesellschaften) verwendet; beide sind am Großhandelskontenrahmen bzw. GKR orientiert. Inszwischen werden in Anpassung an das Bilanzrichtliniengesetz die neuen Kontenrahmen SKR 03 (Personengesellschaften und Kapitalgesellschaften, GKR-orientiert) sowie SKR 04 (Personengesellschaften und Kapitalgesellschaften, IKR-orientiert) verwendet. Bei den DATEV-Kontenplänen werden EDV-bedingt stets 4-stellige Konten-Nr. verwendet: Die Zusammenfassung zu Kontengruppen und Kontenklassen ist in den EDV-Programmen vorgegeben.
- Es gibt bei der DATEV auch eine Reihe von Spezialkontenrahmen für bestimmte Branchen, z.B. den SKR 70 für das **Hotel- und Gaststätten-Gewerbe**. Der SKR 70 wurde vom Deutschen Hotel- und Gaststättenverband (DEHOGA) in Köln entwickelt und ist bereits an dem neuen IKR orientiert.
- **IKR '86**: Der vom BDI herausgebrachte "neue" IKR hat alle Neuerungen des Bilanzrichtlinien-Gesetzes exakt und praxisnah verwirklicht; der neue IKR soll den bisherigen IKR und auch die älteren GKR-orientierten Kontenrahmen ersetzen. Vom BDI wurde in Abstimmung mit Vertretern der kaufmännischen Ausbildung und der Hochschulen auch eine gekürzte Fassung des IKR (sog. IKR-Schulausgabe) herausgebracht, die eine moderne Buchhaltungsgrundausbildung ermöglicht.

3.4.2 Gemeinschaftskontenrahmen (GKR)

Die grundlegende Systematik des GKR, die bereits auf Überlegung der früheren Kontenrahmen bzw. von Schmalenbach zurückgeht, ist in Abb. 24 dargestellt. Die systematische Konzeption des GKR läßt sich durch die nachstehenden Merkmale näher beschreiben.

(1) Einheitliches System für alle Branchen (durch brancheneinheitliche und branchenspezifische Teile)
(2) Die sogenannte "Prozeßgliederung", d.h. Reihenfolge der Konten-Klassen entspricht dem betrieblichen Produktionsprozeß
(3) "Einkreissystem", d.h. Finanzbuchhaltung und Kostenleistungsrechnung sind in einem geschlossenen Rechnungskreis durchführbar, einheitliches System für das gesamte Rechnungswesen (Monismus)
(4) Strenge "Sachliche Abgrenzung": In Klasse 4 werden nur "Kosten" verbucht (einschließlich kalkulatorischer Kosten), der neutrale Aufwand und Ertrag wird in Klasse 2 abgegrenzt
(5) Transformationstabellen: Da die Reihenfolge der Konten-Nr. nicht der Reihenfolge im Jahresabschluß entspricht, werden umfangreiche Tabellen verwendet, die angeben, in welche Bilanzposition die einzelnen Konten-Nr. zu überführen sind.

K O N T E N K L A S S E N	0	Ruhende Konten Anlagekonten, Kapitalkonten	Bran- chen- ein- heitl.
	1	Fiananzkonten	
	2	Abgrenzungskonten (Neutraler Aufwand / Ertrag)	
	3	Roh- / Hilfs- / Betriebsstoffe Wareneinkauf	
	4	Konten der Kosten- und Leistungs-rechnung — Kostenarten	Bran- chen- spezi- fisch
	5	Konten der Kosten- und Leistungs-rechnung — Verrechnungskonten	
	6	Konten der Kosten- und Leistungs-rechnung — Buchhalterische Kostenstellenrech.	
	7	Fertige und Unfertige Erzeugnisse	
	8	Erlöskonten	Bran- chen- ein- heitl.
	9	Abschlußkonten	

Abb. 24: **Systematik des GKR**

3.4.3 Industriekontenrahmen (IKR)

Bereits 1971 hat der BDI den sogenannten Industriekontenrahmen vorgestellt, der die aktuellen Tendenzen im Rechnungswesen berücksichtigte (z.B. tabellarische Kosten- und Leistungsrechnung bei Großunternehmen, Bilanzgliederungsvorschriften durch AKTG-Novelle 1965, Bestrebungen zur Vereinheitlichung der Kontenrahmen in der EG, zunehmende Anwendung der EDV einschließlich Datenbanken in der Fiananz-buchhaltung usw.). Ein Überblick über die **Systematik** des IKR ist in Abb. 25 dargestellt.

Die grundlegende **Konzeption** des IKR soll nun durch die folgenden Überlegungen genauer beschrieben werden:

(1) "Zweikreissystem": Völlig getrennte Rechnungskreise für Rechnungskreis I (Fiananzbuchhaltung) und Rechnungskreis II (Kosten- / Leistungsrechnung einschließlich Abgrenzungsrechnung), da der Rechnungskreis II bei vielen Betrieben tabellarisch durchgeführt wird.

(2) "Sachliche Abgrenzung": In der Finanzbuchhaltung werden grundsätzlich die zutreffenden Erfolgskomponenten "Aufwand" und "Ertrag" (keine "Kosten") verbucht. Die "sachliche Abgrenzung" sowie die Kosten- / Leistungsrechnung erfolgt erst im Rechnungskreis II.
(3) "Abschlußgliederungsprinzip": Die Reihenfolge der Konten-Nr. im Rechnungsreis I entspricht genau der Reihenfolge der Positionen in der Jahresbilanz sowie Erfolgsrechnung (§§ 266, 275 HGB), dadurch schneller Jahresabschluß ohne Transformations-Tabellen. Nur im Rechnungskreis II, der aber meist nicht mehr buchhalterisch durchgeführt wird, ist eine Art "Prozeßgliederung" anzutreffen.
(4) Keine "Mischklassen": D.h. keine Kontenklassen, in denen Aktiv- und Passivkonten bzw. Aufwandskonten und Ertragskonten gemischt sind.

K O N T E N K L A S S E N	0	Immaterielle Vermögensgegenst., Sachanlagen	R e c h n u n g s k r e i s I	Aktiv- konten	Bestands- konten
	1	Fiananzanlagen			
	2	Umlaufvermögen und Aktive Rechnungsabgrenzung			
	3	Eigenkapital und Rückstellungen		Passiv konten	
	4	Verbindlichkeiten und Passive Rechnungsabgrenzung			
	5	Erträge		Ertra. konten	Er- folgs- konten
	6	Betriebliche Aufwendungen		Aufwa. konten	
	7	Weitere Aufwendungen			
	8	Ergebnisrechnungen (Eröffnung und Abschluß)		Abschluß- konten	
	9	Kosten- / Leistungsrechnung (KLR)	R.K. II		

Abb. 25: **Systematik des IKR**

Ein zusammenfassender Überblick über die **Rechnungskreise** des IKR und die Abstimmung ihrer Ergebnisse ist in Abb. 26 dargestellt.

Abb. 26: **Rechnungskreise und Abstimmung (IKR)**

Während der alte IKR ursprünglich nur eine 2-stellige Gliederung enthielt (Kontengruppen), weist der IKR'86 eine sog. "**Tiefgliederung**" auf mit 3-stelligen Konto-Nummern und sogar 4-stelligen Unterkonto-Nummern. Einige buchhalterisch bemerkenswerte Prinzipien bei der Gestaltung des neuen IKR sind im Folgenden aufgeführt (vgl. BDI, 1986, S. 5 ff.).

(1) **Kontengruppen** entsprechend den Bilanzpositionen in § 266 HGB, auch für die gemäß HGB gesondert auszuweisenden Posten bzw. die vielzähligen "Davon-Vermerke" sind bereits Kontengruppen bzw. Konten vorgesehen

(2) **Einheitliche Systematik** sowohl für Personengesellschaften als auch für Kapitalgesellschaften

(3) Vergabe **gleicher Endziffern** für inhaltlich entsprechende Konten, z.B. Konto 200: Bestand/Rohstoffe - Konto 600: Verbrauch/Rohstoffe (sog. "Memotechnik")

(4) Auf die **Null als Endziffer** bei Konten bzw. Unterkonten wird verzichtet, wenn die Kontengruppen bzw. Konten nur wenige Untergruppierungen erfordern.

(5) Bei **Zweiteilung** einer Kontengruppe bzw. eines Kontos werden als Unterteilung die Endziffer 0 und 5 gewählt (Hälftige Einteilung)

(6) Gelegentlich wird auf eigene Kontengruppen bzw. Konten für **Überbegriffe** verzichtet, um die Anzahl der Kontenstufen zu begrenzen.

(7) Übersichtliche **Überschriften** im Kontenrahmen entsprechend der Bilanzgliederung (z.B. "Sachanlagen")

(8) Bewußt wurde Konto 36: **Wertberichtigungen** im Passivbereich aufgenommen, obwohl passive Wertberichtigungen für Kapitalgesellschaften nach dem HGB-Bilanzschema nicht mehr zulässig sind. Das genannte HGB-Verbot gilt ja nicht für die Bilanzen der unzähligen Einzelkaufleute und Personengesellschaften. Auch bei Kapitalgesellschaften sind passive Wertberichtigungen in der laufenden Buchhaltung durchaus zulässig und müssen nur für die Bilanz aufgelöst werden (Verrechnung mit den Aktivkonten). Die Führung passiver Wertberichtigungskonten oder die Verbuchung von Nettowerten mit Ergänzungen in der Nebenbuchhaltung.

(9) Strikte **Erfolgsspaltung** im Sinne von § 275 HGB; die betrieblichen Steuern sind in Kontengruppen 70 (Betriebliche Steuern), nicht bei "Sonstige Steuern" erfaßt.

(10) Kontengruppen 85 - 88 für **Kurzfristige Erfolgsrechnung** (innerjährige Erfolgsrechnung)

(11) Kontenklasse 9 für **Kosten- und Leistungsrechnung**

(12) Auf eine kontenmäßige Differenzierung der Forderungen und Verbindlichkeiten nach **Restlaufzeit** und Besicherung (wie im Bilanzschema gemäß § 266 HGB anzugeben) wird bewußt verzichtet, um erheblichen Buchungsaufwand im Zeitablauf zu ersparen. Die gesetzlich erforderlichen Angaben können auch durch bestimmte Vermerke in den Konten oder durch die Nebenbuchhaltung zusammengestellt werden.

3.4.4 Großhandelskontenrahmen / Einzelhandelskontenrahmen

Die Kontenklassen des **Großhandels-** bzw. **Einzelhandels-Kontenrahmen** sind in Abb. 27 dargestellt. Der Vergleich mit den Kontenklassen des GKR in Abb. 24 zeigt, daß beide Handelskontenrahmen der Grund-Systematik des GKR entsprechen. An die Stelle der Industriespezifischen Konten treten Konten, die im Handel besonders wichtig sind (z.B. Boni / Skonti im Großhandel, Klasse 4).

Kontenklasse	Einzelhandelskontenrahmen	Großhandelskontenrahmen
0	Anlage- und Kapitalkonten	Anlage- und Kapitalkonten
1	Finanzkonten	Finanzkonten
2	Abgrenzungskonten	Abgrenzungskonten
3	Wareneinkaufskonten	Wareneinkaufskonten
4	Konten der Kostenarten	Boni und Skonti
5	Frei für Kostenstellenrechn.	Konten der Kostenarten
6	Frei f. Ko. v. Nebenbetrieben	Frei f. Ko. v. Nebenbetrieben
7	Frei	Frei
8	Erlöskonten	Warenverkaufskonten
9	Abschlußkonten	Abschlußkonten

Abb. 27: **Großhandels- / Einzelhandels-Kontenrahmen**

3.4.5 Übungskontenpläne

Zur praktischen Darstellung einzelner Buchungen hat der Verfasser **Übungskontenpläne** gem. GKR bzw. IKR aufgestellt (s. Anhang 4 und 6). In dem Übungskontenplan gem. IKR sind die nachstehenden Prinzipien verwendet worden, um die Anzahl der zu führenden Konten für Ausbildungszwecke zu begrenzen.

(1) Die Kontenpläne sind sowohl für Einzelkaufleute und Personengesellschaften als auch für Kapitalgesellschaften geeignet (besonders gekennzeichnete alternative Teile).

(2) Grundsätzlich erfolgt die Verbuchung auf Konten mit 3-stelligen Kontennummern (Hauptkonten), für Unterkonten werden 4-stellige Kontennummern verwendet.

(3) Wenn für eine Kontengruppe nur wenige Konten mit 3-stelligen Kotonummern erforderlich sind, so wird auf ein zusammenfassendes Konto für die übergeordnete Kontengruppe verzichtet. Die Konten mit 3-stelligen Kontonummern werden dann direkt in die Abschlußkonten übernommen. Dies stellt eine vertretbare Vereinfachung für Ausbildungszwecke dar; grundsätzlich jedoch entsprechen beim Industriekontenrahmen die Kontengruppen den Bilanzpositionen.

4. WARENVERKEHR

4.1 Konten des Warenverkehrs

4.1.1 Das ungeteilte Warenkonto

Für Handelsunternehmen stellt der Warenverkehr (Einkäufe, Verkäufe und Sonderfälle) das zentrale Buchungsgebiet dar. Auch bei Industrieunternehmen werden oft Fertigwaren (Handelswaren) eingekauft und unbearbeitet weiterverkauft, insbesondere als Zubehör für die eigenen Erzeugnisse. Hauptsächlich treten beim Industrieunternehmen Einkaufsbuchungen zur Beschaffung der Roh-, Hilfs- und Betriebsstoffe, und Verkaufsbuchungen beim Absatz der Fertigerzeugnisse auf. Früher (heute nur noch bei Kleinbetrieben oder für einzelne Warenpartien) wurden alle Geschäftsfälle des Warenverkehrs auf einem einzigen Konto, dem **ungeteilten Warenkonto** verbucht. Die häufigsten Geschäftsfälle auf diesem Konto sind in Abb. 28 dargestellt.

S		Ungeteiltes Warenkonto		H
AB	zu EP	Warenverkäufe	zu VP
Wareneinkäufe	(EP)	Warenrücksendungen a.Lieferer	z. EP
Rücksendungen der Kunden	zu VP	Peisnachlaß der Lieferer	(EP)
Preisnachlaß an Kunden	zu VP	Warenentnahmen	zu EP
Saldo: Rohgewinn		EB	zu EP

VP = Verkaufspreis   EP = Einstandspreis

Abb. 28: **Das ungeteilte Warenkonto**

Bereits das ungeteilte Warenkonto läßt die nachstehenden, wesentlichen **Grundbegriffe** der **Warenverbuchung** erkennen:

(1) **Einstandspreise**
Als Einstandspreise werden die Einkaufpreise zuzüglich der noch eventuell anfallenden Bezugskosten (Anschaffungsnebenkosten) bezeichnet: sozusagen der Preis (die Kosten) der Ware, bis diese im Lager "steht".

(2) **Handelsspanne / Kalkulationsaufschlag**
Die Handelsspanne ergibt sich als Differenz aus Verkaufspreis minus Einstandspreis eines Warenpostens, ausgedrückt in % des Verkaufspreises. Dieselbe Differenz, ausgedrückt in % des Einstandspreises, wird als Kalkulationsspanne bezeichnet.

(3) **Wareneinsatz**
Diese wichtige Größe bedeutet die Summe aller aus dem Lager abgegangenen und zum Verkauf "eingesetzten" Waren, bewertet mit den Einstandspreisen. Der Wareneinsatz (Abgänge) darf nicht mit dem Wareneinkauf (Zugänge!) verwechselt werden. Der Wareneinsatz läßt sich durch die nachstehende Formel darstellen (Befundrechnung):

Anfangsbestand + Zugänge - Endbestand = Wareneinsatz

(4) **Rohgewinn (Rohertrag)**
Der Rohgewinn (Rohertrag) ergibt sich aus der Summe der Warenverkäufe (zu Verkaufspreisen) minus Wareneinsatz (verkaufte Waren zu Einstandspreisen).

(5) **Reingewinn** bedeutet die Differenz aus Ertrag minus Aufwand bzw. den Gewinn, der sich aus dem Betriebsvermögensvergleich ergibt.

Über die genannten Kennzahlen des Warengeschäfts haben die Finanzämter aus den Steuererklärungen der Steuerpflichtigen Sammlungen für bestimmte Banchen, Betriebsgrößen usw. angelegt. Bei den Steuererklärungen bzw. Steuerbilanzen der einzelnen Steuerpflichtigen wird untersucht, ob die hieraus ersichtlichen Kennzahlen mit den gesammelten Kennzahlen der betreffenden Banchen übereinstimmen (sog. **wirtschaftliche Verprobung**). Auch die Kennzahlen eines Steuerpflichtigen aus mehreren aufeinanderfolgenden Steuerbilanzen werden miteinander verglichen. Im Rahmen der regelmäßig nach mehreren Jahren stattfindenden Betriebsprüfungen (Außenprüfungen) werden die genannten Kennzahlen und eventuell festgestellte Abweichungen zwischen Istwerten und Sollwerten eingehend im Betrieb des Steuerpflichtigen untersucht.

Das ungeteilte Warenkonto stellt ein typisches **gemischtes Konto** dar und sollte besser in mehrere Warenkonten aufgeteilt werden. Besonders unübersichtlich ist hier die unterschiedliche Preisbasis bei den einzelnen Verbuchungen: selbst auf der "Einkaufsseite" des Warenkontos werden gelegentlich verkaufspreisbedingte Beträge verbucht (z.B. Rücksendungen der Kunden).

4.1.2 Getrennte Warenkonten

Aus den genannten Gründen werden meist getrennte Warenkonten geführt, d.h. mindestens die beiden Konten: **Wareneinkauf** (nur einkaufspreisbedingte Beträge) und **Warenverkauf** (nur verkaufspreisbedingte Beträge). Die häufigsten Buchungen auf den zweigeteilten Warenkonten sind in Abb. 29 dargestellt. Um jederzeit eine Übersicht über die Sonderfälle des Warenverkehrs (z.B. Rücksendungen der Kunden) zu erhalten, werden oft für diese Sonderfälle entsprechende **Unterkonten** bei Einkauf und Verkauf geführt. Auf diesen Unterkonten werden die entsprechenden Beträge gesammelt und beim Abschluß auf die beiden Hauptkonten übertragen.

Oft werden sowohl für Einkauf als auch für Verkauf **mehrere Hauptkonten** einschließlich der genannten Unterkonten geführt. In Handelsbetrieben werden häufig die Einkaufs- und Verkaufskonten (jeweils Hauptkonto und Unterkonten) nach verschiedenen Warengruppen getrennt geführt, um sortimentsbezogene Informationen zu liefern. Vielfach werden auch Warenkonten für verschiedene Filialen geführt. Bei Industriebetrieben werden zumindest verschiedene Einkaufskonten für Roh-, Hilfs- und Betriebsstoffe sowie für Fremdbauteile und Handelswaren geführt, und verschiedene Verkaufskonten für Fertigerzeugnisse, sonstige eigene Leistungen, Handelswaren und sonstige Verkäufe (vgl. Industriekontenrahmen: GKR und IKR). Außerdem sollten alle Betriebe bei den Einkaufs- und Verkaufskonten getrennte Hauptkonten für Warengruppen mit verschiedenen Umsatzsteuer-Sätzen führren.

S	Wareneinkaufskonto		H	S	Warenverkaufskonto		H
AB	zu EP	Rücksendungen, Peisnachlässe (UK)	zu EP	Rücksendungen, Preisnachlässe (UK)	zu VP	Warenverkäufe	
Wareneinkäufe		Warenentnahmen (UK)	zu EP	Saldo = Verkaufserlös			
		EB	zu EP				
Bezugskosten (UK)		Wareneinsatz (UK)	zu EP		zu VP		zu VP

Abb. 29: **Geteilte Warenkonten**

4.2 Abschluß der Warenkonten (Wareneinsatz)

4.2.1 Befundrechnung - Fortschreibungsrechnung

Für die Ermittlung des Wareneinsatzes sind zwei grundsätzliche Berchungsverfahren anzutreffen:

(1) **Befundrechnung**: Der Wareneinsatz kann erst am Jahresende im Einkaufskonto errechnet werden, wenn der Endbestand laut Inventur (Befund) vorliegt. Man benützt auch die Bezeichnung: "Verfahren mit Inventur". Das Verfahren kann formelmäßig wie folgt dargestellt werden (aus Vereinfachungsgründen sind Bezugskosten und Nachlässe beim Einkauf nicht berücksichtigt):

Wareneinsatz = AB + Wareneinkäufe - EB (Inventur).

Dieser rechnerische Wareneinsatz enthält jedoch auch die Inventurdifferenz, d.h. Abgänge durch Diebstahl oder Schwund.

(2) **Fortschreibungsrechnung**: Bereits während des Jahres werden bei Verkäufen zusätzlich die Wareneinsätze für diese Verkäufe (Verkaufte Mengen x Einstandspreis) auf dem Einkaufskonto als Abgänge verbucht. Oft wird ein entsprechendes Wareneinsatzkonto geführt. Der Saldo des Einkaufskontos zeigt jederzeit den Warenbestand (Buchbestand) an, auch ohne die mühsame Inventur. Daher trifft auch die Bezeichnung "Verfahren ohne Inventur", was jedoch mißverständlich ist, da für jeden Buchführungspflichtigen beim Jahresabschluß gem. HGB eine Inventur vorgeschrieben ist. Durch Vergleich zwischen buchmäßigem Endbestand am Jahresende und dem Inventurbestand können Inventurdifferenzen genau berechnet werden. Das Verfahren ist jedoch sehr aufwendig, da alle Verkäufe auch mit Einstandspreisen (!) berechnet werden müssen, was nur bei Großbetrieben mit EDV oder bei kleineren Betrieben mit wenigen, wertvollen Waren möglich ist.

4.2.2 Nettoabschluß - Bruttoabschluß

Beim Abschluß der Warenkonten sind weiterhin die nachstehenden beiden grundsätzlichen Verfahren anzutreffen:

(1) **Nettoabschluß**: In der Gewinn- und Verlustrechnung wird der Warenverkehr nur als Nettobetrag (Rohgewinn) ausgewiesen. Die Ermittlung des Rohgewinns erfolgt im Warenverkaufs-Konto als Saldo aus Warenverkäufen und Wareneinsatz. In der Gewinn- und Verlustrechnung (die ja auch Außenstehende erhalten) ist die Handelsspanne (%) nicht offengelegt. Das Verfahren wird von kleineren Handelsbetrieben bevorzugt.

(2) **Bruttoabschluß**: In der Gewinn- und Verlustrechnung wird der Warenverkehr durch die Bruttobeträge "Umsatzerlöse" (Verkäufe) und "Wareneinsatz" ersichtlich. Diese Bruttobeträge werden als Saldo aus den Verkaufskonten bzw. Einkaufskonten in die GVR übernommen. Dieses Verfahren ist übersichtlicher als der Nettoabschluß, allerdings wird die Handelsspanne des Betriebs auch für Außenstehende klar erkennbar. Der Bruttoabschluß ist für große Kapitalgesellschaften gem §§ 275, 276 HGB und für alle Großunternehmen gem. PublG vorgeschrieben und wird daher insbesondere in der Industrie verwendet.

4.2.3 Kombinationsverfahren

Durch Kombination der genannten Alternativen sind zum Abschluß der Warenkonten grundsätzlich die nachstehend genannten vier Methoden denkbar.

(1) Nettoabschluß/Befundrechnung

Dieses Verfahren, die älteste und einfachste Abschlußmethode der Warenkonten ist in Abb. 30 dargestellt. Die typische Reihenfolge der Abschlußkonten ist durch 1,2,3 bezeichnet und aus der Abbildung ersichtlich.

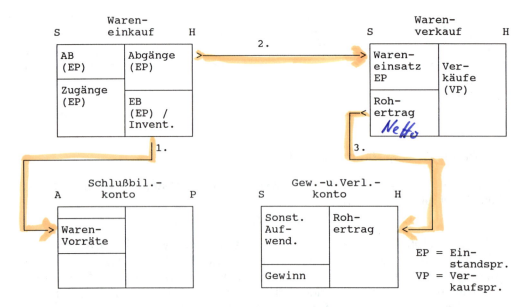

Abb. 30: **Nettoabschluß/Befundrechnung**

(2) Nettoabschluß/Fortschreibungsrechnung

Die zweite Möglichkeit des Nettoabschlusses, nämlich mit Fortschreibung, ist selten anzutreffen. Für Großunternehmen ist dieses Verfahren mit wenigen Ausnahmen unzulässig, bei kleineren Betrieben ist es mühsam, die Einstandspreise der Verkäufe zu ermitteln. Das Verfahren ist in Abb. 31 dargestellt.

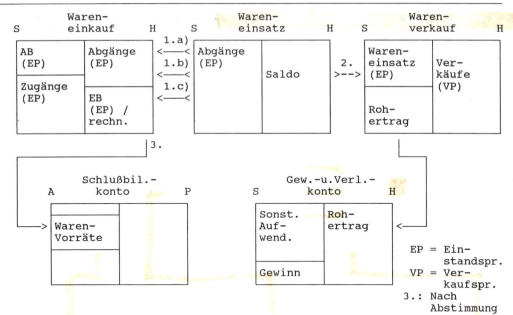

Abb. 31: **Nettoabschluß/Fortschreibungsrechnung**

(3) **Bruttoabschluß/Befundrechnung**

Dieses mit wenigen Ausnahmen bei publizitätspflichtigen Handels- und Industrieunternehmungen übliche Verfahren ist übersichtsmäßig in Abb. 32 dargestellt.

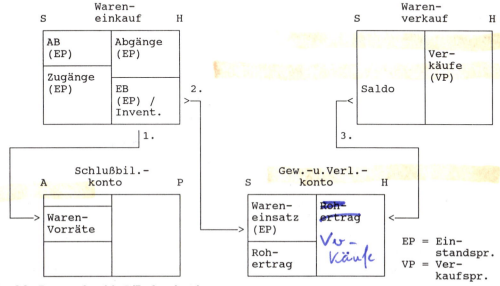

Abb. 32: **Bruttoabschluß/Befundrechnung**

(4) Bruttoabschluß/Fortschreibungsrechnung

Dieses Verfahren stellt die aussagefähigste Abschlußmethode dar, wird aber nur von Großunternehmen mit EDV-Buchführung verwirklicht. Das Verfahren ist überblicksmäßig in Abb. 33 dargestellt. Oft wird das hier genannte Verfahren für die (teuren) Rohstoffe verwendet, für die Hilfsstoffe wird das einfachere Verfahren: Bruttoabschluß/Befundrechnung verwendet.

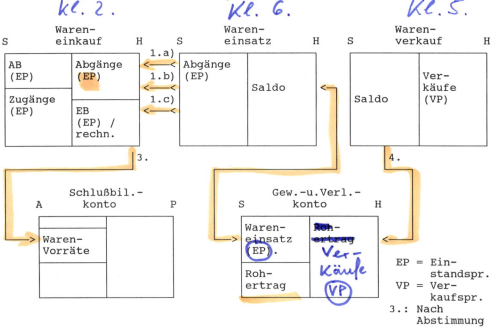

Abb. 33: **Bruttoabschluß/Fortschreibungsrechnung**

4.3 Umsatzsteuer (Mehrwertsteuer)

4.3.1 Grundprinzipien der Umsatzbesteuerung

Vor der Darstellung der steuerpflichtigen Umsätze und deren Verbuchung sollen hier zur Einführung die nachstehenden Grundprinzipien des deutschen Umsatzsteuerrechts angegeben werden.

(1) **"Mehrwertsteuer-Reform" 1968:** Durch das UStG 1967 wurde ab 1.1.1968 in der BRD (wie in anderen europäischen Ländern) das System der **"Mehrwertsteuer"** eingeführt. Die seither geltende Systematik der Umsatzsteuer läßt sich ersehen aus der Bezeichnung "kumulative Allphasen-Nettoumsatzsteuer im Vorsteuerabzug". Die Umsatzsteuer wird in allen Phasen des volkswirtschaftlichen Produktionsprozesses bzw. Warenweges erhoben (beim Verkauf in der Urproduktion, in der verarbeitenden Industrie, im Großhandel, im Einzelhandel usw.). Besteuert werden soll in jeder Phase beim Unternehmer letztlich nicht der Brutto-Umsatz, sondern der "Mehrwert", d.h. der Nettowert aus Bruttoumsatz minus Vorleistung-

en (Güter und Dienstleistungen der Lieferanten, die ja bereits dort der Umsatzsteuer unterlagen).

Wertschöpfungsermittlung	Rechnungsbetrag / netto	Umsatzsteuer (10 %)
Umsatz des Einzelhändlers	10.000,-- DM	1.000,-- DM
- Vorleistungen (z.B. Wareneinsatz v. Großhändler bezogen)	- 8.000,-- DM	800,-- DM
= Mehrwert (Wertschöpfung)	= 2.000,-- DM	200,-- DM
Umsatz des Großhändlers	8.000,-- DM	800,-- DM
- Vorleistungen (z.B. Wareneinsatz v. Hersteller bezogen)	- 6.500,-- DM	650,-- DM
= Mehrwert (Wertschöpfung)	1.500,-- DM	150,-- DM

Da jedoch der Mehrwert eines Betriebes nicht unmittelbar aus den Büchern ersichtlich ist, wird die Umsatzsteuer zunächst doch auf den Bruttoumsatz jedes Betriebes erhoben. Die Betriebe können jedoch bei ihrer Steuerschuld, die bereits auf die Vorleistungen erhobene Umsatzsteuer (Vorsteuer) abziehen, so daß letztlich nur der Mehrwert besteuert wird.

(2) In der **Umsatzsteuerreform** (UStG 1980) wurde das System der Besteuerungen beibehalten, allerdings mit einer Reihe von Detailänderungen im Bereich des Steuergegenstandes, der Steuerbefreiung usw. zur Anpassung an die 6. EG-Richtlinie (UStG-Harmonisierung).

(3) **Verkehrssteuer - Verbrauchssteuer:** Die Umsatzsteuer stellt eine Verkehrssteuer dar, weil die Umsätze im Handelsverkehr besteuert werden. Die Umsatzsteuer wird zwar beim Unternehmer erhoben (Steuerschuldner), von diesem aber auf seinen Ausgangsrechnungen an die Käufer weiterbelastet. Letztlich wird die Umsatzsteuer allein vom Endverbraucher getragen (Steuerträger) und wird daher auch als Verbrauchssteuer bezeichnet.

(4) **Vorsteuer-Abzug / Zahllast:** Die Ermittlung der Steuerschuld beim Unternehmer erfolgt auf diese Weise, daß zunächst die in den Ausgangsrechnungen enthaltene Mehrwertsteuer auf einem Konto gesammelt wird. Auf einem anderen Konto wird die Vorsteuer, die beim Einkauf bezahlte Umsatzsteuer, gesammelt. Als Differenz aus "berechneter Mehrwertsteuer" und abziehbarer Vorsteuer ergibt sich die "Umsatzsteuer-Zahllast". Diese wird an das Finanzamt abgeführt bzw. in der Schlußbilanz als Verbindlichkeit passiviert. Ist der Betrag der abziehbaren Vorsteuer höher als die Summe der berechneten Mehrwertsteuer, so ergibt sich ein "Vorsteuerüberhang", der vom Finanzamt erstattet wird.

(5) **Umsatzsteuer-Veranlagung:** Die Veranlagung erfolgt zum Abschluß des Kalenderjahres, jedoch müssen alle Steuerpflichtigen mit größeren Umsätzen spätestens 10 Tage nach Ablauf jedes Kalendermonats eine "Umsatzsteuer-Voranmeldung" abgeben und die Zahllast überweisen.

(6) **Verbuchung der Brutto-Beträge / Netto-Beträge:** Für die Verbuchung der steuerpflichtigen Umsätze beim Einkauf wie beim Verkauf kann einerseits die sogenannte Nettoverbuchung angewendet werden, d.h. bei jedem Umsatzakt wird der steuerpflichtige Umsatz (netto) und die darauf entfallene Umsatzsteuer separat verbucht. Gemäß § 63 Abs. 4 UStDV kann ein Unternehmer auch die sogenannte Bruttoverbuchung durchführen, d.h. zunächst werden bei allen Umsatzakten die Bruttobeträge (einschließlich der dabei angefallenen Umsatzsteuer) verbucht. Am Monatsende muß dann aus der Summe der Bruttoumsätze die entsprechende Umsatzsteuer herausgerechnet werden (getrennt nach verschiedenen Steuersätzen). Für Ausbildungszwecke und bei größeren Betrieben wird meist das übersichtlichere Nettoverfahren verwendet; das Bruttoverfahren nur, wenn die Nettobeträge nicht im einzelnen berechnet werden, z.B. im Lebensmittel-Einzelhandel.

(7) **Vereinbarte- / Vereinnahmte Entgelte:** In der Regel wird die Besteuerung nach den "vereinbarten Entgelten" durchgeführt, d.h. die Steuer wird verbucht, wenn die Rechnungsstellung erfolgt: unabhängig davon, wann die Bezahlung erfolgt. Wenn bei der Zahlung Abzüge durchgeführt werden (z.B. wegen Rücksendungen), so muß die Umsatzsteuer-Schuld entsprechend korrigiert werden (Nachträgliche Umsatzsteuer-Korrekturen). Nur bei Kleinbetrieben kann unter bestimmten Voraussetzungen gem. § 20 UStG eine Ist-Versteuerung erfolgen, d.h. eine Besteuerung nach den effektiv "vereinnahmten Entgelten".

(8) **"Bestimmungslandprinzip":** Damit grenzüberschreitende Umsätze nicht mehrfach besteuert werden, wird das sogenannte "Bestimmungslandprinzip" verwendet, d.h. die Besteuerung erfolgt nach den Rechtsverhältnissen im Lande des Empfängers der Lieferungen und Leistungen. Dies bedeutet für Unternehmer in der BRD, daß bei der Einfuhr die Umsatzsteuer fällig ist (Einfuhr-Umsatzsteuer), die Ausfuhr steuerfrei bleibt. Sonderbestimmungen gelten für Freihäfen usw.

(9) **Rechnungsstellung (Fakturierung):** Bei der Rechnungsstellung müssen die Unternehmer gewisse Vorschriften der UStDV beachten, bei Kleinbeträgen gem. § 33 UStDV (nicht über 200,-- DM) kann auf einen separaten Ausweis der Umsatzsteuer verzichtet werden.

(10) **Tarife / Steuerbefreiungen:** Neben dem allgemeinen Steuersatz (ab 1.7.83: 14 %) wird für bestimmte Gegenstände gem. Anlage zu § 12 UStG, Ziff. 1 - 47 ein ermäßigter Steuersatz (ab 1.7.83: 7 %) erhoben, z.B. für "Grundnahrungsmittel" und Bücher. Für eine Reihe von Umsätzen sind Steuerbefreiungen vorgesehen (§ 4 UStG, Ziff. 1 - 28), z.B. für die meisten Bankgeschäfte, Leistungen der Heilberufe und die Vermietung und Verpachtung von Grundstücken. Allerdings kann bei steuerfreien Umsätzen auch keine Vorsteuer abgezogen werden. Für Ausbildungszwecke wird zur Rechenvereinfachung weiterhin mit dem

Umsatzsteuer-Tarif von 10 % gerechnet.

4.3.2 Steuerbare Umsätze gemäß § 1 UStG

Zum Verständnis der Umsatzsteuerverbuchung soll nun noch der Steuergegenstand der Umsatzsteuer näher erläutert werden. Da es bei den hier relevanten Umsätzen gewisse Befreiungen gibt, wird nicht von "steuerpflichtigen" Umsätzen, sondern von "steuerbaren" Umsätzen gesprochen. Eine Übersicht über die steuerbaren Umsätze gemäß § 1 UStG ist in Abb. 34 dargestellt.

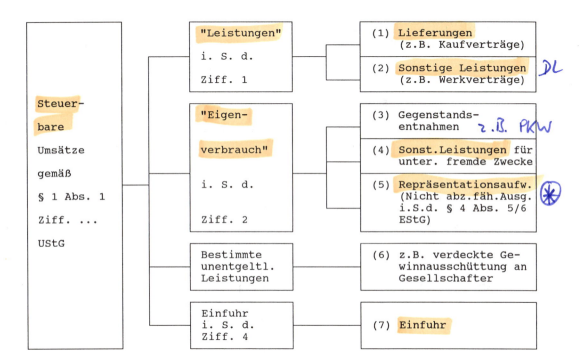

Abb. 34: **Steuerbare Umsätze gem. § 1 UStG**

Den Hauptgegenstand der Umsatzsteuer stellen die Lieferungen und Sonstigen Leistungen dar, die ein Unternehmer im Erhebungsgebiet gegen Entgelt im Rahmen seines Unternehmens ausführt (§ 1 Abs. 1 UStG). Nicht steuerbar sind daher Umsätze, die Privatpersonen erzielen (z.B. Verkauf eines gebrauchten PKW durch Privatbesitzer). Die einzelnen Steuergegenstände in Abb. 34 sollen nur noch durch nachstehenden Merkmale näher gekennzeichnet werden.

✱ = Bewirtung von G.-Freunden
  = Geschenke an Geschäfts-Freunde

(1) **Lieferungen:** Die Verschaffung der Verfügungsmacht über Gegenstände meist im Rahmen von Kaufverträgen oder Werk-Lieferverträgen.
(2) **Sonstige Leistungen:** Dienstleistungen, die meist im Rahmen von Werkverträgen erbracht werden.
(3) **Eigenverbrauch / Gegenstandsentnahme:** Entnahme eines Gegenstandes durch den Unternehmer für unternehmungsfremde Zwecke.
(4) **Eigenverbrauch / Nutzungsentnahme:** Gänzliche oder teilweise Nutzung eines zur Unternehmung dienenden Gegenstandes für unternehmungsfremde Zwecke, z.B. Privatfahrten mit Betriebs-PKW.
(5) **Eigenverbrauch / Nicht-abzugsfähige Aufwendungen:** Aufwendugen eines Unternehmers, die gem. § 4 Abs. 5 EStG nicht abzugsfähig sind.
(6) **"Verdeckte Gewinnausschüttung":** Unentgeltliche Lieferungen und sonstige Leistungen von Körperschaften, Personenvereinigung usw. an ihre Gesellschafter, Mitglieder usw.

4.3.3 Umsatzsteuer-Bemessungsgrundlagen

Zur korrekten Ermittlung und Verbuchung der Umsatzsteuer ist es erforderlich, die Steuer-Bemessungsgrundlagen bei den einzelenen Arten von steuerbaren Umsätzen genau abzugrenzen.

(1) **Lieferungen und Sonstige Leistungen im Sinne des § 1 Abs. 1 Ziff. 1 UStG**
  - Bemessungsgrundlage ist das jeweilige **Entgelt**, d.h. alle Aufwendungen des Empfängers, um diese Lieferung oder sonstige Leistung zu erhalten. Der bezahlte Umsatzsteuer-Betrag selbst zählt nicht zum Entgelt. Das Entgeld umfaßt nicht nur die in den Ausgangsrechnungen fakturierten Verkaufspreise, sondern gegenbenenfalls noch folgende Beträge:
  - **Auslagenersatz** (z.B. Fahrtkosten, Postgebühren, die der Käufer dem Verkäufer bei den besteuerten Umsätzen ersetzt - auch wenn die ersetzten Auslagen selbst nicht umsatzsteuerpflichtig waren).
  - Auf "Zahlungszuschläge" (z.B. Verzugszinsen, Prozeßzinsen bei best. Umsätzen) ist seit dem 1.7.83 keine Umsatzsteuer mehr zu berechnen gemäß Verfügung des Bundesfinanzministeriums mit Aktenzeichen IV A Z - S 7200-13/83.
  - Trinkgelder, die der Verkäufer aufgrund seiner Leistung erhielt.
  - Steuern und Abgaben (z.B. Verkehrs- und Verbrauchssteuern) in Zusammenhang mit den steuerbaren Umsätzen.

In Sonderfällen, z.B. Tausch und Hingabe von Sachwerten als Entgelt für steuerpflichtige Umsätze, ist als Bemessungsgrundlage der "gemeine Wert" (§ 9 BewG) der als Entgelt anzusehenden Gegenstände anzusetzen. Der gemeine Wert kann überschlägig als marktüblicher Veräußerungswert bezeichnet werden.

(2) **Eigenverbrauch / Gegenstandsentnahme gemäß § 1 Abs. 1 Ziff. 2 UStG**
  - Der Begriff des Eigenverbrauchs in Sachen des § 1 UStG deckt sich weitgehend mit dem Entnahmebegriff in § 4 EStG. Entnahmen sind gemäß § 6 Abs. 1 Ziff.

4 EStG mit dem "**Teilwert**" zu bewerten. Der Teilwert ist gemäß § 6 Abs. 1 EStG definiert als "der Betrag, den ein Erwerber des ganzen Betriebes im Rahmen des Gesamtkaufpreises für das einzelne Wirtschaftsgut ansetzen würde". Der Wert von betrieblichen Wirtschaftsgütern ist betriebsbezogen oft höher als der Einzelveräußerungswert (Verkehrswert) oder Buchwert dieser Gegenstände. Für die konkrete Bestimmung des Teilwerts werden bestimmte gesetzliche Teilwertvermutungen herangezogen.

- Bei Wirtschaftsgütern des **Anlagevermögens** besteht die Vermutung, daß der Teilwert den tatsächlichen Anschaffungs- oder Herstellungskosten, abzüglich den Absetzungen für Abnutzung seit Anschaffung, entspricht. Dabei sind jedoch mindestens die üblichen Gebrauchtmarkt-Preise anzusetzen (z.B. Privatentnahme eines Betriebs-PKW).
- Bei Wirtschaftsgütern des **Umlaufvermögens** besteht die Vermutung, daß der Teilwert den Wiederbeschaffungskosten bzw. Wiederherstellungskosten entspricht (Beispiel: Entnahme von Waren).

(3) Eigenverbrauch / Nutzungsentnahme gem. § 1 Abs. 1 Ziff. 2 UStG
Als Bemessungsgrundlage werden die auf die unternehmungsfremden Zwecke entfallenden Kosten (Privatanteil an den gesamten Kosten) angesehen.

(4) Eigenverbrauch / Nicht-abzugsfähige Aufwendungen gem. § 4 EStG
Als Bemessungsgrundlage werden die nicht - abzugsfähigen Aufwendungen angesehen.

(5) Einfuhr gemäß § 1 Abs. 1 Ziff. 4 UStG
Als Bemessungsgrundlage wird der zollrechtliche Wert der Gegenstände, z.B. das Entgelt beim Einkauf angesehen.

4.3.4 Vorsteuer-Konten

Für die Verbuchung der Umsatzsteuer im Einkaufsbereich wird mindestens ein **Vorsteuerkonto** geführt. Üblich sind auch verschiedene Vorsteuerkonten für anrechenbare Vorsteuer nach verschiedenen Tarifsätzen (voller - ermäßigter Steuersatz), für anrechenbare Einfuhr-Umsatzsteuer sowie in Sonderfällen für nicht anrechenbare oder noch nicht anrechenbare Vorsteuer.

Das Vorsteuer-Konto erfaßt die in den Eingangsrechnungen ausgewiesene Umsatzsteuer, sowohl bei den Wareneinkäufen oder Einkäufen von Roh-, Hilfs- und Betriebsstoffen als auch bei der Anschaffung von Anlagegütern oder bei allgemeinen Verwaltungskosten. Das Vorsteuer-Konto ist ein aktives Bestandskonto (Sonstige Forderungen).

Die Verbuchung der Vorsteuer-Beträge entsprechend den Eingangsrechnungen entspricht der überwiegenden Besteuerung nach den "vereinbartent Entgelten" (Soll-

Besteuerung). Die später vereinnahmten Entgelte können jedoch von den ursprünglich vereinbarten Entgelten, insbesondere wegen **Lieferanten-Nachlässen** in Form von Gutschriften, Rücksendungen, Boni und Skonti, abweichen. Die nach den vereinbarten Entgelten verbuchte Vorsteuer ist bei derartigen Nachlässen zu hoch und muß korrigiert werden (Nachträgliche Entgeltminderungen). Bei der Verbuchung der Nachlaßbeträge sind die beiden Verfahren zu benützen, die bereits bei der Verbuchung der Rechnungsbeträge angewendet werden.

- **Verbuchung der Bruttobeträge:** zunächst werden die Bruttobeträge bei Boni, Skonti usw. verbucht, erst am Monatsende wird daraus die Vorsteuer-Berichtigung errechnet und verbucht.
- **Verbuchung der Nettobeträge:** übersichtlicher ist die Methode, sofort bei jedem Nachlaß den Nettobetrag und die Vorsteuer-Berichtigung getrennt zu verbuchen (wie bereits bei den Rechnungsbeträgen üblich). Die insgesamt auf dem Vorsteuerkonto anzutreffenden, üblichen Buchungen sind in Abb. 35 dargestellt.

S	VORSTEUER	H
Vorsteuer-Beträge aus: - Eingangsrechnungen - Bezugskostenrechnungen	Vorsteuer-Berichtigungen: - Gutschriften von Lieferern - Liefererskonti - Liefererboni - Retouren an Lieferer	

Abb. 35: **Vorsteuer-Konto**

4.3.5 Umstzsteuer-Konten

Für die Verbuchung der Umsatzsteuer im Verkaufsbereich wird mindestens ein "Umsatzsteuer-Schuldkonto" (oft auch: "**Mehrwertsteuer-Konto**") geführt. Überlich sind verschiedene Umsatzsteuer-Konten für "berechnete Umsatzsteuer" (Ausgangsrechnungen bei Lieferungen und sonstigen Leistungen) für verschiedene Tarifsätze, für die Umsatzsteuer auf den Eigenverbrauch sowie in Sonderfällen für noch nicht fällige Umsatzsteuer. Die Umsatzsteuer-Konten stellen passive Bestandskonten dar (Sonstige Verbindlichkeiten).

Wie im Einkaufsbereich, so können auch hier im Verkaufsbereich die vereinnahmten Entgelte wegen **Erlösschmälerungen** (Gutschriften, Boni, Skonti an Kunden) niedriger sein als die bereits verbuchten Entgelte. Bei Verbuchung der Nachlaßbeträge kann auch die Umsatzsteuer-Schuld entsprechend korrigiert werden. Wie bereits bei den Rechnungsbeträgen, so können auch für die Nachlaßbeträge zwei verschiedene Buchungsmethoden verwendet werden:

- Verbuchung der Bruttobeträge (wie bereits dargestellt)
- Verbuchung der Nettobeträge (übersichtlicher).

4. Warenverkehr

Ein Überblick über die häufigsten Verbuchungen auf dem Umsatzsteuer-Konto ist in Abb. 36 dargestellt.

Abb. 36: **Umsatzsteuer-Konto**

4.3.6 Abschluß der Umsatzsteuer-Konten

Hier ist zunächst die bei größeren Unternehmen monatlich vorgeschriebene Ermittlung der Zahllast zu verbuchen. Die hierbei zu berücksichtigenden Konten und die Buchungsmethoden sind in Abb. 37 zusammengestellt.

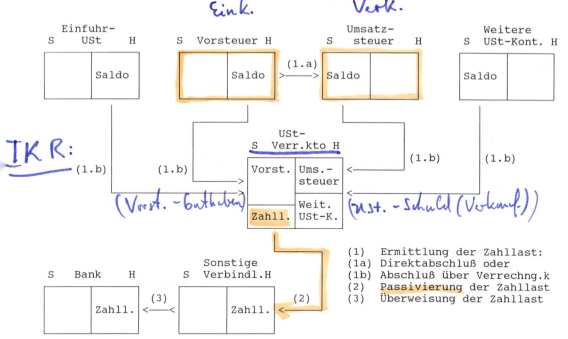

Abb. 37: **Abschluß der Umsatzsteuer-Konten**

(1) Die einfachste Methode besteht darin, die Salden des Vorsteuerkontos (bzw. der Vorsteuer-Konten) auf das Umsatzsteuerkonto umzubuchen, ebenso die Salden eventuell weiterer Umsatzsteuerkonten (**Direktabschluß**). Der Saldo der Umsatzsteuerkontos stellt dann die Zahllast dar, die meist per Banküberweisung abgeführt wird.

(2) Übersichtlicher ist die Führung eines eigenen "**Umsatzsteuer - Verrechnungskontos**", welches die Salden aller Umsatzsteuerkonten aufnimmt und als Saldo die Zahllast ergibt.

4.4 Wareneinkauf mit Sonderfällen

4.4.1 Bareinkauf - Zieleinkauf

Die Verbuchung des häufigsten Geschäftsfalles "**Eingangsrechnung**" nach der Nettomethode (vereinbarte Entgelte) ist in Abb. 38 dargestellt.

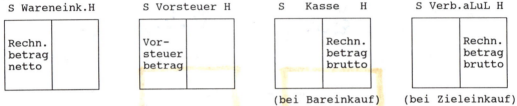

Abb. 38: **Bareinkauf - Zieleinkauf**

Bei Barzahlung wird als Habenkonto das Kassenkonto angesprochen, bei Zieleinkauf (Zahlung mit "Zahlungsziel", z.B. innerhalb von 14 Tagen) entsteht eine Verbindlichkeit in Höhe des Rechnungsbetrages. Als Sollkonto ist das jeweilige Wareneinkaufskonto sowie das Vorsteuerkonto anzusprechen. Bei Einkäufen von ausländischen Lieferanten ist es übersichtlicher anstelle des Vorsteuerkontos auf einem eigenen Konto "Einfuhr - Umsatzsteuer" zu buchen.

Beispiel 3: Lieferantenrechnung (Rohstoffe)
1. Ein Industriebetrieb erhält eine Lieferantenrechnung (Rohstoffe mit Zahlungsziel über netto 15.000,-- DM zuzüglich Umsatzsteuer 1.500,-- DM (Vorsteuer).

```
B u c h u n g s s ä t z e  /Bsp.3    (Gemäß Übungskontenplan/IKR im Anhang)
Nr.              Konto                          S              H

1. Per 200       Rohstoffe / Fertigungsmaterial  15.000,--
       260       Vorsteuer                        1.500,--
   an  440       Verbindlichkeiten aus L.u.L.                  16.500,--
```

4.4.2 Bezugskosten

Beim Einkauf von Waren und Material fallen meist neben dem Rechnungspreis des Lieferanten noch weitere **"Bezugskosten"** an (Rechnung für Fracht, Rollgeld, Transportversicherung, Verpackung, Zölle usw.). Auch bei den Rechnungsbeträgen für Bezugskosten (z.B. Speditionsrechnung) fällt oft neben dem Netto-Betrag die gesetzliche Umsatzsteuer (anrechenbare Vorsteuer) an. Für die Verbuchung der Rechnungsbeträge für Bezugskosten kann ebenfalls das Brutto- oder Nettoverfahren verwendet werden, das übersichtlichere Nettoverfahren ist zu bevorzugen.

Die Bezugskosten (Nettobetrag) erhöhen den Einstandspreis bzw. Einstandswert der eingekauften Waren. Die Bezugskosten dürfen daher nicht als laufender Aufwand verbucht werden und nicht in die Gewinn- und Verlustrechnung einbezogen werden. Die Bezugskosten erhöhen den Wert der Zugänge im Wareneinkaufskonto und müssen spätestens zum Jahresende auf dem Wareneinkaufskonto umgebucht worden sein. Die Bewertung des Endbestands der Warenvorräte für die Schlußbilanz hat zu den Anschaffungskosten zu erfolgen und diese ergeben sich aus dem Anschaffungspreis (Einkaufspreis) zuzüglich der **Anschaffungs-Nebenkosten** (Bezugskosten). Die Bewertung der Warenvorräte mit dem Einstandspreis entspricht somit den Anschaffungskosten, die Bezugskosten stellen die aktivierungspflichtigen Anschaffungs-Nebenkosten dar.

Die **Verbuchung** der Bezugskosten kann direkt auf dem Einkaufskonto der betreffenden Ware im Soll erfolgen (dirkete Methode). Übersichtlicher ist die indirekte Methode, wonach die Bezugskosten zunächst auf speziellen Unterkonten zu den jeweiligen Hauptkonten (Einkaufskonten der verschiedenen Warengruppen bzw. Materialarten) verbucht werden. Die Unterkonten für Bezugskosten werden am Jahresende auf ihre jeweiligen Hauptkonten abgeschlossen.

Beispiel 4: Bezugskosten bei Rohstoffen
1. Ein Industriebetrieb erhält die Eingangsrechnung eines Rohstoff - Lieferanten mit Zahlungsziel über netto 12.000,-- DM zuzüglich, 1.200,-- DM Umsatzsteuer (Vorsteuer).
2. Die Rechnung des Spediteurs für den Transport hat der Industriebetrieb bar bezahlt, Rechnungsbetrag netto 800,-- DM, zuzüglich Umsatzsteuer (Vorsteuer) 80,-- DM.

```
B u c h u n g s s ä t z e  /Bsp.4      (Gemäß Übungskontenplan/IKR im Anhang)
Nr.            Konto                             S              H

1. Per  200    Rohstoffe / Fertigungsmaterial    12.000,--
        260    Vorsteuer                          1.200,--
    an  440    Verbindlichkeiten aus L.u.L.                     13.200,--
2. Per 2001    Bezugskosten / Rohstoffe             800,--
        260    Vorsteuer                             80,--
    an  288    Kasse                                               880,--
```

4.4.3 Gutschrifts-Eingang

4.4.3.1 Grundbegriffe (Lieferer-Nachlässe)

Nach Eingang der Lieferantenrechnung erfolgt die Rechnungsprüfung, d.h., die Kontrolle auf Übereinstimmung der Rechnung mit Bestellung und Lieferschein. Im Falle der Übereinstimmung wird er Zahlungsbeleg (Überweisungsauftrag) ausgestellt. Bei der Vielzahl der Warenlieferungen können jedoch beim Lieferanten **Leistungsstörungen** auftreten. Möglicherweise hat der Lieferant Ware berechnet, die gar nicht bestellt war oder von der eine anderen Art bestellt worden war. Weiterhin kommt vor, daß der Lieferant Ware berechnet, diese aber in einer geringeren Menge oder mit Mängeln behaftet geliefert wurde.

(1) **Rücksendungen (Retouren):** die unbestellt oder mangelhaft gelieferte, aber berechnete Ware wird unfrei an den Lieferanten zurückgeschickt. Der Lieferant erteilt eine Gutschrift über den Warenwert der Retouren und die Kosten der Rücksendung. Gegebenenfalls hat der Lieferer auch die Bezugskosten des Rücksenders sowie dessen Ausgaben für Rücktransport zu ersetzen.

(2) **Minderung:** Im Falle einer Lieferung von leicht mangelhafter Ware kann der Empfänger, wenn er die Ware behält, vom Lieferanten eine Gutschrift wegen Warenmängel ("Minderung") verlagen. Auch hier muß eine Korrektur der bereits verbuchten Vorsteuer auf dem Vorsteuerkonto erfolgen.

Im Industriekontenrahmen (IKR) werden die eingegangenen Gutschriften der Lieferer wegen Minderungen ebenso wie Abzüge von Skonti oder Boni auf Unterkonten mit der Bezeichnung "Lieferer-Nachlässe" gebucht; Beispiel: "Lieferer-Nachlässe / Rohstoffe".

4.4.3.2 Rücksendungen an Lieferer

Hier ist nun die Verbuchung eines **Gutschrifts-Eingangs** beim Rücksender zu betrachten. Der Rücksender verbucht die Rücksendung einerseits im Haben des betreffenden Einkaufskontos (Abgang!), andererseits im Soll des Kontos der Warenverbindlichkeiten (Gutschrift). Wichtig ist die anteilige Korrektur der bereits verbuchten Vorsteuer. Die Verbuchung beim Eingang einer Lieferer-Gutschrift für zurückgeschickte Waren (Rohstoffe) ist in Abb. 39 dargestellt.

S Verb.aLuL.H		S Rohstoffe H		S Vorsteuer H		
Gut-schr.-betrag brutto	(Urspr Rechn. betrag brutto	(Urspr Rechn. betrag netto)	Gut-schr.f Rück., netto	(Vorst a.ursp Rechn. betrag	Vorst. a.Gut-schr.-betrag	(...) Buchungen bei Eingangs-rechnung

Abb. 39: Gutschriftseingang bei Rücksendungen

Hatte der Rücksender bereits **Bezugskosten** für die mangelhafte Lieferung bezahlt, so muß der Lieferant diese Aufwendungen durch eine entsprechende Zahlung erstatten: Die Verbuchung des Erstattungsbetrages erfolgt einerseits durch Sollbuchung auf dem Bankkonto, andererseits durch Habenbuchung auf dem Konto der Bezugskosten sowie auf dem Vorsteuerkonto. Hatte der ursprüngliche Empfänger für die zurückgesandten Waren Aufwendungen zum Rücktransport (z.B. Speditionsrechnung), so muß der Lieferant ihm auch diese erstatten. Der Fall einer teilweisen Warenrücksendung an den Lieferer ist im Folgenden Buchungsbeispiel dargestellt.

Beispiel 5: Warenrücksendungen
1. Vorausgegangen war ein Zieleinkauf von Rohstoffen in Höhe von netto 8.000,-- DM zuzüglich 800,-- DM Umsatzsteuer (Vorsteuer).
2. Aus der gesamten Lieferung werden Rohstoffe im Wert von netto 1.600,-- DM wegen Mängeln zurückgeschickt, der Lieferant erkennt dies durch Übersendung einer Gutschriftsanzeige an.

B u c h u n g s s ä t z e /Bsp.5		(Gemäß Übungskontenplan/IKR im Anhang)	
Nr.	Konto	S	H
1. Per 200	Rohstoffe / Fertigungsmaterial	8.000,--	
260	Vorsteuer	800,--	
an 440	Verbindlichkeiten aus L.u.L.		8.800,--
2. Per 440	Verbindlichkeiten aus L.u.L.	1.760,--	
an 200	Rohstoffe / Fertigungsmaterial		1.600,--
260	Vorsteuer		160,--

4.4.3.3 Minderungen an Eingangsrechnung

Beim Eingang einer Gutschriftsanzeige des Lieferanten wegen anerkannter Minderung (Mängelrüge: Ware nicht zurückgeschickt) wird der Gutschriftsbetrag einerseits als Sollbuchung auf dem Konto der Verbindlichkeiten (Bruttobetrag), andererseits als Habenbuchung auf dem Unterkonto für Lieferanten-Nachlässe (Nettobetrag) sowie auf dem Konto "Vorsteuer" (Berichtigung) verbucht. Der Fall von **Minderungen** an einer Eingangsrechnung ist im nun folgenden Buchungsbeispiel dargestellt.

Beispiel 6: Mängelrüge bei Rohstoffen
1. Ein Industriebetrieb hatte Rohstoffe auf Ziel gekauft für netto 5.000,-- DM zuzüglich 500,-- DM Umsatzsteuer (Vorsteuer).
2. Wegen anerkannter Mängelrügen bei dieser Lieferung schickt der Lieferant eine Gutschriftsanzeige über netto 1.000,-- DM zuzüglich 100,-- DM Umsatzsteuer.

```
Buchungsaätze  /Bsp.6     (Gemäß Übungskontenplan/IKR im Anhang)
Nr.           Konto                                    S              H

1. Per 200    Rohstoffe / Fertigungsmaterial      5.000,--
       260    Vorsteuer                             500,--
    an 440   Verbindlichkeiten aus L.u.L.                        5.500,--
2. Per 440    Verbindlichkeiten aus L.u.L.        1.100,--
    an 2002  Nachlässe / Rohstoffe                                1.000,--
       260   Vorsteuer                                              100,--
```

4.4.4 Liefererskonti

Bei der Bezahlung von Zieleinkäufen innerhalb einer bestimmten Frist kann oft vom Käufer entsprechend den Geschäftsbedingungen des Verkäufers ein sogenanntes Skonto in Anspruch genommen werden. Der im Handelsverkehr häfige Begriff Skonto (Mehrzal: Skonti) bezeichnet einen Preisnachlaß bei Zielkauf, wenn der Rechnungsbetrag innerhalb einer bestimmten Frist (z.B. 14 Tage nach Rechnungsstellung) beglichen wird. Für die **Verbuchung** bei Inspruchnahme von Skonto sind die nachstehenden **Methoden** anzutreffen.

(1) Bruttomethode: Bei Rechnungseingang wird zunächst der volle Rechnungsbetrag verbucht. Bei Zahlung der Rechnung unter Inanspruchnahme von Skonto wird der Nachlaß als Lieferantennachlaß bzw. als Lieferantenskonto verbucht.

(2) Nettomethode (selten): Bereits bei Rechnungseingang wird der reine Warenpreis und der Skontobetrag ("Kreditpreis") getrennt verbucht.

In jedem Falle muß bei der Inanspruchnahme von Skonto auch die **Vorsteuer** entsprechend **berichtigt** werden, denn die Ist-Zahlung weicht nun von dem Soll-Rechnungsbetrag ab. Wie bei allen umsatzsteuerlich relevanten Beträgen ist auch hier zunächst die Verbuchung des Skontobetrages als Bruttobetrag möglich: der Skontobetrag-brutto (als Prozentsatz vom Rechnungsbetrag-brutto) wird zunächst verbucht, erst am Monatsende erfolgt die Berichtigung der Vorsteuer aufgrund der inzwischen angefallenen Skontobeträge-brutto. Übersichtlicher (aber aufwendiger) ist auch hier die Verbuchung von Nettobeträgen, d.h. bereits bei Inanspruchnahme von Skonto wird der Skontobetrag-netto! und die anteilige Vorsteuerberichtigung getrennt verbucht. Die Vorsteuerberichtigung ergibt sich als Umsatzsteuer-Tarif berechnet aus dem Skontobetrag-brutto.

Bei der Führung und dem Abschluß der Konten für Liefererskonti werden in Praxis und Fachliteratur die drei nachstehend genannten, unterschiedlichen **Verfahren** vertreten.

4. Warenverkehr

(1) Liefererskonti nach dem Großhandelskontenrahmen
Die Skontobeträge beim Einkauf werden auf dem Konto 48 "Liefererskonti" gebucht; man spricht auch von "**Skontoertrag**". Das Konto "Liefererskonti" wird als Ertragskonto angesehen und dementsprechend in das Gewinn- und Verlustkonto abgeschlossen.

(2) Liefererskonti nach dem GKR
Nach dem Gemeinschaftskontenrahmen werden Liefererskonti in Klasse 2 auf einem Konto "Skontoerträge" (neutraler Ertrag!) gebucht. Dieses Konto wird als Abgrenzungskonto zunächst in das Konto 90 "Abgrenzungsergebnis" abgeschlossen. Das Abgrenzungsergebnis geht schließlich in das Gewinn- und Verlustkonto (Gesamtergebnis) ein.

(3) Liefererskonti nach dem IKR
Nach dem Industriekontenrahmen werden Lieferer-Skonti auf den Konten für "Lieferer-Nachlässe" verbucht. Diese Konten stellen **Unterkonten** der **Einkaufskonten** für Rohstoffe, Hilfsstoffe usw. dar. Als Unterkonten der Einkaufskonten Rohstoffe usw. abgeschlossen (nicht in das Gewinn- und Verlustkonto!). Dieses Verfahren entspricht dem in der betriebswirtschaftlichen Literatur geforderten "Prinzip der periodengerechten Erfolgsabgrenzung" und wird deshalb auch in der Literatur zum Aktienrecht (z.B. Adler/Düring/Schmaltz) sowie zum Steuerrecht (Skonti als Anschaffungs-Minderungen) befürwortet. Die Verbuchung nach dem Industriekontenrahmen ist in Abb. 40 dargestellt.

Bei Rechnungseingang (Zieleinkauf):

Bei Überweisung mit Skontoabzug:

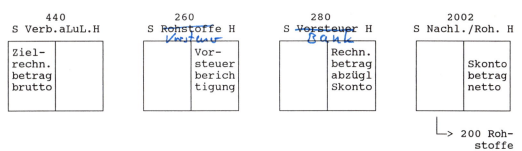

Abb. 40: **Liefererskonti gemäß IKR**

4. Warenverkehr

Beispiel 7: Liefererskonti gem. IKR
1. Zieleinkauf von Rohstoffen in Höhe von netto 30.000,-- DM zuzüglich 3.000,-- DM Umsatzsteuer (Vorsteuer).
2. Bezahlung unter Abzug von 2 % Skonto durch Banküberweisung innerhalb 14 Tagen.

```
Buchungssätze  /Bsp.7        (Gemäß Übungskontenplan/IKR im Anhang)
Nr.           Konto                                    S             H

1. Per 200    Rohstoffe / Fertigungsmaterial       30.000,--
       260    Vorsteuer                             3.000,--
   an  440    Verbindlichkeiten aus L.u.L.                        33.000,--
2. Per 440    Verbindlichkeiten aus L.u.L.         33.000,--
   an  280    Bank                                                32.340,--
       2002   Nachlässe / Rohstoffe                                  600,--
       260    Vorsteuer                                              60,--
```

4.4.5 Liefererboni

Bei größeren Aufträgen bzw. Kunden werden von den Lieferanten häufig gewisse Nachlässe (Rabatte) gewährt. Die Verbuchung dieser Rabattbeträge erfolgt je nach dem Zeitpunkt der Nachlaßgewährung wie folgt:

(1) **"Sofortrabatte"**: Als Sofortrabatte werden alle bereits während der Rechnungsstellung gewährten Nachlässe bezeichnet (z.B. Mengenrabatt). Diese Rabattbeträge werden sofort vom ursprünglichen Rechnungsbetrag abgesetzt und ergeben den gekürzten Rechnungsbetrag. Verbucht wird dann der gekürzte Rechnungsbetrag. Diese Rabattbeträge werden nicht buchhalterisch erfaßt.

(2) **Bonus (Mehrzahl: Boni)**: Als Boni werden die von Lieferanten erst nach Rechnungstellung gewährten Preisnachlässe bzw. Vergütungen bezeichnet (z.B. Treuebonus für Großkunden am Jahresende).

Bei Führung und Abschluß der Konten für Liefererboni werden wie bei Liefererskonti (s. Punkt 4.4.4) in Praxis und Fachliteratur verschiedene Verfahren vertreten.

(1) **Großhandelskontenrahmen**: Verbuchung der Bonusbeträge als "Erträge" auf Konto 47 Liefererboni, Abschluß auf Gewinn- und Verlustkonto.
(2) **Gemeinschaftskontenrahmen (GKR)**: Verbuchung der Bonusbeträge als neutraler Ertrag (Klasse 2), Abschluß über Abgrenzungssammelkonto.
(3) **Industriekontenrahmen (IKR)**: Verbuchung der Bonusbeträge auf Unterkonten des Einkaufs (Lieferer-Nachlässe).

In jedem Fall muß bei der Verbuchung der Bonusbeträge eine Vorsteuer-Berichtigung erfolgen. Dies ist wiederum nach den beiden bekannten Methoden möglich:

(1) Verbuchung der Bruttobeträge: Die Bonusbeträge (z.B. 5 % Bonus auf Jahresumsatz) werden zunächst brutto verbucht, erst am Monatsende wird die Vorsteuer berichtigt.
(2) Verbuchung der Nettobeträge: Bereits bei Eingang der einzelnen Bonusüberweisungen wird der Bonusbetrag-netto und die Vorsteuer-Berichtigung separat verbucht.

4.5 Warenverkauf mit Sonderfällen

4.5.1 Barverkauf - Zielverkauf

Die Verbuchung des wichtigen Geschäftsfalles "Ausgangsrechnung" nach der Methode der Nettobeträge und der vereinbarten Entgelte ist in Abb. 41 dargestellt.

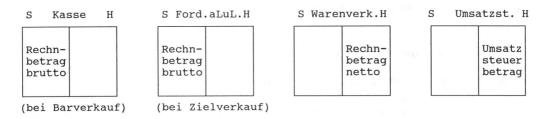

Abb. 41: **Barverkauf - Zielverkauf**

Bei den Habenbuchungen wird der Nettobetrag des Umsatzerlöses (Ertrag) auf dem Konto "Warenverkäufe" bzw. "Umsatzerlöse/Fertigerzeugnisse" verbucht. Der Umsatzsteuerbetrag wird auf dem Konto "Umsatzsteuer" verbucht. Die Sollbuchung (Bruttobetrag) erfolgt bei Barverkäufen auf dem Konto "Kasse", bei Zielverkäufen (Verkäufe mit Zahlungsziel, z.B. innerhalb von 30 Tagen) ist auf dem Konto "Forderungen aus Lieferungen und Leistungen" zu buchen.

Beispiel 8: Ausgangsrechnung / Fertigerzeugnisse
1. Ein Industriebetrieb hat einen Kunden eine Rechnung für Fertigerzeugnisse mit Zahlungsziel geschickt über netto 7.000,-- DM zuzüglich 700,-- DM Mehrwertst.

```
B u c h u n g s s ä t z e  /Bsp.7      (Gemäß Übungskontenplan/IKR im Anhang)
Nr.             Konto                                    S            H

1. Per  240     Forderungen aus Lief. u. L.          7.700,--
   an   500     Umsatzerlöse / Eigene Erzeugnisse                 7.000,--
        480     Umsatzsteuer                                        700,--
```

Wenn der Verkäufer für bestimmte Verkäufe noch zusätzlich Kosten übernimmt, z.B. Frachtkosten oder Transport-Versicherung, so werden diese Kosten beim Verkäufer

4.5.2 Gutschrifts-Ausgang

4.5.2.1 Grundbegriffe (Erlösschmälerungen)

Auch beim Verkauf kann es zu Leistungsstörungen kommen, die zu Reklamationen des Kunden und zu Gutschriften seitens des Lieferanten führen. Wie beim Einkauf so sind auch beim Verkauf analog die beiden Hauptfälle zu berücksichtigen: Rücksendungen - Minderungen. Nach dem Industriekontenrahmen werden die an Kunden erteilten Gutschriften wegen Minderung ebenso wie Abzüge der Kunden wegen Skonti oder Boni auf Unterkonten: **"Erlösberichtigungen"** verbucht; Beispiel: "Erlösberichtigungen/Fertigerzeugnisse".

4.5.2.2 Rücksendungen der Kunden

Bei **Rücksendungen (Retouren)** hat der Kunde falsch gelieferte oder mit Mängeln behaftete Waren zurückgeschickt und verlangt eine anteilige Gutschrift für die Ausgangsrechnung sowie für eventuell übernommene Bezugskosten und Rücksendungs-Transportkosten. Der Verkäufer **erteilt** bei Anerkennung der Reklamation eine Gutschrift an den Kunden. Die Gutschriftserteilung ist beim Verkäufer einerseits im Haben des Kontos "Forderungen" zu buchen (Anteilige Stornierung). Hierbei ist der Gutschriftsbetrag brutto zu verbuchen (einschließlich Umsatzsteuer). Andererseits wird der Gutschriftsbetrag (netto!) auf der Sollseite des Kontos "Warenverkäufe" (Umsatzerlöse) storniert.

Wichtig ist auch die Korrektur der Umsatzsteuer, der im Gutschriftsbetrag (brutto) enthaltene Anteil für Umsatzsteuer muß als "Umsatzsteuer-Berichtigung auf dem Umsatzsteuer-Konto im Soll verbucht werden. Die Buchung bei der Erteilung einer Gutschrift für Rücksendungen sind in Abb. 42 zusammenfassend dargestellt.

```
      240                  500                    480
 S Ford.aLuL. H        S Ums.erl/EE H        S Umsatzsteuer H

 (Urspr  Gut-          Gut.-   (Urspr        Umsatz  (Ums.-
 Rechn.  schr.-        schr.-  Rechn.        steuer  steuer       (...) Buchungen
 betrag  betrag        betrag  betrag        berich  f.ursp       bei Eingangs-
 brutto  brutto        netto   netto)        tigung  Re.b.)       rechnung
```

Abb. 42: **Gutschriftserteilung bei Rücksendungen**

Beispiel 9: Vertragsrücktritt mit Transportkosten
1. Ein Industriebetrieb hatte einen Zielverkauf von Fertigerzeugnissen über netto 8.000,-- DM zuzüglich 800,-- DM Umsatzsteuer berechnet.
2. Der Kunde schickt die gesamte, mangelhafte Ware per Spedition zurück (Vertragsrücktritt). Der Verkäufer storniert die bereits gebuchte Forderung.
3. Der Verkäufer erstattet dem Käufer per Banküberweisung die von diesem übernommene Rücktransport-Fracht (770,-- DM / incl. Vorsteuer) und verbucht seinerseits die Vorsteuer (70,-- DM).

```
B u c h u n g s s ä t z e   /Bsp.9    (Gemäß Übungskontenplan/IKR im Anhang)
Nr.        Konto                                    S              H
1. Per 240 Forderungen aus Lief. u. L.         8.800,--
   an  500 Umsatzerlöse/Eigene Erzeugnisse                    8.000,--
       480 Umsatzsteuer                                         800,--
2. Per 500 Umsatzerlöse/Eigene Erzeugnisse     8.000,--
       480 Umsatzsteuer                          800,--
   an  240 Forderungen aus Lief. u. L.                       8.800,--
3. Per 614 Frachten und Fremdlager              700,--
       260 Vorsteuer                             70,--
   an  280 Bank                                               770,--
```

4.5.2.3 Minderungen an Ausgangsrechnung

Bei "Minderungen" hat der Kunde leicht mangelhafte Ware behalten, verlangt jedoch hierfür eine Minderung des Kaufpreises. Bei Anerkennung der Reklamation erteilt der Lieferant ebenfalls eine Gutschriftsanzeige für den Kunden.

Derartige Gutschriften stellen einen Hauptfall dar, für die sogenannten "Erlösschmälerungen" bzw. "Erlösberichtigungen". Auch hier erfolgt beim Verkäufer einerseits eine Habenbuchung auf dem Konto "Forderungen" (Anteilige Stornierung des Bruttobetrages). Andererseits wird der Gutschriftsbetrag (netto!) im Soll des Kontos "Erlösberichtigungen" verbucht, sowie der Umsatzsteuer-Anteil im Soll des Umsatzsteuer-Kontos. Die Verbuchung ist zusammenfassend in Abb. 43 dargestellt.

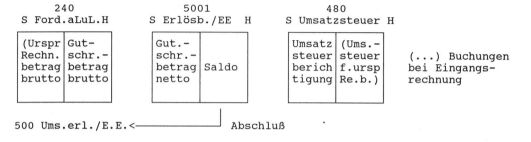

Abb. 43: **Gutschriftserteilung bei Minderung**

Beispiel 10: Gutschrift an Kunden
1. Ein Industriebetrieb hat einem Kunden Fertigerzeugnisse in Höhe von netto 6.000,-- DM zuzüglich 600,-- DM Umsatzsteuer in Rechnung gestellt.
2. Der Kunde behält die Ware, macht wegen leichter Verstaubung eine Minderung von 10 % des Rechnungsbetrages geltend und erhält hierfür eine Gutschriftsanzeige.

```
B u c h u n g s s ä t z e   /Bsp.10       (Gemäß Übungskontenplan/IKR im Anhang)
Nr.            Konto                                    S              H

1. Per 240     Forderungen aus Lief. u. L.          6.600,--
   an  500     Umsatzerlöse/Eigene Erzeugnisse                       6.000,--
       480     Umsatzsteuer                                            600,--
2. Per 5001    Erlösberichtigungen/Eigene Erzeugnisse  600,--
       480     Umsatzsteuer                             60,--
   an  240     Forderungen aus Lief. u. L.                            660,--
```

4.5.3 Kundenskonti

Der Begriff der Skonti und die Verbuchung beim Käufer wurden bereits in Punkt 4.4.4 dargestellt. Hier nun ist die Verbuchung von Skontoabzügen beim Verkäufer zu erläutern. Auch beim Verkäufer muß die Inanspruchnahme von Skonto als nachträgliche Minderung des steuerpflichtigen Entgelts auf dem Umsatzsteuer-Konto berücksichtigt werden. Wie bei allen umsatzsteuerlich relevanten Beträgen ist auch hier einerseits die Bruttomethode möglich: bei jedem Skontoabzug wird zunächst der gesamte Skontobetrag (brutto) verbucht. Erst am Monatsende wird aufgrund aller angefallenen Skontoabzüge das Mehrwertsteuer-Konto berichtigt. Übersichtlicher, aber aufwendiger ist die Nettomethode, d.h. bei jedem einzelnen Skontoabzug werden bereits Skontobetrag (netto) und Mehrwertsteuer-Korrektur getrennt verbucht. Bei Führung und Abschluß der Konten für Kundenskonti werden (wie bei Liefererskonti in 4.4.4 dargestellt) in Praxis und Literatur unterschiedliche **Verfahren** vertreten.

(1) **Kundenskonti nach dem Großhandelskontenrahmen**
Nach dem Großhandelskontenrahmen werden Skontoabzüge der Kunden auf Konto "Kundenskonti" gebucht, man spricht auch von **"Skontoaufwand"**. Das Konto 41 wird als Aufwandskonto in das Gewinn- und Verlustkonto abgeschlossen.

(2) **Kundenskonti nach dem GKR**
Nach dem Gemeinschaftskontenrahmen werden Kunden-Skonti auf einem Konto "Skontoaufwand" in Klasse 2 gebucht **(neutraler Aufwand)**. Dieses Konto wird in das Konto 90 Abgrenzungs-Sammelkonto abgeschlossen, welches seinerseits in das Gewinn- und Verlustkonto abgeschlossen wird.

(3) Kundenskonti nach dem IKR

Nach dem Industriekontenrahmen werden die Kundenskonti auf den Konten für Erlösberichtigungen verbucht. Diese Konten stellen Unterkonten der betreffenden Hauptkonten: Umsatzerlöse bei Fertigerzeugnissen, Handelswaren usw. dar. Als Unterkonten der Erlöskonten werden die Konten Erlösberichtigungen in die jeweiligen Hauptkonten abgeschlossen, nicht in das Gewinn- und Verlustkonto. Aus diesem Grunde ist das Verfahren gemäß IKR besonders zu befürworten. Das Verbuchungsverfahren ist in Abb. 44 dargestellt.

Bei Rechnungsausgang (Zielverkauf):

Bei Eingang der Überweisung mit Skontoabzug:

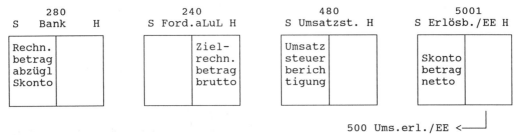

Abb. 44: **Kundenskonti gemäß IKR**

Beispiel 11: Kundenskonti gemäß IKR
1. Zielverkauf von Fertigerzeugnissen in Höhe von 20.000,-- DM zuzüglich 2.000,-- DM Umsatzsteuer.
2. Eingang des Rechnungsbetrages auf Bankkonto. Der Kunde hat 3 % Skonto abgezogen

B u c h u n g s s ä t z e /Bsp.11		(Gemäß Übungskontenplan/IKR im Anhang)	
Nr.	Konto	S	H
1. Per 240	Forderungen aus Lief. u. L.	22.000,--	
an 500	Umsatzerlöse/Eigene Erzeugnisse		20.000,--
480	Umsatzsteuer		2.000,--
2. Per 280	Bank	21.340,--	
5001	Erlösberichtigungen/Eigene Erzeugnisse	600,--	
480	Umsatzsteuer	60,--	
an 240	Forderungen aus Lief. u. L.		22.000,--

4.5.4 Kundenboni

Bei den an Kunden gewährten Preisnachlässen und Vergütungen ist bezüglich der Verbuchung folgende Zweiteilung bedeutsam:

(1) Sofortrabatte (z.B. Mengenrabatt): Diese Rabatte führen sofort zu einer Kürzung des Rechnungsbetrages, verbucht wird nur der gekürzte Rechnungsbetrag.
(2) Boni (z.b. Treuebonus für Großkunden): Hierbei handelt es sich um nachträglich gewährte Nachlässe (z.B. am Jahresende). Es erfolgt eine Gutschriftsanzeige an die Kunden. Die Bonusbeträge werden in der Regel den Kundenkonten (Forderungen aus Lieferungen und Leistungen) gutgeschrieben.

Bei Führung und Abschluß der Konten für Kunden-Boni werden wie bei Kunden-Skonti (Punkt 4.5.3) in Praxis und Theorie drei verschiedene **Verfahren** vertreten.

(1) **Großhandelskontenrahmen**: Verbuchung der Bonusbeträge als "Aufwand" auf Konto 40 "Kundenboni", Abschluß dieses Kontos auf Gewinn- und Verlustkonto.
(2) **Gemeinschaftskontenrahmen (GKR)**: Verbuchung der Bonusbeträge als **neutraler** Aufwand in Klasse 2, Abschluß über Abgrenzungs-Sammelkonto.
(3) **Industriekontenrahmen (IKR)**: Verbuchung der Bonusbeträge auf Unterkonten des Verkaufs (**Erlösschmälerungen**), z.B. 5001 "Erlösberichtigungen / Eigene Erzeugnisse".

In jedem Fall muß bei der Verbuchung der Bonusbeträge eine **Umsatzsteuer-Berichtigung** erfolgen. Dabei sind wiederum die bekannten beiden Methoden anwendbar:

(1) Verbuchung der Bruttobeträge: Die Bonusbeträge werden zunächst brutto verbucht, erst am Monatsende wird die Umsatzsteuer berichtigt (Sammelbuchung).
(2) Verbuchung der Nettobeträge: Bereits bei Erteilung der Gutschrift werden die Bonusbeträge-netto und die Umsatzsteuer-Anteile separat verbucht.

4.6 Warenentnahmen (Eigenverbrauch)

Unternehmer, die Waren des täglichen Bedarfs herstellen oder damit handeln, werden häufig einen Teil der Waren für private Zwecke verwenden. Hier handelt es sich um Entnahmen gemäß § 4 Abs. 1 EStG bzw. um Eigenverbrauch / Gegenstandsentnahme gemäß § 1 Abs. 1 Ziff. 2 UStG. Wie bei Punkt 4.3.3 dargestellt, erfolgt die Bewertung der Waren mit dem Teilwert (hier: Wiederbeschaffungskosten bzw. Wiederherstellungskosten). In der Regel entsprechen die Wiederbeschaffungskosten bei Handelswaren und Rohstoffen den Anschaffungskosten (Einstandspreis), so daß die Warenentnahme **erfolgsneutral** bleibt. Nur wenn die Wiederbeschaffungskosten der entnommenen Waren gegeüber deren Anschaffungskosten gestiegen sind, entsteht ein außerordentlicher Ertrag in Höhe der Differenz aus Entnahmewert (Wiederbeschaffungskosten) abzüglich Buchwert (Anschaffungkosten). In jedem Fall muß die Warenentnahme als Sollbuchung auf dem Privatkonto verbucht werden.

Für die **Habenbuchung** bei Warenentnahmen (Warenkonten) werden in Praxis und Theorie die drei nachstehenden Methoden vertreten.

(1) Verbuchung auf **Wareneinkaufskonto**
- Vorteil: Wareneinsatz richtig ausgewiesen (Eigenstandswert der verkauften Waren)
- Nachteile: Aufzeichnungspflicht des Eigenverbrauchs (§ 22 UStG) noch nicht erfüllt; Problem, wenn Teilwert nicht gleich Anschaffungskosten".

(2) Verbuchung auf **Warenverkaufskonto** (Fiktion eines' "Verkaufs an Unternehmer", insbesondere bei Entnahme von Fertigerzeugnissen)
- Vorteil: einfach, wenn Teilwert über Anschaffungskosten
- Nachteile: Wareneinsatz als Saldo des Wareneinkaufskonto nicht mehr Einstandswert der an Dritte verkauften Waren; Aufzeichnungspflicht des Eigenverbrauchs noch nicht erfüllt.

(3) Verbuchung auf gesondertem Konto "**Eigenverbrauch**" (Ertragskonto)
- Vorteile: Aufzeichnungspflicht erfüllt einfach, wenn Teilwert über Anschaffungskosten; Wareneinsatz kann berichtigt werden
- Nachteil: zusätzliches Konto erforderlich.

In jedem Falle ist bei Warenentnahmen die Umsatzsteuer auf den Eigenverbrauch zu berechnen, diese wird auf dem Umsatzsteuerkonto verbucht, möglicherweise auf einem eigenen Konto "**Umsatzsteuer auf den Eigenverbrauch**". Diese Umsatzsteuer gehört nicht zu den abzugsfähigen Betriebsausgaben und ist daher ebenfalls auf dem Privatkonto zu verbuchen, d.h. auf dem Privatkonto wird bei Entnahmen der Warenwert-brutto! verbucht. Die typische Verbuchung einer Warenentnahme (Fertigerzeugnisse) im Industriebetrieb ist in Abb. 45 dargestellt, die Verbuchung erfolgt über Verkaufskonto.

```
S Privatkto. H      S Eigenver. H      S Umsatzst. H
┌──────────┬───┐   ┌──────────┬───┐   ┌──────────┬───┐
│Ent--     │   │   │Ent-      │   │   │Umsatz    │   │
│nahme-    │   │   │nahme-    │   │   │steuer    │   │
│wert,     │   │   │wert,     │   │   │betrag    │   │
│brutto    │   │   │netto     │   │   │          │   │
└──────────┴───┘   └──────────┴───┘   └──────────┴───┘
```

Abb. 45: **Warenentnahme (Eigenverbrauch)**

Beispiel 12: Entnahme von Fertigerzeugnissen
1. Ein Fabrikant entnimmt aus seinem Betrieb Fertigerzeugnisse zum Entnahmewert von 4.000,-- DM zuzüglich 400,-- DM Umsatzsteuer auf den Eigenverbrauch.

Buchungssätze /Bsp.12	(Gemäß Übungskontenplan/IKR im Anhang)		
Nr.	Konto	S	H
1. Per 3001	Privatkonto	4.400,--	
an 542	Eigenverbrauch		4.000,--
480	Umsatzsteuer		400,--

4.7 Anzahlungen im Warenverkehr

Bei Großaufträgen und längeren Lieferzeiten für Waren oder Material werdn häufig bereits beim Vertragsabschluß **Anzahlungen** vereinbart. Nach dem neuen § 13 UStG, 1980, muß dabei dei Umsatzsteuer bzw. Vorsteuer berücksichtigt werden, wenn in der Rechnung für die Anzahlung die Umsatzsteuer gesondert ausgewiesen ist oder - falls dieser Ausweis fehlt - bei einem Anzahlungsbetrag ab 10.000,-- DM. Für die Verbuchung der Anzahlungen beim Lieferer bzw. beim Kunden werden meist entsprechende Konten geführt:

(1) **Aktivkonto "Geleistete Anzahlungen"**
  - GKR: Konto 151 (Unterkonto von "Andere Forderungen")
  - IKR: Kontengruppe 23 (Geleistete Anzahlungen auf Vorräte) bzw. Konto 090 (Anzahlungen auf Sachanlagen)
  - Die geleisteten Anzahlungen stellen beim Kunden eine Forderung an den Lieferer (auf Lieferung) dar.

(2) **Passivkonto "Erhaltene Anzahlungen"**
  - GKR: 171 (Unterkonto von "Andere Verbindlichkeiten")
  - IKR: Kontengruppe 43 (Erhaltene Anzahlungen auf Bestellungen)
  - Die erhaltenen Anzahlungen stellen beim Lieferer eine Verbindlichkeit gegenüber den Kunden (nämlich zu liefern) dar.

5. SONSTIGE LAUFENDE BUCHUNGEN

5.1 Personalaufwand

5.1.1 Lohnabrechnung (Nebenbuchhaltung)

In der Lohnbuchhaltung werden die für die Entlohnung wichtigen Daten der Mitarbeiter meist in einer Personalkartei geführt (Nebenbuchhaltung). Zu den regelmäßigen Entlohnungsterminen wird für jeden Mitarbeiter eine Verdienstabrechnung ausgestellt und als Zusammenfassung eine Lohn- und Gehaltsliste sowie die Auszahlungsbelege (z.B. Überweisungsträger). Für die **Verdienstabrechnung** der einzelnen Mitarbeiter sind folgende **Einflußfaktoren** von Bedeutung:

(1) Form des Arbeitsentgelts:
- **Löhne im engeren Sinne**, d.h. Arbeitsentgelt für Arbeiter (gewerbliche Arbeitnehmer); Grundlage ist der tarifliche Stundensatz. Die Lohnabrechnung erfolgt z.B. wöchentlich. Neben der Entlohnung nach der geleisteten Arbeitszeit (Zeitlohn) ist auch eine Entlohnung nach der Produktionsmenge (Akkordlohn, Leistungslohn) oder eine Entlohnung als Zeitlohn zuzüglich Prämien für best. Leistungen (Prämienlohn) anzutreffen.
- **Gehälter**, d.h. Arbeitsentgelt für kaufmännische Arbeitnehmer, die Lohnabrechnung erfolgt meist monatlich in Form eines Zeitlohns mit eventuellen Zulagen.

(2) Rechtsgrundlage der Entlohnung:
- **Tarifverträge**, d.h. die Lohnhöhe richtet sich nach den von Gewerkschaften und Arbeitgebern einer bestimmten Branche und Region abgeschlossenen Manteltarifverträgen. In diesen längerfristig geltenden Tarifverträgen sind Tabellen enthalten, welche die Lohnhöhe für verschiedene Lohngruppen (Mitarbeitergruppen mit verschiedener Qualifikation) angeben; meist wird die Lohnhöhe auch noch nach der Zugehörigkeitsdauer in dieser Lohngruppe differenziert. Die Lohnbeträge werden durch die meist jährlich abgeschlossenen Ecklohn-Tarifverträge an die Preisentwicklung angepaßt.
- **Betriebsvereinbarungen**: Arbeitsvertragliche Abmachungen, die für alle Arbeitnehmer eines Betriebes gelten.
- **Außertarifliche Arbeitsverträge**: Die Entlohnung richtet sich nach dem individuellen Arbeitsvertrag des Mitarbeiters und liegt über den Lohnbeträgen der Tarifverträge.

(3) Vereinbarung der Lohnhöhe:
- **Brutto-Vereinbarung**: bei dieser Lohnvereinbarung, die am häufigsten anzutreffen ist, wird die Lohnhöhe als Brutto-Betrag vereinbart, der Betrieb behält die gesetzlich vorgeschriebenen Abzüge zurück und führt die Abzüge an die zuständigen Behörden ab.
- **Netto-Vereinbarung** bei dieser seltenen Lohnvereinbarung wird die Lohnhöhe als Netto-Betrag vereinbart, der Betrieb trägt zusätzlich die gesetzlichen Abzüge und führt diese ab.

(4) **Zusammensetzung des Arbeitsentgelts:**
  - **Laufende Bruttolöhne bzw. -gehälter** einschließlich Überstundenzuschläge
  - **Einmalige Bruttobezüge**, z.B. Weihnachtsgeld, Urlaubsgeld, "13. Monatsgehalt"
  - **Sonderzahlungen:** z.B. Vorschüsse, Sparzulagen
  - **Gesetzliche Abzüge**, d.h. Lohnsteuer, Kirchensteuer sowie die Sozialversicherungsbeiträge (Arbeitnehmeranteile)
  - **Sonstige Abzüge**, z.B. Rückzahlung von Vorschüssen, Lohnpfändung
  - **Abschlagszahlungen:** bei stark schwankenden Lohnhöhen eines Mitarbeiters werden wöchentlich sogenannte Abschlagszahlungen in Höhe des durchschnittlichen Bruttolohns ausbezahlt, die genaue Abrechnung erfolgt dann nur einmal monatlich
  - **Sachbezüge:** Neben den bisher genannten Geldlöhnen werden in bestimmten Branchen auch Sachleistungen an die Mitarbeiter gewährt, wie z.B. Bierdeputat, freie Kost und Wohnung

Einen ersten Teil der gesetzlichen Abzüge stellen die **Lohnsteuer** und die **Kirchensteuer** dar. Die Lohnsteuer ist eine besondere Erhebungsform der Einkommensteuer für Einkünfte aus nichtselbständiger Arbeit. Als sogenannte "Quellensteuer" wird die Lohnsteuer nicht vom Empfänger an das Finanzamt abgeführt, sondern bereits von der Lohnquelle, dem Beschäftigungsbetrieb. Alle im größeren Umfange beschäftigten Arbeitnehmer müssen dem Arbeitgeber eine Lohnsteuerkarte vorlegen. Die Lohnsteuerkarte wird jährlich von der Wohnsitzgemeinde des Arbeitnehmers ausgestellt und gibt außer dessen persönlichen Daten insbesondere seine "Lohnsteuerklasse" an. Es gibt 6 Lohnsteuerklassen, die nach Familienstand und Kinderzahl differenziert sind. Zur Ermittlung der Lohnsteuer-Abzüge werden in der Lohnbuchhaltung meist "Lohnsteuer-Tabellen" verwendet, die jedes Jahr neu herausgegeben werden. Die einbehaltene Lohnsteuer muß vom Arbeitgeber spätestens am 10. des auf die Entlohnung folgenden Monats an das zuständige Finanzamt überwiesen werden (Lohnsteuer-Termine). Die Einbehaltung und Abführung der Kirchensteuer erfolgt analog wie bei der Lohnsteuer; in den meisten Bundesländern beträgt die Kirchen-steuer 8 % des Lohnsteuerbetrages.

Als weitere gesetzlich vorgeschriebene Abzüge werden vom Arbeitgeber die **Sozialversicherungsbeiträge** (Arbeitnehmeranteile) einbehalten und an die Sozialversicherungsträger abgeführt. Alle in größerem Umfang beschäftigten Arbeitnehmer müssen vom Arbeitgeber bei den Sozialversicherungsträgern angemeldet werden, nur noch bei der gesetzlichen Krankenversicherung ist eine Befreiung möglich für Angestellte über der Versicherungspflicht-Grenze. Auch zur Ermittlung der Sozialversicherungsbeiträge werden in der Lohnbuchhaltung entsprechende Tabellen verwendet, die meist mit der Lohnsteuertabelle gekoppelt sind. Im einzelnen handelt es sich um folgende Zweige und Beitragssätze der Sozialversicherung:

(1) **Gesetzliche Krankenversicherung:** Die Geschäftsstellen der "Allgemeinen-Orts-Krankenkasse" (AOK) sowie der Ersatzkassen (z.B. Barmer Ersatzkasse, Deutsche Angestellten Krankenkasse) wickeln die gesetzliche Krankenversicherung ab, die Beitragssätze betragen 9-14 % des versicherungspflichtigen Entgelts bis zur Beitragsbemessungsgrenze. Große Unternehmen haben eigene Betriebskrankenkassen gegründet, z.B. die Siemes AG.

(2) **Gesetzliche Rentenversicherung:** Die größten Versicherungsträger sind hier die Landes-Versicherungs-Anstalten (LVA) für Arbeiter und die Bundesversicherungsanstalt für Angestellte (BfA). Die Beiträge zur Rentenversicherung betragen ca. 18 % des versicherungspflichtigen Entgelts bis zur Beitragsbemessungsgrenze.

(3) **Arbeitslosenversicherung:** Abwicklung über die Arbeitsämter, der Beitragssatz beträgt ca. 4 % des Entgelts bis zur Beitragsbemessungsgrenze.

(4) **Gesetzliche Unfallversicherung:** Abwickung über die Berufsgenossenschaften der einzelnen Wirtschaftszweige mit sehr unterschiedlichen Versicherungsbeiträgen des Arbeitgebers.

Die Versicherungsbeiträge der Versicherungszweige (1) - (3) werden vom Arbeitnehmer und Arbeitgeber jeweils zur Hälfte getragen, die Unfallversicherung tragen die Arbeitgeber allein. Die Arbeitnehmeranteile der Sozialversicherung werden vom Arbeitgeber einbehalten und bis zum 10. des Folgemonats der Entlohnung gesammelt und an die zuständige Krankenversicherung überwiesen. Von dort werden die Beiträge an die einzelnen Versicherungszweige übertragen. Außer den Arbeitnehmerbeiträgen werden bei den Entlohnungsterminen auch noch die **Arbeitgeberbeiträge** (in gleicher Höhe) berechnet und an die Krankenversicherung abgeführt.

5.1.2 Lohnsumme und Sozialabgaben

Den Ausgangsbeleg für die Verbuchung der Löhne und Gehälter in der Systembuchhaltung stellt die **Lohn- und Gehaltsliste** dar. Aus dieser Liste sind als Summe für alle Arbeiter bzw. Angestellten die zu verbuchende Lohnsumme (brutto), die Summe der gesetzlichen Abzüge, die Lohnsumme (netto) - die Auszahlungssumme - und weitere Angaben ersichtlich.

Für die Verbuchung der Lohn- und Gehaltssumme als Personalaufwand wird mindestens ein Lohnkonto geführt; meist werden mindestens die folgenden, verschiedenen **Lohnkonten** eingerichtet (vgl. Kontenrahmen / IKR im Anhang):

- Löhne
- Gehälter
- Sozialabgaben
- Sonstige Personalaufwendungen
- Aufwendungen für Altersversorgung

Auf den Personalaufwandskonten wird die Lohn- und Gehaltssumme (brutto!) verbucht, auf dem Konto Sozialabgaben die Steuerabzüge und die Sozialversicherungsbeiträge (Arbeitnehmer- und Arbeitgeberanteile).

Solange die gesetzlichen Abzüge noch nicht an die zuständigen Behörden abgeführt sind, werden die Abzugsbeträge als "Noch abzuführende Abgaben" (vgl. Übungskontenplan/GKR im Anhang) bzw. als "Sonstige Verbindlichkeiten" **passiviert** (vgl. Kontenplan/IKR im Anhang). In der Praxis werden oft noch Unterkonten der Lohnkonten eingerichtet, z.B. für Lohnkosten der Fertigung, der Verwaltung usw. Bei den Passivkonten werden Unterkonten eingerichtet für die verschiedenen Finanzbehörden bzw. Sozialversicherungsträger.

Die typische Verbuchung einer Gehaltsliste ist in Abb. 46 dargestellt, dabei sind die Konto-Nr. gemäß dem Übungskontenplan/IKR im Anhang eingesetzt.

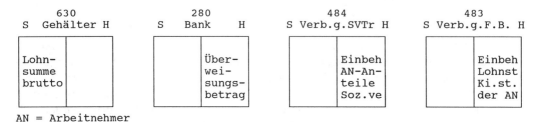

Abb. 46: **Lohnsumme und Sozialabgaben**

Beispiel 13: Gehaltsliste im Industriebetrieb
1. Ein kleiner Industriebetrieb hat zum Monatsende für 10 Angestellte eine Gehaltsliste mit den nachstehenden Summen aufgestellt. Lohnsumme / brutto: 32.500,-- DM, einbehaltene Lohnsteuer / Kirchensteuer: 3.455,-- DM, einbehaltene Arbeitnehmerbeiträge zur Sozialversicherung: 7.325,-- DM, Überweisungsbetrag: 24.470,-- DM. Die Arbeitnehmeranteile zur Sozialversicherung werden zunächst passiviert.
2. Auch die Arbeitgeberanteile zur Sozialversicherung (7.325,-- DM) werden zunächst passiviert.
3. Die einbehaltene Lohnsteuer / Kirchensteuer wird an das zuständige Finanzamt überwiesen.
4. Die passivierten Beiträge zur Sozialversicherung werden an den zuständigen Sozialversicherungsträger überwiesen.

5. Sonstige laufende Buchungen

```
B u c h u n g s s ä t z e   /Bsp.13    (Gemäß Übungskontenplan/IKR im Anhang)
Nr.              Konto                                    S              H

1. Per 630       Gehälter                            35.250,--
   an  280       Bank                                              24.470,--
       483       Verbindlichk. geg. Finanzbehörden                  3.455,--
       484       Verbindlichk. geg. Sozialvers.trägern              7.325,--
2. Per 640       Arbeitgeberanteil z. Sozialversich.  7.325,--
   an  484       Verbindlichk. geg. Sozialver.trägern              7.325,--
3. Per 483       Verbindlichk. geg. Finanzbehörden    3.455,--
   an  280       Bank                                               3.455,--
4. Per 484       Verbindlichk. geg. Sozialvers.trägern 14.650,--
   an  280       Bank                                              14.650,--
```

5.1.3 Vorschüsse und Personal-Darlehen

Bei vielen Betrieben ist es üblich, in begründeten Fällen den Mitarbeitern zusätzlich zum Arbeitslohn einen Vorschuß bzw. ein sonstiges Personaldarlehen auszubezahlen. Die Rückzahlung an den Betrieb erfolgt dann durch Einbehaltung eines entsprechenden Betrages bei den nächsten Lohnzahlungen. Die Auszahlung eines derartigen Vorschusses stellt keinen lohnsteuerpflichtigen Vorgang dar, sondern eine erfolgsneutrale **Kreditgewährung** an das Personal. Die typischen Buchungen bei der Abwicklung eines einmaligen Gehaltsvorschusses sind in Abb. 47 dargestellt.

Auszahlung (Erster Entlohnungstermin:

```
      265                280                630            483/484 V.g.
S Ford.a.MA H         S Bank H          S Gehälter H      S F.B./S.V.Tr.H

Vorsch                Lohnsu                              Abzüge
betrag                netto             Lohnsu            auf
(unver                zuzügl            brutto            Arb.-
steu.)                Vorsch                              ent-
                                                          gelt
```
("Forderungen an Mitarbeiter")

Rückzahlung (folgender Entlohnungstermin):

```
      265                280                630            483/484 V.g.
S Ford.a.MA H         S Bank H          S Gehälter H      S F.B./S.V.Tr.H

        Vorsch        Lohnsu                              Abzüge
        betrag        netto,            Lohnsu            auf
                      abzügl            brutto            Arb.-
                      Vorsch                              ent-
                                                          gelt
```

Abb. 47: **Aus- und Rückzahlung eines Gehaltsvorschusses**

5.1.4 Aushilfskräfte (Pauschalbesteuerung)

Eine für Arbeitnehmer und Arbeitgeber vereinfachte Besteuerung bei geringfügigen Arbeitslöhnen (insbesondere bei Teilzeitkräften und Aushilfskräften) ist in § 40 a EStG geregelt. Derartige Mitarbeiter dürfen ohne Vorlage einer Lohnsteuerkarte beschäftigt werden, wenn die Beschäftigung bestimmte Grenzen nich überschreitet (z.B. Stundenlohn: maximal 20,-- DM). Der Arbeitgeber berechnet als Lohnsteuer einen "**Pausch-Steuersatz**" von 15 % des Arbeitslohns und führt diese Lohnsteuer wie üblich an das Finanzamt ab. Auch für den Arbeitnehmer sind mit diesem Pausch-Steuersatz alle Steuerverpflichtungen abgegolten. Die Pauschal-Lohnsteuer wird beim Arbeitgeber als Aufwand unter "Sonstige betriebliche Steuer" (IKR-Konto 709) verbucht, da der Arbeitgeber hierbei als Steuerschuldner anzusehen ist (§ 40 EStG). Meist ist bei pauschal-besteuerten Arbeitskräften unter bestimmten Voraussetzungen auch keine Sozialversicherungspflicht gegeben.

Beispiel 14: Arbeitslohn mit Pauschalbesteuerung
1. Ein Industriebetrieb zahlt an eine Aushilfs-Schreibkraft 500,-- DM (netto) in bar und übernimmt die pauschalierte Lohnsteuer von 15 % (Passivierung), hier zur Vereinfachung 10 %.

```
B u c h u n g s s ä t z e  /Bsp.14    (Gemäß Übungskontenplan/IKR im Anhang)
Nr.           Konto                          S              H

1. Per 620    Löhne                          500,--
       709    Sonstige betriebliche Steuern   50,--
   an  288    Kasse                                         500,--
       483    Verbindlichk. geg. Finanzbehörden              50,--
```

5.1.5 Sachbezüge

Die für manche Arbeitnehmer vereinbarten Sachbezüge stellen sowohl einen lohnsteuerpflichtigen Bestandteil des Entgelts dar, als auch einen steuerbaren Umsatz gemäß § 1 Abs. 1 Ziff. 1 UStG. Für häufige Arten von Sachbezügen können **Pauschbeträge** verwendet werden (SachbezugsVO). Diese stellen dann sowohl den lohnsteuerrechtlich relevanten Teil des Arbeitsentgelts dar, als auch die umsatzsteuerliche Bemessungsgrundlage (Bruttobetrag). Sind die tatsächlichen Aufwendungen im Einzelfall höher als die genannten Pauschbeträge, so sind bei der Gewinnermittlung die wirklichen Aufwendungen maßgebend.

Beispiel 15:
1. Arbeiterin eines Lebensmittelgroßhändlers erhält zum Monatsende einen Barlohn von 2.400,-- DM sowie Erzeugnisse im Wert von 550,-- DM (Pauschalwert/ brutto) aus dem Warenlager. Die Abzüge betragen 370,-- DM Lohnsteuer sowie 110,-- DM Sozialversicherung bei einem gesamten steuerpflichtigen Arbeitslohn von 3.430,- DM.

```
Buchungssätze   /Bsp.15         (Gemäß Übungskontenplan/IKR im Anhang)
Nr.       Konto                             S              H

1. Per 620    Löhne                      2.880,--
       625    Sachbezüge                   550,--
   an  288    Kasse                                     2.400,--
       500    Umsatzerlöse / Eigene Erzeugnisse          500,--
       483    Verbindlichk. geg. Finanzbehörden          350,--
       484    Verbindlichk. geg. Sozialvers.träger       110,--
       480    Umsatzsteuer                                50,--
```

5.1.6 Vermögenswirksame Leistungen

Nach dem "Dritten Gesetz zur Förderung der Vermögensbildung der Arbeitnehmer " ("936-Mark-Gesetz") können Arbeitnehmer bis zu 936,-- DM jährlich staatlich begünstigt anlegen. Die Anlagebeträge müssen in bestimmten Formen längerfristig angelegt werden (z.B. als Belegschaftsaktien, als Bausparguthaben oder als spezieller Lebensversicherungsvertrag). **Die Anlagebeträge** können aufgebracht werden vom Arbeitnehmer allein, vom Arbeitgeber, wie in vielen Tarifverträgen vereinbart oder vom Arbeitgeber und Arbeitnehmer zusammen. In jedem Falle werden die Anlagebeträge vom Arbeitgeber einbehalten und auf die Anlagekonten bei Banken, Bausparkassen usw. überwiesen.

Zur Förderung der Vermögensbildung wird die sogenannte **"Arbeitnehmer-Sparzulage"** in Höhe von maximal 20 % der Anlagebeträge (je nach Anlage-Art) gewährt. Zu den Voraussetzungen dieser Prämien gehört, daß der Arbeitnehmer ein steuerpflichtiges Jahreseinkommen von nicht mehr als 27.000,-- DM (bei Verheirateten 54.000,--DM) aufweist. Die Sparzulage ist steuer- und sozialversicherungsfrei und wird vom Finanzamt auf Antrag jährlich ausbezahlt.

5.2 Steuerzahlungen

Als häufige und meist zu bestimmten Terminen innerhalb des Jahres (Steuerkalender) wiederkehrende Geschäftsfälle sind nun die Steuerzahlungen an die Finanzbehörden zu betrachten. Dabei stehen diejenigen Steuerarten im Vordergrund, bei denen in vielen Betrieben laufend Steuerzahlungen anfallen. Meist handelt es sich um regelmäßige Vorauszahlungen während des Jahres (z.B. quartalweise), die endgültige Festsetzung und Abrechnung der Steuerschuld erfolgt dann erst nach Ablauf des Kalenderjahres (Veranlagungszeitraum). Bevor die Verbuchung der Steuerzahlungen behandelt werden kann, sollen hier zunächst die zum Verständnis erfolderlichen **Grundbegriffe** der wichtigsten Steuerarten überblicksartig dargestellt werden. Bei allen zu behandelnden Steuerarten sollen jeweils die folgenden Grundbegriffe erläutert werden:

- Steuersubjekt: Steuerschuldner
- Steuerobjekt
- Steuerbemessungsgrundlage: Abgrenzung und Ermittlung des Wertes, auf den der Steuersatz erhoben wird
- Steuersatz (Tarif)
- Besteuerungsverfahren

Nach dem Gliederungsschema gem. § 275 HGB werden die Steuern wie folgt eingeteilt:
(1) **Steuern vom Einkommen und vom Ertrag**
- Hierbei handelt es sich zunächst um die Körperschaftssteuer, die sozusagen die Einkommensteuer der Kapitalgesellschaften als Körperschaft (jur. Person) darstellt. Die Körperschaftssteuer ist nicht zu verwechseln mit der privaten Einkommensteuer der Gesellschafter. Unternehmen in der Rechtsform des Einzelkaufmanns bzw. der Personengesellschaften sind nicht KSt-pflichtig, da sie keine Körperschaft im Sinne des Gesetzes sind.
- Als weitere Steuerart in dieser Gruppe ist die Gewerbesteuer zu nennen.
(2) **Sonstige Steuern**
- Diese Gruppe umfaßt die weiteren Betriebssteuern, wie z.B. die Vermögenssteuer der Unternehmung in der Rechtsform der Kapitalgesellschaften.
- Zu den weiteren Steuern in dieser Gruppe gehört z.B. die Gewerbekapitalsteuer, betriebliche Grundsteuer.

5.2.1 Körperschaftsteuer [KSt, KiSt]

(1) Steuersubjekt
Die Steuerschuldner der Körperschaftschaftsteuer sind in § 1 Abs. 1 KStG aufgezählt. Es handelt sich zunächst um Betriebe, die nach ihrer Rechtsform als juristische Personen (Körperschaften) angesehen werden, z.B. die Rechtsformen der AG, GmbH, KGaA, bergrechtl. Gewerkschaften, Genossenschaften, Versicherungsverein auf Gegenseitigkeit, sonstige juristische Personen und Zweckvermögen des privaten Rechts, aber auch um gewerbliche Betriebe von juristischen Personen des öffentlichen Rechts (z.B. Energieversorgung, Verkehrsbetriebe). Gewisse Steuersubjekte sind gem. § 5 KStG von der Körperschaftsteuer befreit, insbesondere solche Betriebe, die gemeinnützigen, mildtätigen oder kirchlichen Zwecken dienen

5. Sonstige laufende Buchungen

(2) Steuerobjekt
Das Steuerobjekt ist das nach den Vorschriften des EStG sowie KStG ermittelte Einkommen der Körperschaft im Kalenderjahr. Es handelt sich um die von der Körperschaft erzielten "Einkünfte aus Gewerbetrieb" im Sinne des EStG, d.h. um den aus der Steuerbilanz sich ergebenden Gewinn.

(3) Steuerbemessungsgrundlage
Bei der Ermittlung des zu versteuernden Einkommens gemäß § 7 KStG sind am einkommensteuerlichen Gewinn einige Modifikationen durch die gemäß KStG nichtabzugsfähigen Ausgaben durchzuführen, z.B. dürfen "verdeckte Gewinnausschüttungen" der Kapitalgesellschaft an die Gesellschafter (z.B. überhöhte Geschäftsführergehälter) das steuerpflichtige Einkommen nicht vermindern.

(4) Steuersatz (Tarif)
Nach dem "gespaltenen Körperschaftssteuer-Tarif" beträgt der Steuersatz:
- 50 % bei nicht-ausgeschütteten Gewinnanteilen (Rücklagen)
- 36 % bei den zur Ausschüttung vorgesehenen Gewinnanteilen.

(5) Anrechnungsverfahren
Die früher gegebene, doppelte Besteuerung der Gewinne von Kapitalgesellschaften (einmal durch die Körperschaftsteuer, ein zweites Mal durch die Einkommensteuer beim Empfänger) ist durch das "Anrechnungsverfahren" im KStG 1977 weitgehend beseitigt worden. Die Empfänger der Gewinnausschüttungen (z.B. Aktionäre) müssen diese bei ihrer Einkommensteuerveranlagung als "Einkünfte aus Kapitalvermögen" versteuern; jedoch kann von der entstehenden Einkommensteuerschuld die bezahlte Körperschaftsteuer unter bestimmten Voraussetzungen abgezogen werden.

5.2.2 Gewerbesteuer

(1) Steuersubjekt
Steuerschuldner sind alle Unternehmer, auf deren Rechnung und Risiko ein Gewerbe betrieben wird.

(2) Steuerobjekt
Als Steuergegenstand ist der stehende Gewerbebetrieb sowie das Reisegewerbe definiert gem. § 2 Abs. 1 GewStG, nicht hierunter fällt eine freie Berufstätigkeit oder Vermögensverwaltung.

(3) Steuerbemessungsgrundlagen
Als Bemessungsgrundlage der Gewerbesteuer werden zwei verschiedene Bemessungsfaktoren herangezogen:
- **Gewerbeertrag:** Grundlage für den Gewerbeertrag bildet der nach den Vorschriften des EStG / KStG ermittelte Gewinn aus Gewerbebetrieb; zur Ermittlung des Gewerbeertrages müssen bei diesem Gewinn noch gewisse Hinzurechnungen (z.B. Dauerschuldzinsen) und Kürzungen (z.B. 1,2 % des erhöhten Einheitswerts der Betriebsgrundstücke) vorgenommen werden. Aus dem Gewerbeertrag ergibt sich durch Anwendung der Steuermeßzahl (z.Zt. 5 %) der Steuermeßbetrag des Gewerbeertrags.

- **Gewerbekapital:** Grundlage für das Gewerbekapital ist der nach den Vorschriften des Bewertungsgesetzes ermittelte Einheitswert des Betriebs. Dieser Einheitswert ist ebenfalls durch gewisse Hinzurechnungen (z.B. Dauerschulden) und Kürzungen (z.B. Einheitswert der Betriebsgrundstücke) zu modifizieren. Der Steuermeßbetrag für das Gewerbekapital ergibt sich als Steuermeßzahl (hier: 2 %o) auf den modifizierten Einheitswert.
- **Einheitlicher Steuermeßbetrag:** Die Addition aus Steuermeßbetrag des Gewerbeertrags und des Gewerbekapitals ergibt den "einheitlichen Steuermeßbetrag".

```
Beispiel:
         (Gewerbeertrag nach Hinzurechn./Kürz.   190.000,--
./.       Freibetrag beim Gewerbeertrag          36.000,--
=         zu versteuernder Gewerbeertrag        154.000,--
          Steuermeßzahl beim Gewerbeertrag            5 %
=         Steuermeßbetrag für Gewerbeertrag       7.700,--

         (Gewerbekapital nach Hinzurechn./Kürz.  560.000,--
./.       Freibetrag beim Gewerbekapital        120.000,--
=         zu versteuerndes Gewerbekapital       440.000,--
          Steuermeßzahl beim Gewerbekapital          2 %o
=         Steuermeßbetrag für Gewerbekapital         880,--

          Einheitlicher Steuermeßbetrag           8.580,--
          Hebesatz der Gemeinde                     380 %
=         Gewerbesteuerschuld                    32.604,--
```

(4) Steuersatz

Als Steuersatz wird jährlich ein bestimmter Prozentsatz ("Hebesatz") auf den einheitlichen Steuermeßbetrag erhoben. Da die Gewerbesteuereinnahmen den Gemeinden zufließen (sogenannte "Gemeindesteuer"), werden die Hebesätze von den einzelnen Gemeinden individuell festgesetzt und je nach Haushaltslage angepaßt. Die Hebesätze liegen zwischen 80 - 400 % des einheitlichen Steuermeßbetrags.

5.2.3 Vermögensteuer

(1) Steuersubjekt

Steuerschuldner sind alle natürlichen Personen und Subjekte des Körperschaftsteuergesetzes. Die subjektiven Befreiungen decken sich mit denen des Körperschaftsteuergesetzes. Bei Kapitalgesellschaften ergibt sich durch die Vermögensteuer eine doppelte Besteuerung des Vermögens: Einerseits muß die Kapitalgesellschaft ihr Vermögen versteuern, andererseits müssen die Eigentümer der Kapitalgesellschaft für ihre Anteile Vermögensteuer entrichten.

(2) Steuerobjekt / Steuerbemessungsgrundlage

Steuergegenstand ist das Gesamtvermögen der Seuersubjekte, dieses ergibt sich als Summe aus den vier Vermögensarten: Land- und forstwirtschaftliches Vermögen, Grundvermögen, Betriebsvermögen und Sonstiges Vermögen. Die Summe des Vermögens in diesen vier Vermögensarten stellt das Rohvermögen dar. Vom Rohvermögen werden die Schulden abgezogen und ergeben das Reinvermögen. Die Bewertung der Vermögensgegenstände richtet sich nach den Vorschriften des Bewertungsgesetzes. Für die wichtigsten Wirtschaftsgüter ist bereits von den Finanzbehörden ein sogenannter "Einheitswert" festgesetzt (z.B. für Grundstücke und Betriebsvermögen). Bei der Ermittlung des zu versteuernden Vermögens kann eine Reihe von Freibeträgen (Freibeträge für bestimmte Personen und Vermögensgegenstände) abgezogen werden.

(3) Steuersatz

Der Steuersatz beträgt für natürliche Personen 0,5 % und für Körperschaften 0,6 %.

5.2.4 Grundsteuer

(1) Steuersubjekt

Steuerschuldner sind alle natürlichen und juristischen Personen, denen bei der Einheitsbewertung der Grundstücke ein Objekt zugerechnet wird.

(2) Steuerobjekt

Steuergegenstände sind die einzelnen Grundstücke einschließlich darauf befindlicher Gebäude sowie grundstücksgleiche Rechte, wie z.B. Wohnungseigentum. Bei den Steuerobjekten werden Grundstücke eines land- und forstwirtschaftlichen Betriebes, Betriebsgrundstücke und private Grundstücke unterschieden (§ 2 GrStG).

(3) Steuerbemessungsgrundlage

Für die Steuerobjekte wird von den Finanzbehörden ein Einheitswert fesgesetzt; der Steuermeßbetrag für das Steuerobjekt ergibt sich als Steuermeßzahl (%o) auf den genannten Einheitswert.

(4) Steuersatz

Auf den Steuermeßbetrag des Grundstücks erhebt die jeweilige Gemeinde einen gewissen Prozentsatz ("Hebesatz") als jährliche Grundsteuerschuld.

```
Einheitswert eines Einfamilienhauses        40.000,-- DM
Steuermeßzahl für Einfamilienhaus z.B.           2,6 %o
Steuermeßbetrag                                104,-- DM

Hebesatz der Gemeinde für Wohngrundstück       150 %
Grundsteuerschuld                              156,-- DM
```

5.2.5 Einkommensteuer

(1) Steuersubjekt

Steuerschuldner sind alle natürlichen Personen, die Einkommen beziehen. Bei Personen mit Wohnsitz in der BRD besteht "unbeschränkte Steuerpflicht" (Steuerpflicht erstreckt sich grundsätzlich auf alle Einkünfte). Bei Personen mit Wohnsitz außerhalb der BRD ist die Steuerpflicht auf das inländische Einkommen beschränkt. Nicht getrennt lebende Ehegatten und deren Kinder werden in der Regel zusammen veranlagt.

(2) Steuerobjekt

Steuergegenstand ist das nach den Vorschriften des Einkommensteuergesetzes ermittelte Einkommen, welches sich als Summe aus den nachstehenden **7 Einkunftsarten** ergibt:

(a) Einkünfte aus Land- und Forstwirtschaft
(b) Einkünfte aus Gewerbebetrieb
(c) Einkünfte aus selbständiger Arbeit (Freiberufler)
(d) Einkünfte aus nichtselbständiger Arbeit
(e) Einkünfte aus Kapitalvermögen
(f) Einkünfte aus Vermietung und Verpachtung
(g) Sonstige Einkünfte im Sinne des § 22 EStG Spekulationsgewinne

○ = "Gewinn-Einkünfte"

Für die Ermittlung der Einkünfte ist zwischen "unternehmerischen Einkunftsarten" ((a) - (c)) und "nichtunternehmerischen Einkunftsarten" ((d) - (g)) zu unterscheiden. Bei den unternehmerischen Einkunftsarten ergeben sich die Einkünfte als **Gewinn** im Sinne der §§ 4-7 EStG. Bei der Gewinnermittlung werden folgende folgende grundsätzliche Methoden angewendet:

(a) **Betriebsvermögensvergleich gem § 4 Abs. 1 EStG.** Der Gewinn ergibt sich als Summe des gesamten Reinvermögens-Zugangs im Veranlagungsjahr gegenüber dem Vorjahr. Für die größeren Gewerbebetriebe ist als zusätzliche Rechtsvorschrift der § 5 Abs. 1 EStG anzuwenden. Daher betrifft der Betriebsvermögensvergleich nach § 4 Abs. 1 EStG nur Land- und Forstwirte mit originärer steuerlicher Buchführungspflicht oder selbständig Tätige, die freiwillig einen Betriebsvermögensvergleich durchführen.

(b) **Betriebsvermögensvergleich gemäß § 5 Abs. 1 EStG.** Bei Gewerbetreibenden, die nach handelsrechtlichen oder steuerrechtlichen Vorschriften zur Buchführung verpflichtet sind (oder die freiwillig Bücher führen), haben beim Betriebsvermögensvergleich die Grundsätze ordnungsmäßiger Buchführung zu beachten. Dazu gehört die Pflicht zur Aufstellung von Inventar und Bilanz und die Einhaltung der handelsrechtlichen Buchführungsvorschriften.

(c) **Überschußrechnung gemäß § 4 Abs. 3 EStG.** Freiberufler und Kleingewerbetreibende sind nicht zur Buchführung verpflichtet. Die Ermittlung des Gewinns erfolgt hier als Überschuß der Betriebseinnahmen über die Betriebsausgaben.

(d) **Durchschnittssätze** für nichtbuchführungspflichtige Land- und Forstwirte gem. § 13 a EStG. Der Gewinn wird hier nach Durchschnittssätzen ermittelt, die an den Einheitswert anknüpfen.

(e) **Schätzung** nach § 162 AO. Wenn der Gewinn des Steuerpflichtigen aus seinen Büchern oder Aufzeichnungen nicht klar ermittelt werden kann, so wird der Gewinn von den Finanzbehörden geschätzt.

Bei den **nicht-unternehmerischen Einkunftsarten** werden die Einkünfte als Überschuß der Einnahmen über die Werbungskosten errechnet. Als Werbungskosten werden bezeichnet: Alle Aufwendungen, die der steuerpflichtige zur Erwerbung,

$G'_t = B_t ./. B_{t-1} + EN - EL$

t = Jahr; B = Betriebsvermögen; EN = Entnahme, EL = Einlagen

Sicherung und Erhaltung der Einnahmen in der jeweiligen Einkunftsart tätigt. Bei Einkünften aus nichtselbständiger Arbeit bzw. Kapitalvermögen wird die Einkommensteuer bereits an der Einkommensquelle einbehalten (sogenannte Quellensteuern, Lohnsteuer bzw. Kapitalertragsteuer).

(3) **Steuerbemessungsgrundlage**
Die Steuerbemessungsgrundlage der Einkommensteuer ergibt sich nach dem folgenden Schema:

```
        Gesamtbetrag der Einkünfte (verschiedene Einkunftsarten)
./.     Sonderausgaben (z.B. Vorsorgeaufwendungen)
./.     Freibeträge
./.     Außergewöhnliche Belastungen (z.B. Krankheitskosten)
=       zu versteuerndes Einkommen
```

(4) **Steuersatz**
Zur Ermittlung der Steuerschuld für das jeweilige Einkommen werden Einkommensteuertabellen veröffentlicht (Tabellentarif). Bei diesen Tabellen ist die Grundtabelle und die Splitting-Tabelle (für Ehegatten) zu unterscheiden. Der Steuersatz ist nicht konstant, er beträgt in der Proportionalzone 19 % (5.617,-- bis 8.153,-- DM Jahreseinkommen in der Grundtabelle). Er steigt in der Progressionszone von 30,86 bis 53 % (53 % ab 120.042,-- DM Jahreseinkommen in der Grundtabelle). Die gemachten Angaben verstehen sich ohne die von 01.07.91 - 30.06.92 geltende Einkommensteuererhöhung von 7,5 % (Solidaritätsbeitrag)!

5.2.6 Grunderwerbsteuer

Die Grunderwerbsteuer ist nicht mit der Grundsteuer zu verwechseln und stellt eine Verkehrssteuer dar, die beim Umsatz von bebauten oder unbebauten Grundstücken fällig wird. Steuerobjekt sind alle Rechtsvorgänge (in der Regel Kaufverträge), durch welche die Übertragung von Grundstücken oder grundstücksgleichen Rechten ermöglicht wird. Steuerschuldner sind Erwerber und Veräußerer des Grundstücks, wobei in der Regel der Erwerber die Grunderwerbsteuer trägt. Steuerbemessungsgrundlage ist die Gegenleistung, insbesondere der Kaufpreis des Grundstücks (bei bebauten Grundstücken einschließlich der Gebäude!). Der Steuersatz beträgt 2 % des Kaufpreises.

5.2.7 Verbuchung der Steuerarten

5.2.7.1 Aktivierungspflichtige Steuern

Zu den häufigen und meist zu bestimmten Terminen (Steuerterminkalender) wiederkehrenden Geschäftsfällen gehören die Steuerzahlungen an die Finanzbehörden. Die Vielzahl der im Betrieb anfallenden Steuern läßt sich nach der anzuwendenden Buchungsmethode in mehrere, grundsätzlich verschiedene Gruppen einteilen. Als erste Gruppe sollen hier die **aktivierungspflichtigen** Steuern behandelt werden, zu denen insbesondere die Grunderwerbsteuer und die Börsenumsatzsteuer zählt. Diese Steuern fallen bei der Anschaffung von Gegenständen zu betrieblichen Zwecken an, die Steuerzahlungen dürfen jedoch nicht sofort als Aufwand in die Gewinn- und Verlustrechnung eingehen. Diese Steuerzahlungen stellen vielmehr "Anschaffungsnebenkosten" beim Kauf dar und sind ebenso wie der Anschaffungspreis als Zugang auf einem Bestandskonto zu aktivieren. Dies entspricht den Rechtsvorschriften, wonach Anlagegegenstände mit den "Anschaffungskosten" zu bewerten sind (vgl. § 253 HGB), die Anschaffungskosten umfassen sowohl den Anschaffungspreis als auch die Anschaffungsnebenkosten. Die Anschaffungskosten, soweit sie auf abnutzbare Anlagegüter entfallen, können dann während der Nutzungsdauer abgeschrieben werden. Einfuhrzölle (die ebenfalls zu den Steuern im Sinne der AO gehören) werden als "Bezugskosten" auf den entsprechenden Einkaufskonten verbucht.

Beispiel 16: Kauf eines unbebauten Industriegrundstücks
1. Ein Industriebetrieb hat aufgrund eines notariellen Kaufvertrags für das erworbene Grundstück den vereinbarten Kaufpreis von 700.000,-- DM an den Verkäufer überwiesen.
2. Der Industriebetrieb überweist die Grunderwerbsteuer an das Finanzamt (2 % von von 700.000,-- DM = 14.000,-- DM).
3. Der Industriebetrieb überweist an das Notariat die berechneten Notariats- und Grundbuchkosten (4.000,-- DM).

```
Buchungssätze    /Bsp.16     (Gemäß Übungskontenplan/IKR im Anhang)
Nr.       Konto                               S              H
1. Per 050   Unbebaute Grundstücke     700.000,--
   an  280   Bank                                        700.000,--
2. Per 050   Unbebaute Grundstücke      14.000,--
   an  280   Bank                                         14.000,--
3. Per 050   Unbebaute Grundstücke       4.000,--
       280   Bank                                          4.000,--
```

5.2.7.2 Abzugsfähige Betriebssteuern

Eine große Gruppe von Steuerarten fallen ebenfalls für betriebliche Zwecke an, können aber sofort als **Aufwand** bzw. Kosten verbucht werden. Die meisten der hier genannten Steuerzahlungen sind als Kostenbestandteile zu betrachten und gehen in die Selbstkostenkalkulation des Betriebes ein. In der Gewinn- und Verlustrechnung stellen diese Steuerzahlungen "abzugsfähige" Betriebsausgaben dar. Im einzelnen handelt es sich insbesondere um die folgenden Steuerarten:

(1) Gewerbesteuer: Verbuchung in Kontengruppe 46 gemäß GKR bzw. in Kontengruppe 70 (Gewerbekapitalsteuer) oder 77 (Gewerbeertragsteuer) gemäß IKR
(2) Kfz-Steuer für betriebliche PKW: Verbuchung in Kontengruppe 46 gemäß GKR bzw. in Kontengruppe 70 gemäß IKR
(3) Wechselsteuer: Verbuchung in Kontengruppe 47 gemäß GKR ("Verschiedene Kosten", "Nebenkosten des Geldverkehrs") bzw. in Kontengruppe 70 gemäß IKR

(4) Grundsteuer für betriebliche Grundstücke: Verbuchung gemäß GKR als neutraler Aufwand in Kontengruppe 21 ("Haus- und Grundstücksaufwendungen") bzw. in Kontengruppe 70 gemäß IKR

5.2.7.3 Nicht-abzugsfähige Betriebssteuern (KSt/VSt)

Eine wichtige Gruppe von Steuerarten wird durch Steuern gebildet, die zwar Betriebssteuern sind, aber in den steuerrechtlichen Vorschriften ausdrücklich als **"nicht-abzugsfähige" Ausgaben** bezeichnet werden. Es handelt sich um die KSt und VSt bei Kapitalgesellschaften. Die entsprechenden Steuerzahlungen dürfen in der Gewinn- und Verlustrechnung nicht als gewinnmindernder Aufwand abgezogen werden, sondern müssen vielmehr aus dem versteuerten Gewinn entrichtet werden. Auch in die Selbstkostenkalkulation geht die KSt nicht als Kostenbestandteil ein. Die Verbuchung der beiden Steuerarten "Körperschaftsteuer / Vermögensteuer" bei Kapitalgesellschaften läßt sich bei den beiden bekanntesten Kontenrahmen wie folgt gegenüberstellen:

(1) GKR / Großhandelskontenrahmen usw.:
 - Verbuchung in Kontengruppe 29 "Das Gesamtergebnis betreffende Aufwendungen"
(2) IKR
 - Verbuchung der Körperschaftsteuer in Kontengruppe 77 "Steuern vom Einkommen und Ertrag". Die Körperschaftsteuer stellt die "Einkommensteuer der jur. Person (Körperschaften) dar.
 - Verbuchung der Vermögensteuer bei Kapitalgesellschaften in Kontengruppe 70 "Betriebliche Steuern"

5.2.7.4 Privatsteuern

Bei den hier zu nennenden Steuerarten handelt es sich um Steuern, welche die Person des Unternehmers (Privatsphäre) betreffen, nicht den Betrieb. Während Kapitalgesellschaften keine derartige "Privatsphäre" aufweisen, ist es bei Personengesellschaften und Einzelkaufleuten durchaus möglich, daß in der Buchhaltung auch die privaten Steuerzahlungen der Inhaber abgewickelt werden. Derartige Steuerzahlungen dürfen aber keineswegs als Betriebssteuern oder Kostensteuern verbucht werden. Diese Steuerzahlungen stellen keine abzugsfähigen Ausgaben oder Kostenbestandteile dar, sie sind vielmehr als Art "Privatentnahmen" auf dem Privatkonto zu verbuchen (wie eine private Abhebung vom Bankkonto mit anschließender privater Überweisung an das Finanzamt). Die Verbuchung erfolgt gemäß IKR auf den Privatkonten in Kontengruppe 30. Im einzelnen handelt es sich hier um folgende Steuerarten:

- Einkommensteuer / Kirchensteuer der Inhaber bei Personengesellschaften bzw. des Einzelkaufmanns
- Vermögensteuer / Grundsteuer für Privatvermögen der Personengesellschaften bzw. des Einzelkaufmanns
- Erbschaftsteuer der Personengesellschafter bzw. des Einzelkaufmanns

5.2.7.5 Durchlaufsteuern

Die hier zu nennende Gruppe umfaßt solche Steuerarten, die für den buchenden Betrieb nur "durchlaufende Posten" darstellen. Diese Steuern werden aufgrund der gesetzlichen Vorschriften vom Betrieb im Auftrag der Finanzbehörden einbehalten und an die Finanzkassen abgeführt. Die betreffenden Steuerzahlungen stellen keinen Aufwand bzw. keine Kosten des Betriebes dar. Wenn die Steuerbeträge Dritten in Rechnung gestellt werden, so entsteht für den Betrieb eine Sonstige Verbindlichkeit (gegenüber dem Finanzamt), die durch die Abführung der Steuerbeträge an die Finanzkasse getilgt wird. Im einzelnen handelt es sich um die nachstehenden Steuerarten.

(1) Umsatzsteuer
  - GKR: Passivierung der Zahllast auf Kontengruppe 17 ("Andere Verbindlichkeiten", "Noch abzuführende Abgaben")
  - IKR: Passivierung der Zahllast auf Kontengruppe 48 ("Sonstige Verbindlichkeiten", ev. Unterkonto "Verbindlichkeiten gegenüber Finanzbehörden")

(2) Lohnsteuer / Kirchensteuer der Arbeitnehmer
  - Verbuchung der einbehaltenen Steuerbeträge wie bei (1)

(3) Verbrauchsteuern (z.B. Mineralölsteuer, Tabaksteuer)
  Diese Steuerarten müssen von den Herstellern in die Verkaufspreise eingerechnet und an die Endverbraucher weiterberechnet werden. Die Herstellerbetriebe verbuchen die beim Absatz anzusetzenden Verbrauchssteuern als "Verbrauchssteuern" (z.B. IKR, Kontengruppe 70) und führen die Beträge an die Finanzbehörden ab.

5.2.7.6 Steuernachzahlungen / -erstattungen

Bei Betriebssteuern müssen meist regelmäßige Vorauszahlungen geleistet werden. Bei der abschließenden Veranlagung bzw. bei späteren Betriebsprüfungen kann eine Steuerschuld festgesetzt werden, die nicht mit den geleisteten Vorauszahlungen übereinstimmt. Je nach Art der Abweichung zwischen Vorauszahlungssumme und Steuerschuld ergibt sich eine Steuernachzahlung oder Steuererstattung für den Betrieb. Derartige **Abschlußzahlungen** in späteren Jahren werden betriebswirtschaftlich als außerordentlicher Aufwand bzw. Ertrag (periodenfremder Aufwand bzw. Ertrag) betrachtet. Die Steuer-Abschlußzahlungen gehören jedoch nicht zu den außerordentlichen Aufwendungen bzw. Erträgen im Sinne des HGB, da sie im Rahmen der "Gewöhnlichen Geschäftstätigkeit" anfallen. Grundsätzlich sind bei Steuernachzahlung zunächst die für diese Nachzahlung gebildeten Steuerrückstellungen aufzulösen, wobei sich ein zusätzlicher Aufwand oder ein

Auflösungsertrag ergibt. Die Verbuchung der Abschlußzahlungen läßt sich wie folgt zusammenfassen:

(1) GKR
- Nachzahlungen (Zusatzaufwand bei Auflösung von Steuerrückstellungen):
  Kontengruppe 25 "Betriebliche außerordentliche Aufwendungen"
- Rückerstattungen:
  Kontengruppe 25: "Betriebliche außerordentliche Erträge"

(2) IKR
- Nachzahlungen bzw. Erstattungen gehören nicht zu den Kontengruppen für außerordentliche Aufwendungen bzw. Erträge (im Sinne des HGB). Die Abschlußzahlungen sind vielmehr in der Kontengruppe 69 "Sonstige betriebliche Aufwendungen" bzw. in Kontengruppe 54 "Sonstige betriebliche Erträge" zu verbuchen.
- Nachzahlungen: Zusatzaufwand bei der Auflösung von Steuerrückstellungen ist unter Konto 699 "Periodenfremde Aufwendungen" zu verbuchen. Erträge bei der Auflösung von Steuerrückstellungen sind unter Konto 548 "Erträge aus der Herabsetzung von Rückstellungen" zu verbuchen.
- Rückerstattungen: Hierfür ist Konto 549 "Periodenfremde Erträge" vorgesehen.
- Die Saldierung von Nachzahlungen und Rückerstattungen von verschiedenen Steuerarten wird von manchen Autoren als' vertretbar angesehen. Ebenso wird eine Saldierung von Abschlußzahlungen mit dem entsprechenden laufenden Steueraufwand als vertretbar angesehen, wenn ein Hinweis im Anhang erfolgt.

Steuerstrafen (auch im Zusammenhang mit Betriebssteuern) müssen bei Einzelkaufleuten und Personengesellschaften auf den Privatkonten verbucht werden. Bei Kapitalgesellschaften müssen Steuerstrafen als nicht-abzugsfähiger Aufwand behandelt und entsprechend verbucht werden.

5.3 Wechselverkehr

5.3.1 Gesetzliche Bestandteile von Wechseln

Bei der Bezahlung von Ziel-Warengeschäften zwischen Kaufleuten wird häufig das seit langem bewährte Instrument des Wechsels verwendet. Der Wechsel läßt sich bezeichnen als Wertpapier, in welchem sich der Wechselschuldner verpflichtet, an einem bestimmten Termin eine bestimmte Summe an den aufgeführten Empfänger zu bezahlen. Durch die strengen Vorschriften des Wechselgesetzes und ein schnelles Verfahren bei den Gerichten, falls der Wechsel am Verfalltag nicht bezahlt wird (Wechselprotest), stellt der Wechsel ein sicheres Kredit- und Zahlungsmittel dar. Wird der Wechsel lediglich als Rückzahlungssicherung für ein Darlehen verwendet, so spricht man von Finanzwechsel. Häufiger jedoch werden Wechsel zur Abwicklung von Forderungen aus Warengeschäften eingesetzt, es handelt sich um sogenante **Warenwechsel**, die hier nun im Vordergrund stehen sollen.

Der grundsätzliche Aufbau eines Wechsels (Vorderseite) ist in Abb. 48 dargestellt.

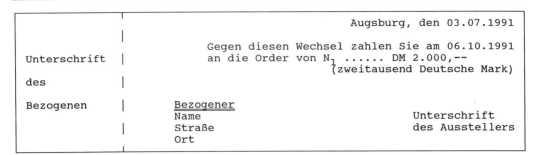

Abb. 48: **Vorderseite des Wechsels**

Bei der Ausstellung von Wechseln in der Praxis können entsprechende Vordrucke verwendet werden (Einheitswechsel). Die wesentlichen, gemäß Wechselgesetz vorgeschriebenen **Bestandteile** des Wechsels sind in der nachstehenden Aufstellung näher erläutert.

(1) Bezeichnung als "Wechsel"
(2) Unbedingte Anweisung, den Wechselbetrag zu bezahlen
(3) Angabe dessen, der bezahlen soll (Bezogner, Trassat)
   Hat der Aussteller im Wechsel als Bezogenen eine andere Person eingesetzt, so spricht man vom "gezogenen Wechsel". Hat der Aussteller als Bezogenen sich selbst eingesetzt, so wird dieser Wechsel als "Solawechsel" bezeichnet.
(4) Verfallszeit
   - Tagwechsel (fällig an einem bestimmten Tag im Kalenderjahr)
   - Sichtwechsel (fällig bei Vorlage)
(5) Zahlungsort
   - Platzwechsel (Zahlungsort = Ausstellungsort)
   - Distanzwechsel
(6) Wechselnehmer: Der Name dessen, an den oder an dessen Order bezahlt werden soll (Remittent). Der Aussteller kann den Wechsel auch mit "an eigene Order" ausfüllen.
(7) Angabe des Austellungstages und -ortes
(8) Unterschrift des Ausstellers (Trassant)
(9) Unterschrift des Bezogenen
   Ein Wechsel ohne Unterschrift des Bezogenen wird als "Tratte" bezeichnet, ein solcher mit Unterschrift als "Akzept". Die Abgabe der Unterschrift wird als "Querschreiben" bezeichnet (vgl. Wechselaufbau).

5.3.2 Wechselsteuer / Wechseldiskont

Bei der Verwendung von Wechseln ist gem. Wechselgesetz die vorgeschriebene Wechselsteuer zu entrichten (0,15 DM je angefangene 100 DM Wechselbetrag). Die Steuer wird durch den Kauf von Wechselsteuermarken beim Postamt entrichtet, die

Marken werden auf der Wechselrückseite aufgeklebt und entwertet. Die Wechselsteuermarken können vom Aussteller oder vom Akzeptant angebracht werden. In jedem Fall hat der Bezogene die Wechselspesen (Kosten der Wechselanfertigung) sowie den **Wechseldiskont** (Zins bis zum Verfalltag) zu tragen. Für die Abrechnung mit dem Aussteller werden die folgenden Methoden verwendet:

- Der Antragsteller erhöht den Wechselbetrag um die Wechselspesen und den Wechseldiskont.
- Der Akzeptant überweist Wechselspesen und Wechseldiskont sofort bei Abgabe des akzeptierten Wechsels an den Aussteller.

Für den Aussteller (Lieferer) bedeutet der erhaltene Wechseldiskont bei Warenwechseln eine nachträgliche Erhöhung des Entgelts der Warenlieferung und ist daher umsatzsteuerpflichtig; nur bei reinen Finanzwechseln entfällt die Umsatzsteuerpflicht.

5.3.3 Wechsel-Kreislauf

Der typische Kreislauf eines gezogenen Warenwechsels (Normalfall) ist in Abb. 49 dargestellt.

Hat der Wechselnehmer den akzeptierten Wechsel erhalten, so stehen ihm mehrere **Verwendungsmöglichkeiten** offen:

- Aufbewahrung und Einlösung am Verfalltag beim Bezogenen ("Einziehung")
- Sofortige Einlösung bei einer Bank ("Diskontierung")
- Weitergabe an einen Gläubiger durch "Indossament" auf der Rückseite, der Veräußerer wird als "Indossant", der Empfänger als "Indossatar" bezeichnet. Der Wechsel kann mehrmals durch Indossament übertragen werden.

Bei der Einreichung des Wechsels zur **Diskontierung** bei einer Bank übernimmt diese den Wechsel zur Einlösung und erstattet dem Wechselinhaber den Wechselbetrag abzüglich einer Inkassoprovision. Für den Wechselinhaber sind diese Abzüge als Diskontaufwendungen bzw. als Aufwendungen für Zahlungsverkehr zu verbuchen. Die genannten Abzüge bedeuten beim Wechselinhaber eine nachträgliche Minderung des Entgelts für die zugrundeliegende Warenlieferung (Warenwechsel) und könnten daher zu einer Mehrwertsteuer-Berichtigung führen. In der Praxis unterbleibt jedoch meist diese Mehrwertsteuer-Berichtigung bei der Wechseldiskontierung. Es wäre zu aufwendig, im Falle einer Mehrwertsteuer-Berichtigung den Bezogenen zu benachrichtigen, damit dieser seinerseits die Vorsteuer entsprechend berichtigt (gem. § 17 UStG vorgeschrieben). Außerdem soll geheimgehalten werden, daß der Aussteller möglicherweise dem Bezogenen einen höheren Wechseldiskont berechnet hat, als er selbst bei der Bank entrichtet hat.

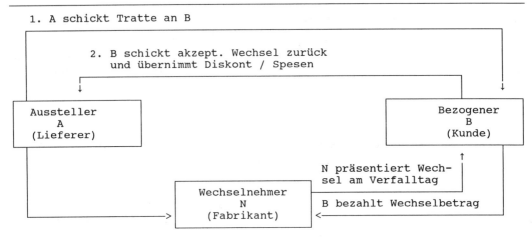

Abb. 49: **Wechsel-Kreislauf**

Kann der Bezogene am Verfalltag den Wechsel nicht einlösen, so kann der beim Wechselinhaber um **Wechselprolongation** nachsuchen. Diese kann nach den beiden folgenden Methoden durchgeführt werde:

(1) (Beim Wechseln "an eigene Order" des Ausstellers, wenn der Wechsel noch im Besitz des Ausstellers ist): Der Aussteller zieht einen neuen Wechsel auf den Bezogenen und berechnet ihm erneut den Wechseldiskont. Der Bezogene akzeptiert diesen Wechsel gegen Rückgabe des alten Wechsels.

(2) (Bei weiteren Wechselnehmern bzw. Indossataren): Der Aussteller gewährt dem Bezogenen zum Verfalltag einen Kredit in Höhe des Wechselbetrages, um einen Wechselprotest zu verhindern. Dieser Kreditbetrag wird nur gewährt, wenn der Bezogene wiederum einen Wechsel in Höhe des Kreditbetrages akzeptiert und den neuerlichen Wechseldiskont übernimmt.

In jedem Falle kann der Wechselinhaber, wenn der Bezogene am Verfalltag nicht bezahlen kann, bei bestimmten Protestbeamten **Wechselprotest** erheben und hierüber eine Protesturkunde ausstellen lassen. Der Wechselprotest kann über die Bundespost, den Gerichtsvollzieher oder über einen Notar abgewickelt werden. Die bei den Protestkosten eventuell anfallende Mehrwertsteuer (z.B. beim Notar) stellt für den Wechselinhaber eine anrechenbare Vorsteuer dar.

Der Besitzer des zu Protest gegangenen Wechsels kann nun gegen seine Vormänner in der Indossamentkette **Rückgriff** nehmen und die Zahlung des vollen Wechselbetrages gegen Übergabe des Wechsels verlangen. Der Wechselbesitzer ist dabei nicht an die Reihenfolge der Indossamente gebunden ("Sprungregreß"). Der neue Besitzer des Wechsels kann seinerseits wiederum Regreßansprüche an seine Vormänner stellen. Beim Rückgriff hat der Wechselinhaber auch einen Anspruch auf Erstattung der Protestkosten, der Protestzinsen (Zinsen für die Zeit zwischen Verfalltag und Rückgriff) und der Protestprovision. Die vom Wechselinhaber (Warenwechsel) an den

Vormann berechnete Protestprovision, die Protestzinsen und die Erstattung der Protestkosten stellen beim Wechselinhaber ein Zusatzsentgelt der zurgrundeliegenden Warenlieferung dar und sind daher umsatzsteuerpflichtig.

Um jederzeit einen Überblick über die eingegangenen und weitergegebenen Wechsel zu haben, führen die Wechselbesitzer ein sogenanntes "Wechselkopierbuch" (Nebenbuchhaltung). Im Wechselkopierbuch werden alle durchgelaufenen Wechsel mit ihren detaillierten Daten aufgezeichnet. Von besonderer Bedeutung ist dabei die Kontrolle des sogenannten **"Wechselobligos"**. Dieses bedeutet die Summe aller weitergegebenen, aber noch nicht eingelösten Wechsel. Bei diesen Wechseln besteht das Risiko, daß die späteren Wechselinhaber im Falle des Wechselprotests Regreß nehmen. Das Wechselobligo wird in der Systembuchhaltung bzw. Schlußbilanz nicht als Passivposten aufgeführt, muß jedoch als sogenannte "Eventualverbindlichkeit" gemäß § 251 HGB in der Jahresbilanz vermerkt werden.

In der Systembuchhaltung werden im Zusammenhang mit dem **Wechselverkehr** mindestens folgende Konten geführt:

- Schuldwechsel (Passivkonto)
- Besitzwechsel (Aktivkonto) mit Unterkonto: Protestwechsel
- Diskontaufwand bzw. Diskontertrag
- Wechselsteuer
- Sonstige Aufwendungen (Nebenkosten des Geldverkehrs)
- Sonstige Erträge
- Die Umsatzsteuerkorrekturen bei Warenwechseln erfolgen auf den Konten Vorsteuer bzw. Umsatzsteuer

5.3.4 Schuldwechsel beim Bezogenen

Die typischen Buchungen des Bezogenen bei der Annahme und späteren Einlösung eines gezogenen Warenwechsels sollen nun anhand des folgenden Beispiels dargestellt werden.

Beispiel 17: Schuldwechsel beim Bezogenen
1. Ein Industriebetrieb (Bezogener) hat gegenüber einem Zulieferer eine Verbindlichkeit aus Warenlieferungen in Höhe von 22.000,-- DM (incl. Umsatzsteuer) wegen eines Rohstoffeinkaufs.
2. Der Bezogene akzeptiert einen vom Zulieferer ausgestellten Wechsel über 22.000,-- DM, Laufzeit: 3 Monate.
3. Der Bezogene bezahlt bei der Post 33,-- DM bar für Wechselsteuermarken. Der Wechsel wird nach Aufkleben der Marken an den Aussteller zurückgeschickt.
4. Der Bezogene überweist sofort an den Zulieferer die von diesem in Rechnung gestellten Wechselspesen (30,-- DM) sowie den Wechseldiskont in Höhe von 7 % p.a.

5. Sonstige laufende Buchungen

Zinsformel: $$z = \frac{k * p * t}{360 * 100}$$

z = Zinsbetrag, K = Kapitalbetrag,
p = Zinsfuß, t = Anzahl (Tage)

Diskontbetrag:	$\frac{22.000 * 6 * 90}{360 * 100}$ =	330,-- DM,
+ Wechselspesen		30,-- DM
= Zusätzliches Entgelt (netto)		360,-- DM
+ Umsatzsteuer (Vorsteuer)		36,-- DM
= Überweisungsbetrag (brutto)		396,-- DM

5. Der Bezogene überweist nach Ablauf der Laufzeit und Präsentation des Wechsels durch den Wechselinhaber den Wechselbetrag von 22.000,-- DM.

B u c h u n g s s ä t z e /Bsp.17   (Gemäß Übungskontenplan/IKR im Anhang)

Nr.		Konto	S	H
1. Per	200	Rohstoffe / Fertigungsmaterial	20.000,--	
	260	Vorsteuer	2.000,--	
an	440	Verbindlichkeiten aus Lief. u. L.		22.000,--
2. Per	440	Verbindlichkeiten aus Lief. u. L.	22.000,--	
an	450	Schuldwechsel		22.000,--
3. Per	705	Wechselsteuer	33,--	
an	288	Kasse		33,--
4. Per	753	Diskontaufwendungen	330,--	
	260	Vorsteuer	36,--	
	675	Kosten des Geldverkehrs	30,--	
an	280	Bank		396,--
5. Per	450	Schuldwechsel	22.000,--	
an	280	Bank		22.000,--

5.3.5 Besitzwechsel beim Aussteller

Die typischen Buchungen des **Ausstellers** bei der Hereinnahme des akzeptierten Wechsels und bei der Übertragung an den Wechselnehmer sind anhand des folgenden Beispiels dargestellt. Es handelt sich um denselben Wechsel wie bei den Buchungen des Bezogenen.

Beispiel 18: Besitzwechsel beim Aussteller
1. Der Zulieferer (Aussteller) hat an den Kunden eine Forderung aus Lieferungen in Höhe von 22.000,-- DM (incl. Umsatzsteuer) nach einem Zielverkauf von Rohstoffen. Der Zulieferer stellt zur Sicherung seiner Forderung einen Wechsel aus und schickt die Tratte an den Bezogenen.
2. Beim Aussteller geht der vom Bezogenen akzeptierte und versteuerte Wechsel ein; Wechselbetrag: 22.000,-- DM, Laufzeit: 3 Monate.
3. Beim Aussteller geht auf dem Bankkonto die Überweisung des Bezogenen für Wechselspesen und Wechseldiskont ein.

5. Sonstige laufende Buchungen

	Wechseldiskont (netto)	330,-- DM
+	Wechselspesen (netto)	30,-- DM
=	Zusätzliches Entgelt (netto)	360,-- DM
+	Umsatzsteuer	36,-- DM
=	Überweisungsbetrag	396,-- DM

4. Der Zulieferer hat bei seinem Betriebsstoffe - Lieferer eine Verbindlichkeit aus Lieferungen in Höhe von 33.000,-- DM (incl. Umsatzsteuer). Der Betriebsstoffe-Lieferer ist in dem zuvor genannten Wechsel über 22.000,-- DM als Wechselnehmer eingesetzt, da der Wechsel zur teilweisen Abdeckung der Forderung des Betriebsstoffe-Lieferers dienen soll.
5. Der Aussteller überträgt nach Eingang des akzeptierten Wechsels diesen sofort an den Wechselnehmer zur Anrechnung auf seine Verbindlichkeit.
6. Der Aussteller überweist an den Wechselnehmer den entsprechenden Wechseldiskont (incl. Umsatzsteuer) und verbucht die Umsatzsteuer auf dem Vorsteuerkonto.

	Diskontbetrag (netto)	330,-- DM
+	Umsatzsteuer	33,-- DM
=	Diskontbetrag (brutto)	363,-- DM

Buchungssätze /Bsp.18   (Gemäß Übungskontenplan/IKR im Anhang)

Nr.		Konto		S	H
1.	Per	240	Forderungen aus Lief. u. L	22.000,--	
	an	500	Umsatzerlöse / Eigene Erzeugnisse		20.000,--
		480	Umsatzsteuer		2.000,--
2.	Per	245	Besitzwechsel	22.000,--	
	an	240	Forderungen aus Lief. u. L.		22.000,--
3.	Per	280	Bank	396,--	
	an	573	Diskonterträge		330,--
		480	Umsatzsteuer		36,--
		579	Sonstige zinsähnliche Erträge		30,--
4.	Per	203	Betriebsstoffe	30.000,--	
		260	Vorsteuer	3.000,--	
	an	440	Verbindlichkeiten aus Lief. u. L.		33.000,--
5.	Per	440	Verbindlichkeiten aus Lief. u. L.	22.000,--	
	an	245	Besitzwechsel		22.000,--
6.	Per	753	Diskontaufwendungen	330,--	
		260	Vorsteuer	33,--	
	an	280	Bank		363,--

5.3.6 Besitzwechsel beim Wechselnehmer (Wechselverwendung)

Die drei alternativen Verwendungsmöglichkeiten des Besitzwechsels beim Wechselnehmer sind anhand der nachfolgenden 3 Beispiele dargestellt. Dieselben Verwendungsmöglichkeiten ergeben sich für den Aussteller, wenn er den Wechsel "an eigene Order" ausgestellt hat oder für eventuelle weitere Wechselnehmer.

Beispiel 19: Einziehung des Besitzwechsels
1. Der Wechselnehmer präsentiert den Wechsel am Verfalltag beim Bezogenen und erhält von diesem den Wechselbetrag (22.000,-- DM) in bar.

Beispiel 20: Diskontierung bei der Bank
2. Der Wechselnehmer reicht den Besitzwechsel bei seiner Hausbank zur Diskontierung ein. Die Bank schreibt den Wechselbetrag abzüglich 280,-- DM Wechseldiskont auf dem Konto des Wechselnehmers gut.

```
  Wechselbetrag:       22.000,-- DM
- Diskontbetrag:          280,-- DM
─────────────────────────────────────
= Gutschriftsbetrag:  21.720,-- DM
═════════════════════════════════════
```

Beispiel 21: Weitergabe durch Indossament
3. Der Wechselnehmer gibt den Wechsel durch Indossament weiter an einen Gläubiger zum teilweisen Ausgleich einer bestehenden Darlehensschuld (keine Umsatzsteuer). Vom Gläubiger wird der Wechselbetrag abzüglich Diskont (280,-- DM) angerechnet (21.720,-- DM).

Buchungssätze /Bsp.19-21 (Gemäß Übungskontenplan/IKR im Anhang)				
Nr.		Konto	S	H
1. Per	288	Kasse	22.000,--	
an	245	Besitzwechsel		22.000,--
2. Per	280	Bank	21.720,--	
	753	Diskontaufwendungen	280,--	
an	245	Besitzwechsel		22.000,--
3. Per	489	Übrige Sonstige Verbindlichkeiten	21.720,--	
	753	Diskontaufwendungen	280,--	
an	245	Besitzwechsel		22.000,--

5.3.7 Wechselprotest und -rückgriff

Zum Abschluß der Buchungen im Wechselverkehr sei nun noch anhand eines Beispiels der Fall betrachtet, daß der Wechsel vom bisherigen Wechselbesitzer durch Indossament weitergegeben wurde (zur Bezahlung einer Warenlieferung).

Beispiel 23: Wechselprotest und -rückgriff
1. Der letzte Wechselinhaber präsentiert den Wechsel (Wechselbetrag: 22.000,-- DM) am Verfalltag beim Bezogenen, dieser kann jedoch den Wechselbetrag nicht bezahlen.

2. Der Wechselinhaber erhebt Wechselprotest beim Notar (Protesturkunde) und bezahlt die Protestkosten von 120,-- DM netto zuzüglich Umsatzsteuer.
3. Der Wechselinhaber schickt die Protesturkunde und den zu Protest gegangenen Wechsel 10 Tage nach dem Verfalltag an seinen Vormann und belastet diesen mit der folgenden "Rückrechnung":

```
    Wechselbetrag                                  22.000,-- DM
  + Protestkosten, netto                              120,-- DM
  + 6 % Zinsen für 10 Tage, netto                      36,66 DM
  + 1/3 % Provision, netto                             73,33 DM
  + Mehrwertsteuer auf Zusatzentgelt (229,99)          22,99 DM

  = Gesamtbetrag (Forderung)                       22.252,98 DM
```

4. Der Vormann nimmt den Protestwechsel herein und überweist den "Rückrechnungsbetrag.

```
B u c h u n g s s ä t z e   /Bsp. 22    (Gemäß Übungskontenplan/IKR im Anhang)
Nr.              Konto                              S              H

1. Per 248       Protestwechsel                 22.000,--
    an 245       Besitzwechsel                                 22.000,--
2. Per 675       Kosten des Geldverkehrs           120,--
       260       Vorsteuer                          12,--
    an 288       Kasse                                            132,--
3. Per 266       Andere sonstige Forderungen    22.252,98
    an 248       Protestwechsel                                22.000,--
       579       Sonstige zinsähnliche Erträge
                 (Erstattung d. Protestkosten u. Prov.)           193,33
       571       Zinserträge                                       36,66
       480       Umsatzsteuer                                      22,99
4. Per 248       Protestwechsel                 22.000,--
       675       Kosten des Geldverkehrs           193,33
       751       Zinsaufwendungen                   36,66
       260       Vorsteuer                          22,99
    an 280       Bank                                          22.252,98
```

5.4 Wertpapiergeschäfte

5.4.1 Wertpapierarten und -konten

Hat die Unternehmung liquide Mittel zur Verfügung, so kann sie hierfür als Kapitalanlage Wertpapiere erwerben und durch Kauf und Verkauf der Wertpapiere zu unterschiedlichen Kursen Kursgewinne (evtl. Kursverluste) erzielen. Für die Kapitalanlage sind dabei zwei grundverschiedene **Arten** von **Wertpapieren** zu unterscheiden:

(1) **Zinspapiere:** Diese verbriefen ein Gläubigerrecht des Inhabers der Wertpapiere gegen den Aussteller der Papiere. Der Inhaber erhält als laufenden Ertrag einen festen Zins, der meistens halbjährlich zu bestimmten Zinsterminen ausbezahlt wird. Nach Ablauf der vereinbarten Frist erfolgt die Rückzahlung des Nennwertes der Zinspapiere. Beispiel: Industrie - Schuldverschreibungen, Pfandbriefe, Bundesanleihen.

(2) **Dividendenpapiere**: Diese verbriefen ein Teilhaberrecht des Inhabers am Eigenkapital der ausstellenden Unternehmung bzw. am Fondsvermögen. Der Inhaber erhält als laufenden Ertrag einen Anteil am Gewinn (Dividende). Außerdem steht jedem Teilhaber ein Anteil am Vermögenszuwachs der Gesellschaft zu. Die Dividende wird meistens jährlich nach Ablauf des Geschäftsjahres und Feststellung des Jahresabschlusses ausgeschüttet. Solange die Unternehmung besteht, erfolgt keine Rückzahlung des Nennwertes der Papiere durch die Gesellschaft (außer bei Investmentanteilen). Beispiele: Aktien, Kuxe, Investmentanteile.

Kauf, Verkauf und Verwaltung von Wertpapieren in größerem Umfang werden meistens über die Hausbank des Kapitalanlegers durchgeführt. Die Bank übersendet dem Kapitalanleger entsprechende Auftragsabrechnungen über Kauf/Verkauf von Wertpapieren, sowie Depotauszüge über die von der Bank im Wertpapierdepot des Kunden verwalteten Wertpapiere. Die von der Bank erhaltenen Unterlagen stellen die Ausgangsbelege für die Verbuchung beim Kapitalanleger dar. Die Zugänge an Wertpapieren werden auf entsprechende Aktivkonten verbucht, wobei mindestens folgende **Wertpapier-Bestandskonten** geführt werden:

NWP! = Niederstwertprinzip

- **"Wertpapiere des Umlaufvermögens"**: Wertpapiere, die nur kurzfristig gehalten und dann wieder verkauft werden sollen (als Liquiditätsreserve oder als Spekulationsobjekte). Eine weitere Unterteilung ist üblich in Konten für Aktien, Festverzinsliche Wertpapiere, Eigene Anteile usw.
- **"Wertpapiere des Anlagevermögens"**: Wertpapiere, welche der Kapitalanleger längerfristig behalten möchte (Finanzanlagevermögen). Eine weitere Unterteilung ist üblich in einzelne Konten für Aktien (ev. nach verschiedenen Aktiengattungen getrennt), Festverzinsliche Wertpapiere, Investmentanteile usw.
- **"Beteiligungen"**: Wertpapierposten, die mindestens 20 % des Eigenkapitals der im Papier genannten Unternehmung umfassen, werden als "Beteiligungen" bezeichnet und gesondert verbucht. Die Beteiligungen gewähren dem Kapitalanleger je nach prozentualen Umfang bereits ein Einflußrecht bei der im Papier genannten Unternehmung. Entscheidend für die Verbuchung als Beteiligung ist die längerfristige Beteiligungsabsicht, die gesetzliche Vermutung gem. § 271 HGB (20 %) kann widerlegt werden.
- **Anteile an verbundenen Unternehmen**: x.) Diese müssen gesondert verbucht und bilanziert werden, da zwischen verbundenen Unternehmen eine gesteigerte Einflußnahme bis hin zur Beherrschung möglich ist. Als verbundene Unternehmen im Sinne von § 271 HGB gelten Unternehmen, die "als Mutter- oder Tochterunternehmen in einen Konzernabschluß einzubeziehen" sind. Diese Definition deckt sich nicht mit den "verbundenen Unternehmungen" im Sinne der §§ 15 ff. AktG.

(3) Investmentanteile (Fondsanteile)
z.B. DIT: F.anteile:
Deutsche Investment Trust — Mit eigentumsrecht
Fonds = Gesamtheit von Wertpapieren
Ethik-Fonds = "Ausschütt." "green-Chips"

x.) Konzernunternehmen = mehrere Unternehmen unter einheitlicher Leitung

Die genannten Konten können jeweils als gemischte oder getrennte Wertpapierkonten geführt werden (vgl. Punkt 2.2.8). Bei gemischten Wertpapierkonten müssen am Ende des Jahres die erzielten **Kursgewinne bzw. -verluste** auf die entsprechenden neutralen Erfolgskonten umgebucht werden:

(1) Erzielte Kursgewinne
- GKR: Konto 205 Betriebsfremde Erträge
- IKR: Kontengruppe 57 Sonstige Zinsen und ähnliche Erträge, Konto 578 Erträge aus Wertpapieren des Umlaufvermögens bzw. Kontengruppe 55 Erträge aus Beteiligung bzw. Kontengruppe 56 Erträge aus anderen Wertpapieren des Finanzanlagevermögens

(2) Erziele Kursverluste
- GKR: Konto 200 Betriebsfremde Aufwendungen
- IKR: Konto 745 Verluste aus dem Abgang von Finanzanlagen bzw. Konto 746 Verluste aus dem Abgang von Wertpapieren des Umlaufvermögens

Die **laufenden Erträge** der Wertpapiere (Dividenden, Zinsen) werden auf den folgenden Ertragskonten verbucht.

(1) Jahreszinsen aus festverzinslichen Wertpapieren:
- GKR: Konto 245 Zinserträge
- IKR: Konto 578 Erträge aus Wertpapieren des Umlaufvermögens bzw. Kontengruppe 56 Erträge aus anderen Wertpapieren des Finanzanlagevermögens

(2) Dividenden aus Aktien (an Personenunternehmen ausgeschüttet)
- GKR: Konto 245 Zinserträge (Bruttodividende einschl. KSt-Guthaben), Gegenkonten: Konto "Bank" (Nettodividende) sowie Konto 197 Privat (Steuergutschriften)
- IKR: Konto 578 Erträge aus Wertpapieren des Umlaufvermögens (Bruttodividende einschl. Körperschaftsteuer - Guthaben); Gegenkonten: Konto "Bank" (Nettodividende) sowie Konto 3001 Privatkonto (Steuergutschriften)

Die Kapitalertragsteuer und die anrechenbare Körperschaftsteuer kann der Aktionär bei seiner privaten Einkommensteuererklärung auf die Steuerschuld anrechnen, sie wird auf dem Privatkonto als "vorausbezahlte Einkommensteuer" erfaßt. Nach Meinung führender Fachautoren ist jedoch bezüglich der einbehaltenen Kapitalertragsteuer sowie der anrechenbaren Körperschaftsteuer bei Wertpapieren von Personengesellschaften nicht von vornherein ein privater Vorgang anzunehmen (vgl. Falterbaum / Beckmann, 1987, S. 261 ff.). Immerhin resultieren beide **Steuergutschriften** aus den im **Betriebsvermögen** gehaltenen Wertpapieren. Die Steuergutschriften müßten daher beim Ausschüttungstermin zunächst als "Sonstige Forderungen" aktiviert und später als "Privatentnahme" ausgebucht werden.

Für die **Bewertung** der am Bilanzstichtag im Bestand befindlichen **Wertpapiere** müssen die bereits früher dargestellten Bewertungsprinzipien beachtet werden:

(1) **Wertpapiere des Anlagevermögens**
  - Anschaffungswertprinzip: Bewertung höchstens mit den Anschaffungskosten, auch wenn der Börsenpreis am Bilanzstichtag höher sein sollte.
  - Gemildertes bzw. strenges Niederstwertprinzip: Ist der Börsenpreis am Bilanzstichtag niedriger als die Anschaffungskosten, so kann bzw. muß die Bewertung mit dem niedrigeren Börsenpreis erfolgen.
  - Beibehaltungswahlrecht: Bei Wiederanstieg der Börsenkurse kann eine Zuschreibung (bis höchstens zu den Anschaffungskosten) erfolgen. Für Kapitalgesellschaften besteht in diesem Falle eine Zuschreibungspflicht gemäß § 280 HGB (Wertaufholungsgebot).
  - Abschreibungen wegen Kursrückgangs werden gemäß IKR auf Konto 740 Abschreibungen auf Finanzanlagen verbucht.
  - Zuschreibungen bei Kursanstieg werden gemäß IKR in Kontengruppe 55 Erträge aus Beteiligungen bzw. in Kontengruppe 56 Erträge aus anderen Wertpapieren des Finanzanlagevermögens verbucht.

(2) **Wertpapiere des Umlaufvermögens**
  - Anschaffungswertprinzip: wie bei (1)
  - Strenges Niederstwertprinzip: Ist der Börsenpreis am Bilanzstichtag niedriger als die Anschaffungskosten, so muß die Bewertung mit dem niedrigen Börsenpreis erfolgen.
  - Beibehaltungswahlrecht: wie bei (1)
  - Abschreibungen wegen Kursrückgangs werden gemäß IKR auf Konto 742 Abschreibungen auf Wetpapiere des Umlaufvermögens verbucht. Zuschreibungen wegen Kursanstiegs werden Gemäß IKR auf Konto 578 Erträge aus Wertpapieren des Umlaufvermögens verbucht.

5.4.2 Nebenkosten bei Ankauf und Verkauf

Beim Kauf von Wertpapieren sind diese auf dem jeweiligen Wertpapierkonto mit den Anschaffungskosten zu verbuchen; d.h. neben dem Anschaffungspreis (Ankauf-Kurs) sind auch die **Anschaffungsnebenkosten** aktivierungspflichtig. Die üblichen Nebenkosten beim Kauf von börsennotierten Wertpapieren über die Bank sind in Abb. 50 dargestellt. Beim Kauf von festverzinslichen Wertpapieren müssen außer den genannten Nebenkosten noch sogenannte "Stückzinsen" entrichtet werden, d.h. Zinsen für die zwischen dem letzten Zinstermin und dem Ankaufstag verstrichene Zeit. Die Verbuchung der bezahlten Stückzinsen erfolgt auf dem Konto "Zinsaufwand".

Beim Verkauf von börsennotierten Wertpapieren über die Bank werden von dieser als "**Verkaufskosten**", die gleichen Kosten wie in Abb. 50 dargestellt, erhoben. Diese Verkaufskosten werden in der Verkaufsabrechnung der Bank bereits vom Verkaufswert (Verkaufsteuer d. Wertpapiere) abgezogen; der Verkäufer erhält als Gutschrift auf seinem Bankkonto nur den verbleibenden Betrag. Daher ist es in der Praxis üblich, in der Buchhaltung bei Wertpapiereabgängen gleich den von der Bank gutgeschriebenen (verbleibenden) Verkaufserlös zu verbuchen. Dies bedeutet, daß die Verkaufskosten buchhalterisch nicht gesondert erfaßt werden. Beim Verkauf von festverzinslichen Wertpapieren erhält der Verkäufer vom Käufer die "Stückzinsen" für die Zeit zwischen dem letzten Zinstermin und dem Verkaufstag. Die Verbuchung der erhaltenen Stückzinsen erfolgt auf dem Konto "Zinserträge" (beim IKR: Erträge aus Wertpapieren des Umlaufvermögens usw.).

Akten ———————> ↓ Kostem 1)	Aktien	Pfandbriefe, Komunal-Obligationen
Bankprovision	1,00 % vom Kurswert	1,00 % vom Kurswert
Maklergebühr (Court.)	0,08 % vom Kurswert	0,08 % vom Kurswert
Nebenkosten / Gesamt	1,08 % vom Kurswert	1,08 % vom Kurswert

1) Bei Kleinaufträgen werden bestimmte Mindestbeträge berechnet (Kosten in % vom Kurswert bzw. Nennwert)

Abb. 50: Nebenkosten beim Ankauf / Verkauf von Wertpapieren über Börse (Standardsätze)

5.4.3 An- und Verkauf von Dividendenpapieren

Die typischen Buchungen beim An- und Verkauf von börsennotierten Aktien sollen nun anhand des nachstehenden Beispiels dargestellt werden.

Beispiel 23: Kursgewinn bei Aktien
1. Kauf von 100 Stück Aktien als kurzfristige Kapitalanlage zum Stückkurs von 250,-- DM durch die Bank. Die Kaufabrechnung der Bank lautet:

```
      Anschaffungs-Kurswert (100 * 250,-- DM)        25.000,-- DM
    + 1,08 % Nebenkosten
      (Bankprovision, Courtage)                         270,00 DM
    ─────────────────────────────────────────────────────────────
    = Belastung auf Bankkonto (Anschaffungskosten)   25.270,-- DM
    ═════════════════════════════════════════════════════════════
```

2. Verkauf von 80 Stück Aktien zum Stückkurs von 290,-- DM durch die Bank. Die Verkaufsabrechnung der Bank lautet:

Verkaufs-Kurswert (80 * 290,-- DM)	23.200,-- DM
./.1,08 % Nebenkosten (Bankprovision, Courtage)	250,56 DM
= Gutschrift auf Bankkonto	22.949,44 DM

3. Am Jahresende wird das gemischte Wertpapierkonto abgeschlossen; der Endbestand wird in die Schlußbilanz übertragen (Bewertung mit Anschaffungskurs):

20 Stück * 250 ,-- DM =	5.000,-- DM
+ 1,08 % anteilige Nebenkosten	54,-- DM
= Endbestand (Inventurwert)	5.054,-- DM

4. Der Kursgewinn aus den Verkäufen (Saldo) wird auf des Konto "Sonstige Erträge" übertragen.

Verkäufe (80 St., Bankgutschrift)	22.949.44 DM
./.Verkäufe zu Anschaffungskosten (80 St. * (250,-- DM + 0,0108 * 250,-- DM))	20.261,-- DM
= Kursgewinn	2.688.44 DM

Buchungssätze /Bsp. 23   (Gemäß Übungskontenplan/IKR im Anhang)

Nr.		Konto	S	H
1. Per	272	Aktien	25.270,--	
an	280	Bank		25.270,--
2. Per	280	Bank	22.949,44	
an	272	Aktien		22.949,44
3. Per	801	Schlußbilanzkonto	5.054,--	
an	272	Aktien		5.054,--
4. Per	272	Aktien	2.688,44	
an	578	Erträge aus Wertpapieren des UV		2.688,44

5.4.4 An- und Verkauf von Zinspapieren

Die typischen Buchungen beim An- und Verkauf von börsennotierten Zinspapieren über die Bank sollen nun anhand des folgenden Beispiels dargestellt werden.

Beispiel 24: Kursverlust bei festverzinslichen Wertpapieren
1. Kauf von 20.000,-- DM Obligationen (Nennwert) zu einem Kurs von 99 % am 30.09. als kurzfristige Kapitalanlage. Zinstermine 1.1./1.7., Die Bankabrechnung lautet wie folgt:

	Kurswert (20.000,-- DM zu 99 %)	19.800,-- DM
+	0,675 % Nebenkosten	133,65 DM
=	Anschaffungswert	19.933,65 DM
+	Stückzinsen (6 % v. 20.000,-- / anteilig für Juli bis September)	300,-- DM
=	Belastung auf Bankkonto	20.233,65 DM

2. Verkauf aller Obligationen zu einem Kurs von 97 % am 31.10. Die Bankabrechnung lautet wie folgt:

	Kurswert (20.000,-- DM zu 97 %)	19.400,-- DM
./.	0,675 % Nebenkosten	130,95 DM
=	Verkaufswert	19.269,05 DM
+	Stückzinsen (6 % v. 20.000,-- / anteilig für Juli bis Oktober)	400,-- DM
=	Gutschrift auf Bankkonto	19.669,05 DM

3. Am Jahresende wird der Kursverlust auf das Konto "Verluste aus dem Abgang von Umlaufgegenständen" übertragen. Verlust-Ermittlung:

	Anschaffungswert	19.933,65 DM
./.	Verkaufswert	19.269,05 DM
=	Kursverlust	664,60 DM

B u c h u n g s s ä t z e /Bsp. 24 (Gemäß Übungskontenplan/IKR im Anhang)

Nr.		Konto		S	H
1.	Per 277	Festverzinsliche Wertpapiere		19.933,65	
	751	Zinsaufwendungen		300,--	
	an 280	Bank			20.233,65
2.	Per 280	Bank		19.669,05	
	an 277	Festverzinsliche Wertpapiere			19.269,05
	578	Erträge aus Wertpapieren des UV			400,--
3.	Per 746	Verl.a.d. Abgang v. Wertpap.d. UV		664,60	
	an 277	Festverzinsliche Wertpapiere			664,60

5.4.5 Scheckverkehr

Größere Zahlungen im Verkehr zwischen Kaufleuten werden häufig durch Schecks beglichen. Dies bedeutet z.B. bei einem Warengeschäft, daß der Kunde dem Lieferer einen Scheck ausstellt (meist **Verrechnungsscheck**, d.h. ein Scheck, der bei der einlösenden Bank auf dem Bankkonto des Einlösers gutgeschrieben wird). Der Lieferer kann diesen Scheck bei seiner Hausbank einlösen, die Bank schreibt den Betrag auf dem Liefererkonto gut und fordert den Betrag bei der im Scheck angegebenen Bank des Scheckausstellers an. Die von Kunden erhaltenen Schecks werden als "Kundenschecks" bezeichnet. Die selbst ausgestellten Schecks bei den Kunden werden als "Eigene Schecks" bezeichnet. Die Verbuchung von Schecks beim Aussteller bzw. Empfänger soll im Folgenden kurz erläutert werden.

(1) Verbuchung von eigenen Schecks
Die vom Kunden ausgestellten und an den Lieferer zur Zahlung gegebenen Schecks werden beim Aussteller zunächst nicht buchhalterisch erfaßt. Erst wenn die Hausbank des Ausstellers den Scheckbetrag auf dem Bankkonto des Ausstellers belastet, erfolgt eine Buchung.

Beispiel (IKR)
Per 440 Verbindlichk. aus Lief.u.L. an 280 Bank ..... DM

(2) Verbuchung von Kundenschecks
Bei größeren Betrieben werden die von Kunden eingehenden Schecks auf einem besonderen Konto "Kundenschecks" erfaßt und nach Einlösung bei der Bank (Gutschrift auf Bankkonto) wieder ausgebucht.

Beispiel (IKR)
1. Per 286 Schecks   an 240 Ford.a.L.u.L.   ..... DM
2. Per 280 Bank   an 286 Schecks   ..... DM

5.5 Zugänge und Abgänge von Anlagegütern

5.5.1 Kauf von Anlagegütern (Anschaffungskosten)

Insbesondere bei Industriebetrieben ist zur Durchführung der Leistungserstellung eine Vielzahl von Anlagegütern (Sachanlagen) erforderlich. Diese Anlagegüter können grundsätzlich in die folgenden **Arten** eingeteilt werden:

- Unbewegliche Anlagegüter (Immobilien), z.B. unbebaute Grundstücke; bebaute Grundstücke mit Fabrikgebäuden, Geschäftsgebäuden, Wohngebäuden usw.; grundstücksgleiche Rechte; Bauten auf fremden Grund.
- Bewegliche Anlagegüter, z.B. Maschinen und maschinelle Anlagen, Betriebs- und Geschäftsausstattung.

Für die dargestellten Arten und Gruppen der Anlagegüter werden entsprechende "**Anlagekonten**" (Aktivkonten) geführt. In allen Kontenrahmen sind entsprechende Kontengruppen vorgesehen (vgl. Kontenrahmen im Anhang). In den Anlagekonten werden einerseits alle Zugänge durch Kauf oder Herstellung, andererseits alle Abgänge durch Verkauf verbucht. Bei den abnutzbaren Anlagegütern tritt durch den ständigen Gebrauch im Betrieb eine Wertminderung ein (Verschleiß). Dies wird durch die Verbuchung von Abschreibungen auf den Anlagekonten berücksichtigt. Daher ist es erforderlich, bei den einzelnen Anlagekonten (insbesondere bei bebauten Grundstücken) Unterkonten wie folgt zu bilden:

5. Sonstige laufende Buchungen

Anlagegüter (Aktivseite) *

- Unterkonten für **nicht-abnutzbare Bestandteile**, z.B. Grundstücke
- Unterkonten für **abnutzbare Bestandteile**, z.B. Gebäude, Einrichtung. Bei Bestandteilen mit verschiedenen Nutzungsdauern sollten entsprechend verschiedene Unterkonten geführt werden.
- Unterkonten für **"geringwertige Wirtschaftsgüter"** gem. § 6 Abs. 2 EStG (Anschaffungskosten ohne Vorsteuer nicht höher als 800,-- DM). Diese Wirtschaftsgüter können im Jahr der Anschaffung bzw. Herstellung voll abgeschrieben werden (Wahlrecht). Als Voraussetzung gilt hierbei, daß es sich um selbständig nutzbare, bewegliche und abnutzbare Gegenstände handelt. Wirtschaftsgüter mit Anschaffungskosten bis zu 100,-- DM können sofort als Aufwand verrechnet werden und brauchen nicht aktiviert zu werden. ⇒ *Konto Nr. 089*

Insbesondere bei Industrieunternehmen ist häufig eine große Anzahl von beweglichen Wirtschaftsgütern anzutreffen (Produktionsanlagen, "Maschinenpark"), dieser Bestand wird ständig durch Kauf neuer Anlagegüter und Verkauf der gebrauchten Objekte modernisiert. Um hier den erforderlichen Überblick zu gewährleisten, wird eine umfangreiche **Anlagenbuchhaltung** durchgeführt, meistens jedoch als Nebenbuchhaltung (Anlagekartei). In der Anlagekartei werden für jedes Anlageobjekt die wesentlichen Daten aufgeführt: Genaue Beschreibung des Objekts, Inventar-Nr., Datum und Kosten der Anschaffung, Lieferant, Garantiebedingungen, voraussichtliche Nutzungsdauer, jährliche Abschreibungen, Großreparaturen usw. In der Systembuchhaltung werden dann nur noch Sammelbuchungen auf den zuvor genannten Anlagekonten erforderlich.

Bei Zugängen von Anlagegütern durch Kauf müssen die gesamten **Anschaffungskosten** auf dem betreffenden Anlagekonto aktiviert werden. Bei den Anschaffungskosten sind im einzelnen die nachstehenden Bestandteile zu verbuchen (vgl. auch § 255 Abs. 1 HGB):

Bsp. PKW-Zugang (Listenpreis) d.h. ohne Umsatzsteuer USt

(1) **Anschaffungspreis (Nettopreis):** Die in Rechnung gestellte Umsatzsteuer wird als anrechenbare Vorsteuer (nicht auf dem Anlagekonto!) verbucht.
(2) **Anschaffungskosten-Minderungen:** Die eventuell beim Kauf erhaltenen Lieferantennachlässe, z.B. Skonti, Boni, vermindern die aktivierungspflichtigen Anschaffungskosten.
(3) **Anschaffungs-Nebenkosten:** Alle Aufwendungen bei der Anschaffung die erforderlich sind, um das Anlagegut in einen betriebsbereiten Zustand zu versetzen, stellen aktivierungspflichtige Nebenkosten dar. Beispiele:
  - Bei unbeweglichen Anlagegütern: Kosten der Vermittlung und notariellen Beurkundung, Grunderwerbsteuer, Vermessungskosten usw.
  - Bei beweglichen Anlagegütern (Maschinen): Transportkosten, Transportversicherung, Montage- und Fundamentierungskosten, Überlieferung und Zulassung bei Kraftfahrzeugen usw. Die bei den Nebenkosten eventuell bezahlte Umsatzsteuer ist ebenfalls als anrechenbare Vorsteuer zu verbuchen.
  - Finanzierungskosten: Die beim Kauf von Anlagegütern oft erheblichen Kosten der Geldbeschaffung und Finanzierung (z.B. Kreditgebühren, Zinsen) gehören nicht (!) zu den Anschaffungskosten des Anlagegutes.

* *Immobilien: Grundstücke + Gebäude ; Mobilien: - Fuhrpark - Werkzeugmaschinen, Betriebs- u. G.A.*

Die typischen Buchungen beim Kauf eines beweglichen Anlagegutes (Maschine) sollen nun anhand des nachstehenden Beispiels erläutert werden.

Beispiel 25: Kauf einer Maschine im Industriebetrieb
1. Zieleinkauf einer Maschine durch einen Industriebetrieb zum Rechnungspreis von 33.000,-- DM netto zuzüglich 3.300,-- DM USt., Bruttobetrag: 36.300,-- DM.
2. Barzahlung der Transportkosten in Höhe von 700,-- DM netto zuzüglich 70,-- DM Umsatzsteuer.
3. Überweisung des Rechnungsbetrages der Maschine unter Abzug von 2 % Skonto (2 % von 36.300,-- = 726,-- DM), Überweisungsbetrag: 36.300,-- ./. 726,-- = 35.574,-- DM. Skontobetrag/netto: 660,-- DM, Vorsteuer-Berichtigung 66,-- DM.

```
Die gesamten, nun aktivierten Anschaffungskosten betragen:
        Anschaffungspreis/netto                      33.000,-- DM
      + Anschaffungsnebenkosten/netto                   700,-- DM
     ./. Anschaffungskostenminderung/netto              660,-- DM
      ─────────────────────────────────────────────────────────
      = Anschaffungskosten                           33.040,-- DM
```

```
B u c h u n g s s ä t z e  /Bsp. 25   (Gemäß Übungskontenplan/IKR im Anhang)
Nr.            Konto                                  S              H
─────────────────────────────────────────────────────────────────────────
1. Per 070     Technische Anlagen und Maschinen    33.000,--
       260     Vorsteuer                            3.300,--
   an  440     Verbindlichkeiten aus Lief.u.L.                    36.300,--
2. Per 070     Technische Anlagen und Maschinen       700,--
       260     Vorsteuer                               70,--
   an  288     Kasse                                                 770,--
3. Per 440     Verbindlichkeiten aus Lief.u.L.     36.300,--
   an  070     Technische Anlagen und Maschinen                      660,--
       260     Vorsteuer                                              66,--
       280     Bank                                               35.574,--
```

5.5.2 Im Bau befindliche Anlagen / Anzahlungen auf Anlagen

Die Herstellung von größeren Anlagegütern im Auftrag der Unternehmung (Gebäude und größere Maschinen) ersteckt sich oftmals über mehrere Geschäftsjahre. Dabei fallen bereits während der Bauarbeiten laufend Rechnungen der Bauhandwerker an. Um bei solchen Bauprojekten einen Überblick über den Baufortschritt zu gewährleisten, werden die Auszahlungen noch nicht auf den regulären Anlagekonten verbucht. Vielmehr werden alle bereits für den Bau bezahlten Rechnungsbeträge auf speziellen Konten "Anlagen im Bau" gesammelt. Erst bei vollständiger Fertigstellung werden die gesammelten Herstellungskosten eines Bauobjekts als Zugang auf dem betreffenden Anlagekonto verbucht. Die "Anlagen im Bau" sowie eventuelle Anzahlungen auf diese müssen in der Bilanz gesondert ausgewiesen werden (§ 266 HGB).

Eine andere Abrechnungsmethode bei längerfristigen Aufträgen besteht darin, daß der Auftraggeber während der Bauphasen Anzahlungen auf den Gesamtpeis leistet, bei Fertigstellung werden dann die Anzahlungen mit dem Gesamtpreis verrechnet. Derartige Anzahlungen (Vorauszahlungen) werden beim Auftraggeber auf einem speziellen Aktiv-Konto "Anzahlungen" verbucht. Wichtig ist hierbei, daß gemäß § 13 UStG auch Anzahlungen auf umsatzsteuerpflichtige Umsätze bereits der Umsatzsteuer unterliegen (wenn die Umsatzsteuer gesondert in Rechnung gestellt wird bzw. bei Anzahlungsbeträgen ab 10.000,-- DM).

Beispiel 26: Anzahlung bei Maschinenkauf
1. Ein Industriebetrieb hat eine Maschine beim Hersteller in Auftrag gegeben (Kostenvoranschlag: 30.000,-- DM netto zuzüglich 3.000,-- DM Umsatzsteuer). Vertragsgemäß wird sofort nach Auftragsabschluß eine Anzahlung auf den Kaufpreis in Höhe von 1/3 des Kaufpreises (10.000,-- DM netto zuzüglich 1.000,-- DM Umsatzsteuer) an den Hersteller überwiesen.
2. Bei Lieferung der Maschine wird der Rest des Kaufpreises per Bank überwiesen (22.000,-- DM incl. Umsatzsteuer).

```
B u c h u n g s s ä t z e  /Bsp. 26   (Gemäß Übungskontenplan/IKR im Anhang)
Nr.          Konto                                    S              H

1. Per 090   Geleist. Anzahl.a. Sachanlagen      10.000,--
       260   Vorsteuer                            1.000,--
   an  280   Bank                                                11.000,--
2. Per 070   Technische Anlagen und Maschinen    30.000,--
       260   Vorsteuer                            2.000,--
   an  090   Geleist. Anzahl. a. Sachanlagen                    10.000,--
       280   Bank                                                22.000,--
```

5.5.3 Herstellungs- und Erhaltungsaufwand (Großreparaturen)

Bei unbeweglichen und beweglichen Anlagegütern fallen von Zeit zu Zeit Reparaturaufwendungen in beträchtlicher Höhe an (Großreparaturen, Umbau usw.). Für die Verbuchung solcher Aufwendungen ist genau zu klären, um welche grundsätzliche Art von Aufwendungen es sich handelt.

(1) **Erhaltungsaufwand** (Werterhaltende Reparaturen)
Laufende Aufwendungen zur Aufrechterhaltung der Betriebsbereitschaft des Anlagegutes werden steuerlich als "Erhaltungsaufwand" bezeichnet und werden in voller Höhe als Aufwand (abzugsfähige Betriebsausgaben) verbucht. Für diese Aufwendungen werden entsprechende Aufwandskonten geführt, z.B. "Fremdreparaturen / Instandhaltung". Reparaturaufwendungen bei Gebäuden werden gemäß GKR in Klasse 2 als neutraler Aufwand ("Haus- und Grundstückaufwendungen") verbucht.

(2) Herstellungsaufwand (Werterhöhende Reparaturen)
Solche Aufwendungen, die zu einer Wertsteigerung des Anlagegutes führen, werden steuerlich als "Herstellungsaufwand" bezeichnet und müssen auf dem Anlagekonto aktiviert werden.

(3) Wenn eine Eingangsrechnung vorliegt, die sowohl Erhaltungsaufwand als auch Herstellungsaufwand enthalten könnte, so wird diese zunächst auf einem entsprechenden Konto "**Großreparaturen**" verbucht. Nach genauer Beurteilung der Aufwendungen werden diese zu einem Teil auf das Konto "Fremdreparaturen" ausgebucht (Erhaltungsaufwand), zum anderen Teil auf dem betreffenden Anlagekonto aktiviert (Herstellungsaufand).

5.5.4 Aktivierungspflichtige Eigenleistungen (Herstellungskosten)

Bei Industriebetrieben können sich Anlagenzugänge auch dadurch ergeben, daß die betreffenden Anlagegüter selbst hergestellt worden sind. Derartige Anlagegüter stellen "Eigenleistungen" des Betriebes dar, die zu einer beachtlichen Wertsteigerung im Anlagevermögen führen. Daher müssen derartige Eigenleistungen gemäß HGB/EStG mit den angefallenen "**Herstellungskosten**" aktiviert werden. Bei der Ermittlung der Herstellungskosten gem. § 255 Abs. 2 HGB sind folgende Bestandteile zu berücksichtigen:

(1) **Material - Einzelkosten:** die laut Stückliste für das Anlagegut verwendeten Materialteile (Aktivierungspflicht)
(2) **Materialgemeinkosten:** Für die Gemeinkosten der Materiallagerung wird anhand der Betriebsabrechnung ein bestimmter Zuschlagssatz auf die Materialeinzelkosten (Fertigungsmaterial) eingerechnet (Aktivierungswahlrecht).
(3) **Fertigungslöhne:** Für die gemäß Auftragsabrechnung direkt für das Anlagegut angefallenen Arbeitszeiten (Aktivierungspflicht)
(4) **Fertigungsgemeinkosten:** Für die Gemeinkosten der Fertigungs-Kostenstellen wird anhand der Betriebsabrechnung ein bestimmter Zuschlagssatz auf die Fertigungslöhne erhoben (Aktivierungswahlrecht).
(5) **Verwaltungsgemeinkosten:** Gemäß § 255 Abs. 2 HGB können diese Kosten in die aktivierten Herstellungskosten eingerechnet werden, müssen aber nicht (Aktivierungswahlrecht).
(6) **Vertriebsgemeinkosten** dürfen gemäß § 255 Abs. 2 HGB nicht i. die Herstellungskosten eingerechnet werden (Aktivierungsverbot).

Die für die Eigenleistungen angefallenen Aufwendungen bzw. Kosten werden in die üblichen Kontenklassen für Personalaufwand, Materialaufwand usw. verbucht. Die damit hergestellte Eigenleistung stellt ebenso einen Ertrag der betrieblichen Produktion dar wie die für den Verkauf produzierten Güter. Daher werden die Eigenleistungen auf einem speziellen Ertragskonto "**Eigenleistungen**" verbucht, die Gegenbuchung erfolgt auf dem betreffenden Anlagekonto (Aktivierung).

5. Sonstige laufende Buchungen

Beispiel 27: Selbsterstellte Anlage im Industriebetrieb
1. In einem Industriebetrieb sind für Produktion einer Anlage, die selbst genutzt werden soll, Herstellungskosten in Höhe von 37.000,-- DM angefallen.
2. Bei Fertigstellung wird die Anlage auf dem Konto "Maschinen und maschinelle Anlagen" als Zugang verbucht (aktiviert).

```
B u c h u n g s s ä t z e  /Bsp. 27   (Gemäß Übungskontenplan/IKR im Anhang)
Nr.              Konto                                S              H

1. Per 6/7       Diverse Aufwendungen            37.000,--
   an  1/2       Diverse Aktivkonten                            37.000,--
2. Per 070       Technische Anlagen und Maschinen 37.000,--
   an  530       Aktivierte Eigenleistungen                     37.000,--
```

5.5.5 Verkauf von Anlagegütern (Veräußerungsgewinn)

Bei Neuanschaffungen von Anlagen wird meist eine schon bestehende, gebrauchte Anlage verkauft. Bei größeren Anschaffungen werden auch oftmals die gebrauchten Anlagen vom Verkäufer der Neuanlage "in Zahlung genommen", d.h. der Verkaufspreis der alten Anlage wird auf den Kaufpreis der neuen Anlage angerechnet. Für die Verbuchung sind auch im Falle der Inzahlungnahme stets zwei Verträge zu unterstellen: Der Kauf der neuen Anlage einerseits und der Verkauf der gebrauchten Anlage andererseits. Für die Verbuchung des Verkaufs ist wichtig, daß auch der Verkauf von Anlagegütern grundsätzlich umsatzsteuerpflichtig ist, d.h. der Verkäufer muß neben dem **Verkaufspreis** die gesetzliche **Umsatzsteuer** in Rechnung stellen.

Um die verkaufte Anlage aus dem Anlagekonto auszubuchen, muß zunächst deren "**Buchwert**" festgestellt werden. Der Buchwert eines Anlagegutes ergibt sich aus den aktivierten Anschaffungskosten abzüglich der während der Nutzungsdauer abgerechneten jährlichen Abschreibungsbeträge. Wurden diese Abschreibungsbeträge direkt auf dem Anlagekonto des Anlagegegenstandes gebucht, so ist der Buchwert unmittelbar aus dem Anlagekonto ersichtlich. Bei der indirekten Abschreibungsmethode werden jedoch die Abschreibungsbeträge nicht auf dem Anlagekonto verbucht, sondern auf einem speziellen Konto "Wertberichtigungen" angesammelt. Die Differenz aus Anschaffungskosten (Anlagekonto) minus Wertberichtigung ergibt dann den Buchwert des Anlagebestandes.

Wird für den verkauften Gegenstand kein eigenes Anlagekonto geführt, so muß der Buchwert aus der Anlagekarte des Gegenstandes (Nebenbuchhaltung) entnommen werden. Wurden beim verkauften Anlagegut indirekte Abschreibungen (Wertberichtigung) vorgenommen, so müssen diese Wertberichtigungen erst auf das Anlagekonto umgebucht werden, bevor der verkaufte Gegenstand aus dem Anlagekonto entgültig ausgebucht werden kann. Wird das gebrauchte Anlagegut erst gegen Ende des Jahres verkauft, so muß beim Buchwert noch die Abschreibung für das Verkaufsjahr abgezogen werden (zeitanteilig, d.h. jeden Montat 1/12 des jährlichen Abschreibungsbetrages).

5. Sonstige laufende Buchungen

Nach Feststellung des Verkaufspreises (netto) und des Buchwerts kann die Erfolgswirkung des Verkaufs berechnet werden. Nur wenn Verkaufspreis und Buchwert genau übereinstimmen, ist der Anlageabgang erfolgsneutral.

(1) **Veräußerungsgewinn**: Die Differenz zwischen Verkaufspreis und niedrigerem Buchwert stellt den "Veräußerungsgewinn" dar. Derartige Gewinne werden meist auf einem speziellen Konto: "Erträge aus Anlageabgängen" verbucht (Gemäß GKR in Kontengruppe 25 "Betriebliche außerordentliche Aufwendungen und Erträge").

(2) **Veräußerungsverlust**: Die Differenz zwischen Buchwert und niedrigerem Verkaufspreis stellt einen "Veräußerungsverlust" dar. Derartige Verluste werden meist auf einem speziellen Konto: "Verluste aus Anlageabgängen" verbucht (gemäß GKR wiederum in Kontengruppe 25).

Die typischen Buchungen beim Anlagenverkauf im Falle eines Veräußerungsgewinns sind in Abb. 51 dargestellt.

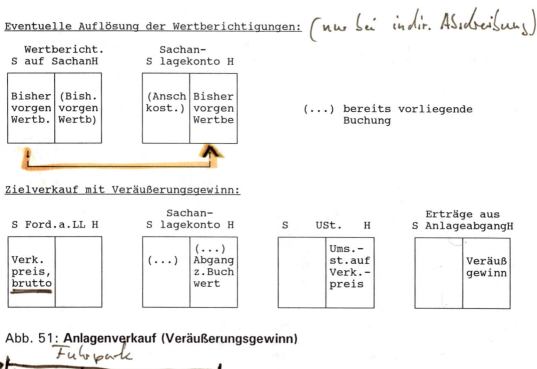

Abb. 51: **Anlagenverkauf (Veräußerungsgewinn)**

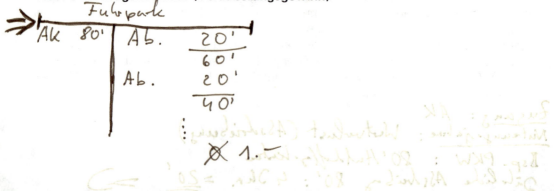

Beispiel 28: Verkauf eines indirekt abgeschriebenen Anlagegutes
1. Ein Industriebetrieb kauft Anfang des Jahres eine neue Schreibmaschine für 3.000,-- DM netto zuzüglich 300,-- DM Umsatzsteuer (Zielkauf).
2. Der Verkäufer der neuen Maschine nimmt die gebrauchte Maschine in Zahlung für einen Betrag von 500,-- DM zuzüglich 50,-- DM Umsatzsteuer. Für die gebrauchte Maschine sind im Anlagekonto 1.000,-- DM Anschaffungskosten aktiviert, auf dem Wertberichtigungskonto sind bisher 800,-- DM Abschreibungen für diese Maschine verbucht worden.
3. Beim Begleichen des Rechnungsbetrages für die neue Maschine wird der Verkaufspreis der gebrauchten Maschine abgezogen, der Restbetrag wird per Bank überwiesen.

```
Buchungssätze  /Bsp. 28    (Gemäß Übungskontenplan/IKR im Anhang)
Nr.            Konto                                S              H

1. Per 080    Betriebs- und Geschäftsausstattung   3.000,--
       260    Vorsteuer                              300,--
   an  440    Verbindlichkeiten aus Lief.u.L.                      3.300,--
2. Per 361    Wertberichtigung zu Sachanlagen        800,--
   an  080    Betriebs- und Geschäftsausstattung                     800,--
3. Per 440    Verbindlichkeiten aus Lief.u.L       3.300,--
   an  080    Betriebs- und Geschäftsausstattung                     200,--
       546    Erträge a.d. Abgäng v. Verm.geg.                       300,--
       480    Umsatzsteuer                                            50,--
       280    Bank                                                 2.750,--
```

5.5.6 Entnahme von Anlagegütern (Eigenverbrauch)

Gelegentlich kommt es vor, daß ein gebrauchtes Anlagegut aus dem Betriebsvermögen vom Inhaber bzw. Gesellschafter in sein Privatvermögen übernommen wird. Dieser Vorgang stellt eine Privatentnahme gem. EStG sowie einen steuerpflichtigen Eigenverbrauch gem. UStG dar. Die Ausbuchung des Anlagegutes aus dem Anlagekonto erfolgt wie beim Verkauf an Dritte mit dem Buchwert, ev. Wertberichtigungen müssen zuvor aufgelöst werden. Als Entnahmewert auf dem Privatkonto ist jedoch grundsätzlich der Teilwert anzusetzen, dieser stellt auch die Bemessungsgrundlage für die Umsatzsteuer dar (vgl. Punkt 4.3.3). Es ergibt sich ein Veräußerungsgewinn, wenn der Teilwert über dem Buchwert liegt (selten). Die erforderlichen Buchungen bei der Entnahme eines Anlagegutes sind aus dem folgenden Beispiel ersichtlich.

Beispiel 29: Entnahme eines PKW aus dem Betriebsvermögen
1. Der Inhaber eines Industrieunternehmens übernimmt Anfang des Jahres einen bisher im Betriebsvermögen befindlichen PKW in sein Privatvermögen. Der Buchwert (direkt abgeschrieben) des Fahrzeugs beträgt 1.000,-- DM, der Schätzwert des gebrauchten Wagens in einer Automobilzeitschrift beträgt 4.000,-- DM.

Buchungssätze /Bsp. 29 (Gemäß Übungskontenplan/IKR im Anhang)			
Nr.	Konto	S	H
1. Per 3001	Privatkonto	4.400,--	
an 084	Fuhrpark		1.000,--
546	Erträge a.d. Abgang v. Verm.geg.		3.000,--
480	Umsatzsteuer		400,--

5.6 Kalkulatorische Kosten im GKR

Wie in Punkt 2.4 dargestellt wurde (sachliche Abgrenzung), müssen bei den negativen Erfolgskomponenten genau diejenigen der Finanzbuchhaltung (Aufwand) und diejenigen der Kostenrechnung (Kosten) unterschieden werden. Bei der Abgrenzung zwischen Aufwand und Kosten ergeben sich die Kategorien des neutralen Aufwands, (Aufwand - keine Kosten), des Zweckaufwands (Aufwand = Kosten, sogenannte Grundkosten) und der Zusatzkosten (Kosten - kein Aufwand). Bei den sogenannten Einkreissystemen werden in der Buchhaltung grundsätzlich **Kosten** verbucht, um die Kosterechnung (Selbstkostenkalkulation) mit der Finanzbuchhaltung in einem einzigen Rechnungskreis zu ermöglichen. Die neutralen Aufwendungen werden in einer separaten Kontenklasse abgegrenzt.

Eine Reihe von Kostenarten (z.B. Personalkosten, Materialkosten) stimmten genau mit den jeweiligen Aufwandsarten überein: Es ergeben sich keine Abgrenzungsprobleme durch die Verbuchung der Kostenarten in der Buchhaltung. Solche Abgrenzungsprobleme ergeben sich jedoch bei den "kalkulatorischen Kostenarten", d.h. denjenigen Kostenarten, die in der Kostenrechnung unabhängig von den effektiven Aufwendungen gebildet werden. Den verbuchten Kostenträgern stehen nun nicht mehr gleich große Aufwandsbeträge gegenüber; sei es, weil die Kostenbeträge anders berechnet wurden als die Aufwandsbeträge (sogenannte "Anderskosten") - sei es, weil den Kostenarten überhaupt keine Aufwandsarten entsprechen. Sind die kalkulatorischen Kosten höher als die entsprechenden Aufwendungen, so entstehen **Zusatzkosten**. Diese Zusatzkosten sind nach den Rechtsvorschriften der Finanzbuchhaltung keine abzugsfähigen Betriebsausgaben (Aufwand) und dürfen den auszuweisenden Gewinn nicht mindern.

Die genannten Zusatzkosten müssen daher durch **"Verrechnungskonten"** in der Kontenklasse 2 (Abgrenzungsrechnung) für die handelsrechtliche Gewinn- und Verlustrechnung wieder neutralisiert werden. Durch die Gegenbuchung aller kalkulatorischen Kosten auf Verrechnungskonten wird erreicht, daß die vollständigen Kosten in das Betriebsergebnis eingehen, das Gesamtergebnis jedoch wiederum auf den tatsächlichen Aufwendungen beruht.

Die folgende Aufstellung zeigt überblicksmäßig die wichtigsten **kalkulatorischen Kostenarten** und deren Ermittlung:

5. Sonstige laufende Buchungen

(1) Kalkulatorische Abschreibungen
Die bilanziellen Abschreibungen dürfen gemäß HGB und EStG stets nur auf der Basis der Anschaffungskosten des Anlagegutes gerechnet werden, d.h. die Anschaffungskosten werden durch die Abschreibungen auf die Nutzungsjahre verteilt. Die Gegenwerte der Abschreibungsbeträge in den Umsatzerlösen ergeben am Ende der Nutzungsdauer wieder die Anschaffungskosten (zur Ersatzanschaffung des Anlagegutes). Bei den kalkulatorischen Abschreibungen werden die Abschreibungsbeträge jedoch meist auf der Basis der Wiederbeschaffungskosten des Anlagegutes berechnet. Dadurch soll am Ende der Nutzungsdauer die Ersatzanschaffung gesichert sein, auch wenn die Wiederbeschaffungskosten nach mehreren Jahren höher sind als die ursprünglichen Anschaffungskosten.

Buchungssätze (GKR)
1. Per 23 Bilanzielle Abschr. an 02 Maschinen ... DM
2. Per 480 Kalkulator. Abschr. an 280 Verrechn.kalkul.Abschr. ... DM

(2) Kalkulatorische Zinsen
Gemäß HGB und EStG dürfen für das von den Inhabern investierte Eigenkapital keine gewinnmindernden "Zinsen" verbucht werden, die Vergütung für das Eigenkapital ist im Gewinn enthalten. In der Kalkulation werden jedoch für das gesamte betriebsnotwendige Kapital die marktüblichen Zinsen als Kosten berücksichtigt. Die effektiv gezahlten Fremdkapitalzinsen werden als neutraler Aufwand verucht.

Buchungssätze (GKR)
1. Per 240 Zins- und Diskontaufw. an 11 Bank .. DM
2. Per 481 Kalkul. Zinsen an 281 Verrechn.kalkul.Zinsen ... DM

(3) Kalulatorische Wagnisse
Gemäß HGB und EStG dürfen nur effektiv eingetretene Wagnisaufwendungen(z.B. Garantieaufwendungen) den Gewinn vermindern. In der Kalkulation werden dagegen laufend für die typischen, wiederkehrenden Wagnisverluste Wagnisbeträge als Kosten eingerechnet.

Buchungssätze (GKR)
1. Per 250 Betrieb. außerord. Aufw. an 11 Bank ... DM
2. Per 482 Kakul. Wagnisse an 282 Verr.kalk.Wagnisse ... DM

(4) Kalkulatorischer Unternehmerlohn
Die "Gehälter" mitarbeitender Gesellschafter bei Personengesellschaften dürfen nach HGB und EStG den Gewinn nicht mindern und müssen als Privatentnahme verbucht werden. In der Kalkulation müssen jedoch die Gehälter vergleichbarer Manager als Kosten eingesetzt werden.

Buchungssätze (GKR)
1. Per 197 Privatkonto an 10 Kasse ... DM
2. Per 483 Kalkul. Unternehmerlohn an 283 Verr.kalk.Unt.lohn ... DM

Für die **Handhabung** der kalkulatorischen Kosten im betrieblichen Rechnungswesen sind mehrere Methoden denkbar. In Zweikreissystemen (IKR) werden im ersten Rechnungskreis nur Aufwendungen verbucht, sodaß hier keine Abgrenzungsprobleme entstehen. Die Kosten, einschließlich der kalkulatorischen Kosten, werden nur im zweiten Rechnungskreis buchhalterisch oder tabellarisch erfaßt. Bei Einkreissystemen (GKR) werden in manchen Betrieben der Praxis die kalkulatorischen Kosten aus Klasse 4 herausgenommen und tabellarisch außerhalb der Buchhaltung berücksichtigt. In der Klasse 4 werden dann die kalkulatorischen Kosten mit den Zahlen der Geschäftsbuchhaltung geführt, sodaß keine Abgrenzungsarbeiten anfallen.

Die übersichtlichere Abgrenzung der kalkulatorischen Kosten ergibt sich durch "Verrechnungskonten", was jedoch bei jeder Kostenart eine **doppelte Verbuchung** erfordert:

(1) Die bilanziellen Aufwendungen (z.B. Abschreibungen) werden in Klasse 2 als neutraler Aufwend verbucht.
(2) Die Kalkulatorischen Kosten (z.B. Abschreibungen) werden in Klasse 4 gebucht, Neutralisierung durch Gegenbuchung auf Verrechnungskonten in Klasse 2.

Die Verbuchung der kalkulatorischen Kosten mit Hilfe von Verrechnungskonten ist in Abb. 52 aufgrund des folgenden Beispiels (kalkulatorische Abschreibgungen) dargestellt.

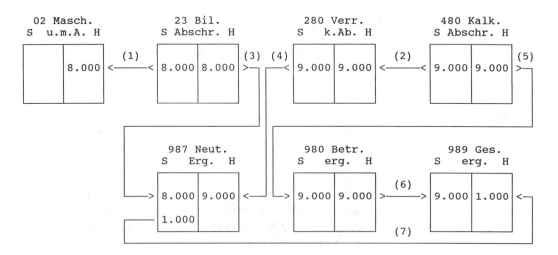

Abb. 52: **Kalkulatorische Kosten (Beispiel Abschreibungen)**

5. Sonstige laufende Buchungen

Beispiel 30: Kalkulatorische Abschreibungen
1. Bilanzielle Abschreibungen auf Maschinen (direkt): 8.000,-- DM
2. Kalkulatorische Abschreibung auf Maschinen: 9.000,-- DM
3. Abschluß der Kontengruppe 23
4. Abschluß der Kontengruppe 28

```
Buchungssätze   /Bsp. 30   (Gemäß Übungskontenplan/GKR im Anhang)
Nr.            Konto                                    S             H

1. Per 23      Bilanzielle Abschreibungen           8.000,--
   an  02      Maschinen                                          8.000,--
2. Per 480     Kalkulatorische Abschreibungen       9.000,--
   an  280     Verrechn.Kalkul.Abschreibungen                     9.000,--
3. Per 987     Neutrales Ergebnis                   8.000,--
   an  23      Bilanzielle Abschreibungen                         8.000,--
4. Per 28      Verrechn.kalk.Abschreibungen         9.000,--
   an  987     Neutrales Ergebnis                                 9.000,--
5. Per 980     Betriebsergebnis                     9.000,--
   an  480     Kalkul. Abschreibungen                             9.000,--
6. Per 989     Gesamtergebnis                       9.000,--
   an  980     Betriebsergebnis                                   9.000,--
7. Per 987     Neutrales Ergebniskonto              1.000,--
   an  989     Gesamtergebnis                                     1.000,--
```

6. INDUSTRIE-BUCHUNGEN

6.1 Das ungeteilte Herstellkonto

In früheren Zeiten wurde die Verbuchung aller mit den Fertigungsprozeß verbundenen Geschäftsfälle auf einem einheitlichen Herstellkonto (Fabrikationskonto) vorgenommen. Die Struktur des **ungeteilten Herstellkontos** ist in Abb. 53 dargestellt.

S	HERSTELLUNGSKONTO	H
AB: Roh-, Hilfs. und Betriebsstoffe (AK)	Umsatzerlöse	
AB: Fertige und unfertige Erzeugnisse (HK)	der	
Verbrauch / Roh-, Hilfs- und Betriebsstoffe (AK)	verkauften Erzeugnisse	
Fertigungslöhne	EB: Roh-, Hilfs- und Betriebsstoffe (AK)	
Fertigungsgemeinkosten	EB: Fertige und unfertige Erzeugnisse (AK)	
Rohgewinn		

AK = Anschaffungskosten
HK = Herstellungskosten

Abb. 53: **Das ungeteilte Herstellkonto**

Inzwischen wurde das ungeteilte Herstellkonto in verschiedene Bestandskonten bzw. Aufwands- und Ertragskonten aufgeteilt. Für den Zusammenhang dieser Konten sind die nachstehenden Prinzipien von besonderer Bedeutung:

(1) **Bruttoabschluß**
Den gesetzlichen Vorschriften für die Gewinn- und Verlustrechnung in § 275 HGB entsprechend haben Industrieunternehmen in der Rechtsform der AG bei den Erfolgskonten im Zusammenhang mit der Herstellung einen **Bruttoabschluß** durchzuführen. Das Prinzip des Bruttoabschlusses bedeutet (analog wie beim Bruttoabschluß der Warenkonten), daß alle Aufwendungen und Erträge mit ihrem Gesamtbetrag unmittelbar in die Gewinn- und Verlustrechnung übernommen werden.

(2) **Gesamtkostenverfahren**
Die Industrieunternehmen in der Rechtsform der AG können weiterhin in der Gewinn- und Verlustrechnung gem. § 275 HGB das Gesamtkostenverfahren verwenden. Dieses Prinzip bedeutet, daß einerseits die Aufwendungen für sämtliche in dem Geschäftsjahr hergestellten Erzeugnisse in der Gewinn- und Verlustrechnung aufgeführt werden. Andererseits müssen dann auch sämtliche Erträge der Produktion in der Gewinn- und Verlustrechnung übernommen werden. Zum Gesamtertrag des Industriebetriebes gehören neben den bereits verkauften Erzeugnissen auch die zunächst auf Lager produzierten fertigen und unfertigen Erzeugnisse.

Als Alternative zu diesem Verfahren kann das Umsatzkostenverfahren verwendet werden (ohne Bestandsveränderungen bei den Erträgen).

Das ungeteilte Herstellkonto kann für die Praxis größerer Industriebetriebe kaum mehr ausreichende Information liefern. Dennoch zeigt es bereits im Ansatz die wichtigsten Konten für die Verbuchung des Herstellprozesses in der Geschäftsbuchhaltung:

- **Materialkonten:** Bestandskonten und Aufwandskonten für Roh-, Hilfs- und Betriebsstoffe, Handelswaren, bezogene Fertigteile usw.
- **Fabrikatekonten:** Bestandskonten und Ertragskonten für fertige und unfertige Erzeugnisse (Halb- und Fertigfabrikate).

6.2 Materialkonten

6.2.1 Rohstoffe, Hilfsstoffe, Betriebsstoffe

Auf den für Industriebetriebe typischen Materialkonten werden die Bestände bzw. Entnahmen des Materials für die Fertigung geführt. Meist werden Bestandskonten und Verbrauchskonten zumindest für die nachstehenden erläuterten Materialkonten geführt.

(1) **Rohstoffe**
Als Rohstoffe werden alle Stoffe zur Be- oder Verarbeitung bezeichnet. Diese Stoffe gehen in die Fertigerzeugnisse ein und stellen deren Hauptbestandteil dar (z.B. Holz in einer Möbelfabrifk). Neben den ursprünglichen Rohstoffen (aus der Urpoduktion) werden heute in zunehmendem Maße Werkstoffe (bereits industriell vorbehandelte, standartisierte Materialien) und Fertigbauteile (von anderen Herstellern produzierte Bauteile) verwendet.

(2) **Hilfstoffe**
Als Hilfstoffe werden ebenfalls Stoffe zur Be- oder Verarbeitung bezeichnet. Diese gehen in die Fertigerzeugnisse ein, stellen jedoch nur Nebenbestandteile dar (z.B. Leim in der Möbelfabrik).

(3) **Betriebsstoffe**
Als Betriebsstoffe werden Soffe bezeichnet, die nicht in die Fertigerzeugnisse eingehen, aber zum Fertigungsablauf erforderlich sind (z.B. Öl, Strom).

Für die genannten Materialarten werden einerseits **Bestandskonten** geführt, zur Verbuchung von Anfangs- und Endbestand sowie von Zugängen (Einkäufen) und Abgängen. Diese Bestandskonten können daher auch als "Einkaufskonten" bezeichnet werden. Die Verbuchung erfolgt analog wie bei den geschilderten Einkaufskonten im Großhandel. Meist werden entsprechende Unterkonten geführt für Bezugskosten (Anschaffungsnebenkosten) oder für Einstandspreiskorrekturen (Peisnachlässe der Lieferer, wie z.B. Skonti, Boni usw.).

Andererseits müssen für die genannten Materialarten **Aufwandskonten** geführt werden zur Verbuchung des Verbrauches im Rahmen der Fertigung. Es handelt sich um den "Materialeinsatz" analog zum Wareneinsatz beim Großhandel. Der Materialeinsatz ist nicht zu verwechseln mit dem Materialeinkauf, da der Materialeinsatz dem Abgang (!) auf den Materialeinkaufskonten entspricht. Eine Übersicht über die wichtigsten Materialkonten mit den jeweiligen Kontengruppen gemäß GKR und IKR ist in Abb. 54 dargestellt.

Materialkonten		GKR		IKR	
Best.-konten (Einkaufskonten)	Rohstoffe	30	Rohstoffe	200	Rohstoffe/Fertigungsmaterial
	Hilfsstoffe	33	Hilfsstoffe	202	Hilfsstoffe
	Betriebsstoffe	34	Betriebsstoffe	203	Betriebsstoffe
	Fertigbauteile	38	Fertigbauteile	201	Vorprodukte/Fremdbauteile
	Handelswaren	39	Handelswaren	228	Handelswaren
Aufwandskonten	Verbrauch/Rohstoffe	40	Einzelstoffkosten	600	Aufwendungen/Rohstoffe
	Verbrauch/Hilfsstoffe	41	Gemeinkostenmaterial	602	Aufwendungen/Hilfsstoffe
	Verbrauch/Betriebsstoffe	42	Brennstoffe, Energie	603	Aufwendungen/Betriebsstoffe
	Verbrauch/Fertigbauteile	40	...	601	Aufwendungen/Fertigbauteile
	Verbrauch/Handelswaren			608	Aufwendungen/Handelswaren

Abb. 54: **Materialkonten gemäß GKR / IKR**

6.2.2 Ermittlung des Materialeinsatzes

Für den Abschluß der Materialbestandskonten bzw. für die Ermittlung des Materialeinsatzes werden die nachstehenden beiden Verfahren verwendet.

(1) Befundrechnung (Verfahren mit Inventur)

Bei diesem Verfahren werden während des Jahres in der Finanzbuchhaltung keine Materialentnahmen verbucht. Erst am Jahresende wird der Inventurmäßig ermittelte Endbestand aus dem Bestandskonto ausgebucht, der Saldo (Materialeinsatz) wird auf das entsprechende Aufwandskonto übertragen. Das Verfahren ist in Abb. 55 dargestellt.

Formel: Anfangsbestand + Zugänge (./.) Endbestand = Verbrauch

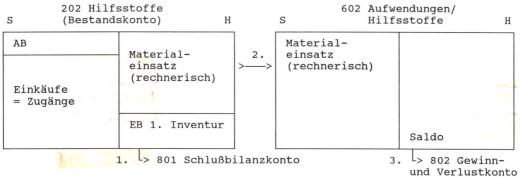

Abb. 55: **Materialkonten: Befundrechnung (Hilfsstoffe)**

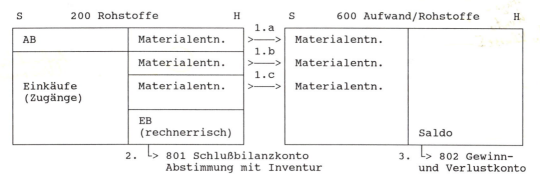

Abb. 56: **Materialkonten: Fortschreibungsrechnung (Rohstoffe)**

(2) **Fortschreibungsrechnung** = Bestandsfortschreibung

Bei desem Verfahren wird bereits während des Jahres der Materialverbrauch (anhand der aus der Fertigung kommenden "Materialentnahmescheine") verbucht. Als Vorteil ist zu nennen, daß der Saldo des Bestandskontos jederzeit den Sollbestand angibt, durch den Vergleich mit dem Istbestand (Inventurbestand) lassen sich die Inventurdifferenzen genau errechnen. Das Verfahren ist aber sehr aufwendig (meist nur bei Großbetrieben oder für die Rohstoffe allein verwendet). Das Verfahren ist in Abb. 56 dargestellt.

6.3 Fabrikatekonten

Die wichtigsten Fabrikatekonten mit der jeweiligen Kontengruppe gem. GKR und IKR sind in Abb. 57 dargestellt.

Fabrikatekonten		GKR		IKR	
Bestandskonten	Unfertige Erzeugnisse	78	Unfertige Erzeugnisse	210	Unfertige Erzeugnisse
	Fertige Erzeugnisse	79	Fertige Erzeugnisse	220	Fertige Erzeugnisse
	Handelswaren	39	Handelswaren	228	Handelswaren
Erfolgskonten	Umsatzerlöse	83	Erlöse für Erzeugnisse (Verkaufskonto)	500	Umsatzerlöse für eigene Erzeugnisse
	Bestands-/ veränderungen	89	Bestandsveränderungen an ...	520	Bestandsveränderungen ...
	Aktivierte Eigenleistungen	87	Eigenleistungen	530	Andere aktiv. Eigenleistungen
	Verkäufe/ Handelswaren	85	Erlöse für Handelswaren	510	Umsatzerlöse/ Handelswaren

(.) = Übungskontenplan / IKR

Abb. 57: **Fabrikatekonten gemäß GKR / IKR**

Auf den für Industriebetrieben typischen Fabrikatekonten werden die Bestände bzw. Erträge auf der Output-Seite des Fertigungsprozesses verbucht. **Bestandskonten** werden zumindest für die nachstehenden Erzeugnisarten geführt:

(1) **Fertigerzeugnisse (früher: Fertigfabrikate)**
   Es handelt sich um Produkte aus eigener Herstellung, die ohne weitere Bearbeitung für den Verkauf geeignet sind.
(2) **Unfertige Erzeugnisse (früher: Halbfabrikate)**
   Es handelt sich um Produkte, für die bereits Aufwendungen angefallen sind, die aber noch nicht als Fertigerzeugnis anzusehen sind, sondern meist nur einen Teil derselben darstellen.
(3) **Handelswaren**
   Es handelt sich um Waren, die vom Industriebetrieb eingekauft und ohne eigene Bearbeitung weiterveräußert werden.

Für die betrieblichen Erträge, die "Gesamtleistung" des Produktionsbetriebs werden zumindest die nachstehenden **Ertragskonten** geführt:

(1) **Umsatzerlöse bei Fertigerzeugnissen**
    (mit Unterkonten für Erlösberichtigungen)
(2) Bestandserhöhungen bzw. -verminderungen an fertigen und unfertigen Erzeugnissen ("**Bestandsveränderungen**")
(3) **Andere aktivierte Eigenleistungen**
    (z.B. selbsterstellte Anlagegüter)
(4) **Umsatzerlöse bei Handelswaren**

Für den Abschluß der Fabrikatekonten könne (analog wie bei Punkt 6.2 dargestellt) an und für sich sowohl die Befundrechnung als auch die Fortschreibungsrechnung verwendet werden. Wegen des großen Erfassungsaufwands bei der Fortschreibung (Unfertige Erzeugnisse!) wird jedoch in den meisten Industriebetrieben die **Befundrechnung** durchgeführt. Dies bedeutet, daß auf den Fabrikate-Bestandskonten während des Jahres keine Buchungen stattfinden. Es wird lediglich am Jahresanfang der Anfangsbestand und am Jahresabschluß der Endbestand gemäß Inventur verbucht. Die Differenz stellt eine Fabrikate-Bestandsveränderung dar (Erhöhung oder Verminderung).

6.4 Bestandsveränderungen bei unfertigen/fertigen Erzeugnissen

Bei den Fabrikate-Bestandskonten: Unfertige bzw. fertige Erzeugnisse können sich am Jahresende jeweils Bestandserhöhungen oder Bestandsverminderungen ergeben. Diese Veränderungen werden auf dem Konto "Bestandsveränderungen" gesammelt. Der Saldo der Erfolgskontos "Bestandsveränderung" wird in das Gewinn- und Verlustkonto übernommen. Im positiven Falle (**Bestandserhöhung**) stellt der Saldo einen Teil der betrieblichen Leistung bzw. des Betriebsertrages dar: Diejenigen im Geschäftsjahr produzierten Erzeugnisse, welche noch nicht verkauft worden sind. Dementsprechend wird ein Sollsaldo "Bestandsveränderung" auf die Habenseite des Gewinn- und Verlustkontos übernommen (Ertrag!). Im Gewinn- und Verlustkonto stehen sich nun gegenüber:

- Gesamte Aufwendungen, sowohl für verkaufte als auch für unverkaufte Erzeugnisse
- Gesamtleistung, sowohl verkaufte als auch auf Lager produzierte Erzeugnisse

Der Buchungsgang ist am Beispiel "Bestandserhöhung bei Fertigfabrikaten" in Abb. 58 dargestellt.

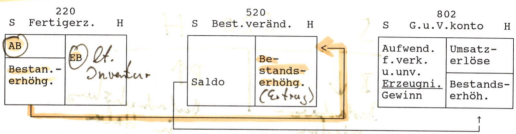

(Konto.-Nr. gemäß Übungskontenplan/IKR)
Abb. 58: **Bestandserhöhungen bei Fertigfabrikaten**

Im Falle einer überwiegenden Bestandsverminderung weist der Saldo des Kontos "Bestandsveränderungen" darauf hin, daß ein Teil der jetzt verkauften Erzeugnisse aus dem Vorjahr stammt. Ein Habensaldo des Kontos "Bestandsveränderungen" muß im Gewinn- und Verlustkonto auf der Sollseite eingestellt werden (Aufwendungen!). Im Gewinn- und Verlustkonto stehen sich nun gegenüber:

- Gesamte Aufwendungen für die verkauften Erzeugnisse, sowohl aus dem Berichtsjahr als auch aus dem Vorjahr
- Erträge: Umsatzerlöse durch verkaufte Erzeugnisse, eine Bestandserhöhung hat nicht stattgefunden.

Der Buchungsgang ist am Beispiel "Bestandsverminderungen bei Halbfabrikaten" in Abb. 59 dargestellt.

Auf./VJ = Aufwand der im Vorjahr produzierten, nun verkauften Erzeugnisse

Abb. 59: Bestandsverminderung bei Halbfabrikaten

Akt. Jahr mehr verkauft als produziert

Bsp. 1991:   10.000 "Golf" verk.
              8.000 -"- prod.
              2.000 - Bestandsvermind. (im Vorjahr produziert)

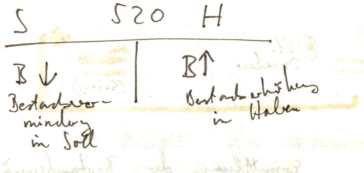

7. ABSCHLUSSBUCHUNGEN

7.1 Jahresabschlußarbeiten

7.1.1 Aufstellung des Jahresabschlusses

Am Geschäftsjahresende, wenn alle laufenden Geschäftsfälle verbucht worden sind, werden in der Finanzbuchhaltung die umfangreichen Arbeiten zur Erstellung des Jahresabschlusses durchgeführt. Der jährliche Endzweck der Finanzbuchhaltung besteht darin, eine aussagefähige und wahrheitsgetreue Bilanz einschließlich Gewinn- und Verlustrechnung zu liefern. Bei den publizitätspflichtigen Großunternehmen werden diese Aufgaben als "Rechnungslegung" bezeichnet (vgl. Punkt 1.2). Auch bei den **Jahresabschlußarbeiten** ist eine Reihe von Rechtsvorschriften zu beachten.

Der jährliche Ablauf des Jahresabschlusses ist im Folgenden überblicksmäßig am Beispiel einer großen Aktiengesellschaft dargestellt. In den ersten drei Monaten des neuen Geschäftsjahres hat der Vorstand der AG den Jahresabschluß (mit Anhang) sowie den Lagebericht "aufzustellen" (§ 264 HGB). Die aufgestellte Rechnungslegung einschließlich der ihr zugrundeliegenden Buchführung muß sodann von einem öffentlich bestellten Wirtschaftsprüfer überprüft und von diesem mit einem "Bestätigungsvermerk" versehen werden. Anschließend wird die Rechnungslegung noch vom Aufsichtsrat überprüft. Gleichzeitig mit dem aufgestellten Jahresabschluß hat der Vorstand dem Aufsichtsrat einen Vorschlag zur Verwendung des Bilanzgewinns vorzulegen (§ 170 AktG).

Die **Abschlußprüfer** (Wirtschaftsprüfer) werden jeweils für das kommende Geschäftsjahr von der Hauptversammlung gewählt. Der Vorstand erteilt den gewählten Prüfern den Prüfungsauftrag und hält für die Abschlußprüfer den aufgestellten Jahresabschluß sowie alle Buchungs- und Inventurunterlagen zur Einsicht bereit. Über die stattgefundene Prüfung wird vom Abschlußprüfer außer dem Bestätigungsvermerk noch ein ausführlicher Prüfungsbericht angefertigt. Ein nicht geprüfter oder mängelbehafteter Jahresabschluß ist nichtig (§§ 256 ff. AktG).

Wenn der Aufsichtsrat den vorgelegten Jahresabschluß gebilligt hat, so gilt dieser als **"festgestellt"** (§ 172 AktG) (es sei denn, Vorstand und Aufsichtsrat beschließen, die Feststellung des Jahresabschlusses der Hauptversammlung zu überlassen gem. § 173 AktG). Der festgestellte Jahresabschluß einschließlich Bestätigungsvermerk muß beim Handelsregister eingereicht und veröffentlicht werden. Außerdem muß der Vorstand dafür sorgen, daß rechtzeitig die vorgeschriebenen Steuererklärungen und die Steuerbilanz abgegeben werden.

Innerhalb der ersten 8 Monate des neuen Geschäftsjahres muß eine Hauptversammlung der Aktionäre stattfinden. Zu der Hauptversammlung wird der festgestellte Jahresabschluß vorgelegt: Die Aktionäre entscheiden über die **Verwendung des Bilanzgewinns**, sind bei dieser Entscheidung jedoch an den festgestellten Jahresabschluß (einschließlich der bereits vom Vorstand veranlaßten Rücklagen-Zuweisungen) gebunden gem. § 174 Abs. 1 AktG. Der Gewinnverwendungsbeschluß der Hauptversammlung führt nicht zu einer Änderung des festgestellten

Jahresabschlusses gem. § 174 Abs. 3 AktG. In den meisten Fällen hält sich die Hauptversammlung an den Gewinnverwendungsbeschluß des Vorstands.

Der vom Vorstand aufzustellende Jahresabschluß muß systematisch aus den Ergebnissen der Buchhaltung unter Berücksichtigung der Inventurergebnisse entwickelt werden. Die aufzustellende Jahresbilanz bzw. Erfolgsrechnung ergibt sich als aufbereitete und ergänzte Abschrift des Schlußbilanzkontos bzw. Gewinn- und Verlustkontos (Abschlußkonten). Die Abschlußkonten werden aus den Bestands- und Erfolgskonten durch eine Reihe von **Abschlußbuchungen** nach dem **Doppiksystem** abgeleitet. Bevor die Konten endgültig geschlossen werden, erfolgen intensive Vorarbeiten (vorbereitende Abschlußbuchungen) auf den Konten. Dabei wird auch eine Abstimmung mit den Inventurergebnissen durchgeführt. Erst nach diesen Vorarbeiten können die endgültigen Abschlußbuchungen erfolgen, d.h. die Endbestände bzw. Salden der Bestands- und Erfolgskonten werden in die Abschlußkonten überführt. Der Saldo des Gewinn- und Verlustkontos (Gewinn bzw. Verlust) wird in das Schlußbilanzkonto übertragen. Das Schlußbilanzkonto muß bei einem fehlerfreien Abschluß auf der Sollseite und Habenseite ausgeglichen sein.

Um sicherzustellen, daß sich ein Jahresabschluß ohne Fehler ergibt, werden die Abschlußbuchungen meist zuerst in einer tabellarischen Probebilanz durchgeführt (**Haupt-Abschlußübersicht**). Erst wenn sich die Probebilanz unter Berücksichtigung aller Abschlußbuchungen als fehlerfrei erweist, erfolgen die echten Abschlußbuchungen auf den Konten. Bei der abschließenden Übertragung des Saldos der Gewinn- und Verlustrechnung (Gewinn bzw. Verlust) in das Schlußbilanzkonto müssen einerseits die nach Rechtsform verschiedenen Gesetzesvorschriften beachtet werden (z.B. Gewinnermittlung und -verwendung bei der AG), andererseits die Bestimmungen des Gesellschaftsvertrages bzw. der Satzung. Bei Gesellschaften ergeben sich meist noch einige Abschlußbuchungen im Rahmen der "**Gewinnverteilung**" (Verteilung des Gesamtgewinns auf die verschiedenen Gesellschafter).

7.1.2 Vorbereitende Abschlußbuchungen (Übersicht)

Im Rahmen der **vorbereitenden Abschlußbuchungen** werden sämtliche Konten daraufhin überprüft, ob alle für die Vermögenslage bzw. Ertragslage bedeutsamen Geschäftsfälle vollständig und richtig verbucht worden sind. Eventuell noch ausstehende Buchungen oder Korrekturbuchungen werden nachgeholt. Weiterhin muß das Inventar aufgrund der vorgeschiebenen körperlichen Bestandsaufnahme und der Bewertung der Bestandsmengen ermittelt werden. Wenn die Inventurwerte und die Endbestände der Konten nicht übereinstimmen, so müssen die Differenzen ausgebucht werden. Alle Buchungen im Rahmen der "Vorarbeiten" des endgültigen Abschlusses erfolgen streng im System der doppelten Buchhaltung. Als vorbereitende Abschlußbuchungen können solche Buchungen auf den Konten bezeichnet werden, bei welchen die Gegenbuchung auf einem anderen Bestands- oder Erfolgskonto (nicht auf einem Abschlußkonto) erfolgt.

Die nachstehenden Gliederungspunkte zeigen überblicksmäßig die wichtigsten vorbereitenden Abschlußbuchungen in einer **Reihenfolge**, die auch meistens bei den Abschlußarbeiten anzutreffen ist. Rein logisch gesehen , können die vorbereitenden Abschlußarbeiten wie folgt eingeteilt werden:

- **Ergänzende** vorbereitende Abschlußbuchungen: Diese stellen ergänzende Buchungen zu den laufenden Geschäftsfällen dar (einschl. Inventurabstimmung).
- **Abgrenzende** vorbereitende Abschlußbuchungen: Diese grenzen ab zwischen verschiedenen Geschäftsjahren, zwischen Privatbereich - Betriebsbereich usw.
- **Zusammenfassende** vorbereitende Abschlußbuchungen: Eigentlich müssen alle Konten mit 3-stelligen Kontonummern vor dem endgültigen Abschluß auf Konten der übergeordneten Kontengruppe (2-stellige Kontennummern) zusammengefaßt werden. Beim Industriekontenrahmen z.B. entsprechen die Kontengruppen den Bilanzpositionen. Im Rahmen der Buchhaltungs-Ausbildung wird jedoch meist auf diese Zusammenfassung verzichtet. Die Konten mit 3-stelligen Kontonummern werden direkt in die Abschlußkonten übernommen (für die Kontengruppen werden meist keine eigenen Konten geführt). Beim GKR werden "Transformationstabellen" verwendet, die angeben, in welche Bilanzpositionen die einzelnen Konten zu übernehmen sind.

7.1.2.1 Abschreibungen / Wertberichtigungen

Die Wertverluste der vorhandenen Vermögensgegenstände bis zum Geschäftsjahresende werden durch "**Abschreibungen**" (Verminderung der beim Zugang aktivierten Anschaffungs- oder Herstellungskosten) berücksichtigt. Die Verminderung kann bei Anlagegütern buchtechnisch auf dem Konto des Anlagegutes erfolgen (direkte Abschreibung) oder aber durch die Bildung von Wertberichtigungen auf speziellen Konten. Wenn der Wert abgeschriebener Wirtschaftsgüter wieder steigt, so sind unter bestimmten Voraussetzungen **Zuschreibungen** vorzunehmen, d.h. buchmäßige Werterhöhungen bei vorhandenen Wirtschaftsgütern.

Bei der Anwendung von direkten und indirekten Abschreibungen müssen Kapitalgesellschaften zusätzlich die gesetzlichen Vorschriften über einen Anlagespiegel nach dem "**direkten Bruttoprinzip**" sowie über das Bilanzgliederungs-Schema berücksichtigen. Bei direkten Abschreibungen (Nettowerte) müssen die erforderlichen Bruttowerte in einer gesonderten Anlagekartei als Nebenbuchhaltung geführt werden. Bei indirekten Abschreibungen müssen die Wertberichtigungskonten auf die betreffenden Anlagekonten umgebucht werden, da Wertberichtigungen in der Bilanz von Kapitalgesellschaften nicht mehr als Passivposten vorgesehen sind.

Die Abschreibungsbuchungen beim Jahresabschluß lassen sich nach den abzuschreibenden Vermögensgegenständen in folgende Bereiche einteilen:

(1) **Abschreibungen / Wertberichtigungen auf Anlagen**: Hier stehen die Abschreibungen beim abnutzbaren Sachanlagevermögen im Vordergrund (z.B. wegen Maschinenverschleiß).

(2) **Abschreibungen / Wertberichtigungen auf Forderungen:** Hier stehen die Abschreibungen auf Forderungen aus Lieferungen und Leistungen im Vordergrund (wegen Zahlungsschwierigkeiten der Kunden).
(3) **Abschreibungen / Wertberichtigungen auf sonstiges Umlaufvermögen:** Hier steht das Finanzumlaufvermögen im Vordergrund (z.B. Kursverluste bei Wertpapieren). Wertminderungen beim Vorratsvermögen werden bereits bei der Bewertung der Inventurbestände berücksichtigt.

7.1.2.2 Zeitliche Abgrenzungen

Die laufenden Geschäftsfälle werden meistens dann verbucht, wenn Zahlungen angefallen sind. Für die Erfolgsrechnung ist jedoch ausschlaggebend, wann der Aufwand oder Ertrag eintritt. Bei den meisten Geschäftsfällen stimmen Aufwands- bzw. Ertragszeitraum und Zahlungszeitraum überein. Es kommen jedoch Geschäftsfälle vor, bei denen Erfolgswirkung und Zahlungswirkung in verschiedenen Geschäftsjahren liegen (vor allem kurz vor und nach dem Jahreswechsel). Nach dem obersten Ziel der Erfolgsrechnung: Der "Periodengerechten Erfolgsermittlung", müssen in diesen Fällen zeitliche Abgrenzungen verbucht werden. Bei den zeitlichen Abgrenzungen handelt es sich um folgende, grundsätzliche **Arten:**

(1) **Antizipationen (Sonstige Forderungen und Verbindlichkeiten):** Hier liegt der Aufwand bzw. Ertrag im alten Jahr, die Zahlung jedoch im neuen Jahr. Die Zahlungswirkung muß im alten Jahr "vorgenommen" werden.
(2) **Transitorien (Aktive und Passive Rechnungsabgrenzung):** Hier liegt die Zahlung bereits im alten Jahr, der Aufwand bzw. Ertrag betrifft jedoch schon das neue Jahr bzw. mehrere zukünftige Jahre. Die Zahlung muß im alten Jahr abgegrenzt werden (sie geht "hinüber" in das neue Jahr).
(3) **Rückstellungen:** Hier werden im alten Jahr Verpflichtungen begründet, durch welche der Betrieb Aufwand tragen muß. Die Zahlung des Aufwands erfolgt jedoch erst im neuen Jahr, die Fälligkeit und Höhe der Zahlung sind im alten Jahr noch nicht genau bekannt. Für den schätzungsweisen zu erwartenden Aufwand wird im alten Jahr eine Rückstellung gebildet und im neuen Jahr aufgelöst.

7.1.2.3 Abschluß der Unterkonten

Da nur die Hauptkonten in den endgültigen Abschluß (Jahresabschluß) eingehen, müssen alle Unterkonten zuvor abgeschlossen werden; der Saldo der Unterkonten wird auf das betreffende **Hauptkonto** umgebucht. Im einzelnen handelt es sich hier insbesondere um folgende Unterkonten:

(1) **Unterkonten des Einkaufs:** z.B. Bezugskosten, Nachlässe der Lieferanten
(2) **Unterkonten des Verkaufs:** z.B. Erlösberichtigungen

7.1.2.4 Bestandsveränderungen

Bei den Konten des Vorratsvermögens mit "Befundrechnung" kann der Wareneinsatz bzw. Materialaufwand erst am Jahresende - nach Vorliegen des Inventurwertes - ermittelt werden. Bei den Konten mit "Fortschreibungsrechnung" ist der rechnerische Endbestand bereits aus dem Konto ersichtlich. Maßgeblich für den Jahresabschluß ist jedoch in jedem Falle der Inventurbestand. Falls der Inventurwert von dem rechnerischen Bestand abweicht (z.B. Diebstahl), so müssen diese "Inventurdifferenzen" umgebucht werden. Im einzelnen sind meist bei den nachstehenden Konten entsprechende Buchungen erforderlich:

(1) **Materialaufwandskonten** (Verbrauch von Rohstoffen, Hilfs- und Betriebsstoffen): Ausbuchung des Materialaufwands bzw. der Inventurdifferenzen aus dem Einkaufskonto.
(2) **Bestandsveränderungen bei Fabrikatekonten**: Hier handelt es sich um die Umbuchung der Bestandserhöhungen bzw. -verminderungen (aus den Bestandskonten für fertige und unfertige Erzeugnisse) auf die entsprechenden Ertragskonten.

7.1.2.5 Steuerliche Abgrenzungen

- Es muß am Jahresende geprüft werden, ob auch wirklich alle Privatentnahmen bzw. -einlagen vollständig verbucht worden sind. Oft müssen aus den während des Jahres verbuchten Aufwendungen gewisse Privatanteile als Entnahme umgebucht werden. Häufig muß z.B. aus den gesamten Aufwendungen für den PKW des Inhabers ein bestimmter Privatanteil auf das Privatkonto umgebucht werden **(Privatabgrenzung)**.
- Bei publizitätspflichtigen Unternehmen (Kapitalgesellschaften) wird neben der hier im Vordergrund stehenden Handelsbilanz eine separate Steuerbilanz erstellt. Aufgrund unterschiedlicher Bilanzierungsmaßnahmen in Handels- und Steuerbilanz kann es auch zu unterschiedlichen Beträgen für ergebnisabhänige Steuern kommen. Die Differenz zwischen Steueraufwand in Handelsbilanz und Steueraufwand in der Steuerbilanz **(latente Steuern)** muß in geeigneter Weise abgegrenzt werden (s. Punkt 7.6.2 dieser Arbeit).

7.1.2.6 Aufrechnung der Umsatzsteuerkonten

Die Umsatzsteuerkonten im Einkaufsbereich (Vorsteuer) müssen mit den Umsatzsteuerkonten im Verkaufsbereich verrechnet werden. Die sich ergebende Zahllast wird passiviert, falls sie bis zum Jahresende noch nicht an das Finanzamt überwiesen wurde. Im Falle eines Vorsteuerüberhangs wird dieser aktiviert als "Sonstige Forderung" und später geltend gemacht.

7.1.2.7 Sachliche Abgrenzung (GKR)

Die neutralen Aufwendungen bzw. Erträge werden in einem "Abgrenzungssammelkonto" zusammengefaßt und ergeben das neutrale Ergebnis. Die betriebsbezogenen Aufwendungen bzw. Erträge werden im Konto "Betriebsergebnis" gesammelt.

7.1.2.8 Umsatzkostenverfahren

Bei dem wahlweise zulässigen Umsatzkostenverfahren können die gebuchten Aufwandsarten und Ertragsarten nicht unmittelbar in die Gewinn- und Verlustrechnung übernommen werden. Sie müssen zuvor in solche Konten umgebucht werden, die der gesetzlichen Gliederung der Gewinn- und Verlustrechnung nach dem Umsatzkostenverfahren entsprechen (§ 275 Abs. 3 HGB). Im Industriekontenrahmen sind für die Gliederungspositionen des Umsatzkostenverfahrens die nachstehend genannten **Kontengruppen** (mit weiteren Tiefgliederungen) vorgesehen.

- Kontengruppe 81: **Herstellungskosten** ("Herstellungskosten der zur Erzielung der Umsatzerlöse erbrachten Leistungen" gem. § 275 HGB)
- Kontengruppe 82: **Vertriebskosten**
- Kontengruppe 83: **Allgemeine Verwaltungskosten**
- Kontengruppe 84: **Sonstige betriebliche Aufwendungen**
- Die Position "**Umsatzerlöse**" gemäß Umsatzkostenverfahren stimmt mit der entsprechenden Position gemäß Gesamtkostenverfahren überein.

7.1.3 Endgültige Abschlußbuchungen und Gewinnverteilung

Im Rahmen der endgültigen Abschlußbuchungen werden die Salden aller Bestandskonten bzw. Erfolgskonten in das Schlußbilanzkonto bzw. in das Gewinn- und Verlustkonto überführt. Als **endgültige Abschlußbuchungen** können daher solche Buchungen auf den laufenden Konten bezeichnet werden, bei welchen die Gegenbuchung auf einem Abschlußkonto erfolgt. Die laufenden Konten des Geschäftsjahres sind nach diesen Buchungen auf Sollseite und Habenseite ausgeglichen und können in die Registratur eingestellt werden (Aufbewahrungspflicht).

Die Systematik der endgültigen Abschlußbuchungen wurde bereits in Punkt 2.2.9 erläutert (vgl. Abb. 14); im einzelnen sind die nachstehenden **Gruppen von Abschlußbuchungen** durchzuführen (jeweils mit Angabe des betreffenden Sammelbuchungssatzes).

(1) **Abschluß der betrieblichen bzw. neutralen Aufwandskonten**
- Gemäß GKR werden zunächst die neutralen Aufwendungen (1.), dann die betrieblichen Aufwendungen (2.) in das betreffende Ergebniskonto umgebucht. Anschließend erfolgt die Umbuchung auf das Konto "Gesamtergebnis" (3., 4.).

Buchungssätze:

1. Per 987 Neutrales Ergebnis-Konto
   an alle neutralen Aufwandskonten (Klasse 2)
2. Per 980 Betriebsergebnis-Konto
   an alle Kostenkonten (Klasse 4)
3. Per 989 Gewinn- und Verlustkonto (Gesamtergebnis)
   an 987 Neutrales Ergebniskonto
4. Per 989 Gewinn- und Verlustkonto (Gesamtergebnis)
   an 980 Betriebsergebnis-Konto

- Der Abschluß erfolgt gemäß IKR durch Umbuchung aller Salden der Konten in Klasse 6 und 7 auf das Gewinn- und Verlustkonto. Buchungssatz:
Per 802 Gewinn- und Verlustkonto an alle Aufwandskonten (Kasse 6 - 7).

(2) **Abschluß der betrieblichen bzw. neutralen Erträge**
   - Gemäß GKR werden zunächst die neutralen Erträge (1.), dann die Betriebsleistungen (2.) in das betreffende Ergebniskonto umgebucht. Abschließend erfolgt bei Umbuchung auf das Konto "Gesamtergebnis" (3./4.).
   1. Per alle neutralen Ertragskonten (Klasse 2)
      an 987 Neutrales Ergebnis-Konto
   2. Per alle Betriebserträge (Klasse 8)
      an 980 Betriebsergebnis-Konto
   3. Per 987 Neutrales Ergebnis-Konto
      an 989 Gewinn- und Verlustkonto (Gesamtergebnis)
   4. Per 980 Betriebserträge
      an 989 Gewinn- und Verlustkonto (Gesamtergebnis)
   - Der Abschluß gemäß IKR erfolgt durch Umbuchung aller Salden der Konten in Klasse 5 auf das Gewinn- und Verlustkonto. Buchungssatz:
   Per alle Ertragskonten (Klasse 5)
   an 802 Gewinn- und Verlustkonto

(3) **Abschluß des Gewinn- und Verlustkontos**

(a) Personenunternehmen (Einzelkaufmann und Personengesellschaften, z.B. OHG, KG) haben variable Kapitalkonten, d.h. der Saldo des Gewinn- und Verlustkontos (Gewinn bzw. Verlust) wird auf die betreffenden Kapitalkonten umgebucht. Hier zunächst die Buchungen beim **Einzelkaufmann**.
   - Buchungssatz gemäß GKR:
   Per 989 Gesamtergenis an 07 Eigenkapital / Inhaber
   - Buchungssatz gemäß IKR:
   Per 802 Gewinn- und Verlustkonto an 300 Eigenkapital / Inhaber

(b) Im Falle einer Personengesellschaft wird der Saldo des Gewinn- und Verlustkontos zunächst auf das Konto "Gewinnverteilung" umgebucht und von dort aus auf die verschiedenen Kapitalkonten verteilt.

- Buchungssätze gemäß GKR:
  1. Per 989 Gesamtergebnis an 986 Gewinnverteilung
  2. Per 986 Gewinnverteilung an alle Kapitalkonten (Kontengruppe 07)
- Buchungssätze gemäß IKR:
  1. Per 802 Gewinn- und Verlustkonto an 804 Gewinn- und Verlustverteilung
  2. Per 804 Gewinn- und Verlustverteilung an alle Kapitalkonten (Klasse 3)

(c) Kapitalgesellschaften (z.B. AG/GmbH) haben meist konstante Kapitalkonten. Der Saldo des Gewinn- und Verlustkontos stellt den Jahresüberschuß dar, der aber erst nach Ergebnisverwendung (Rücklagenbildung) zum Bilanzgewinn wird.
- Buchungssätze gemäß GKR:
  1. Per 989 Gesamtergebnis an 072 Gesetzliche Rücklage (Bsp.)
  2. Per 989 Gesamtergebnis an 999 Schlußbilanzkonto (Bilanzgewinn)
- Buchungssätze gemäß IKR:
  Der Saldo des Gewinn- und Verlustkontos wird zunächst als Konto 340 "Jahresüberschuß" in die Bilanz übernommen. Aus dem Jahresüberschuß ergibt sich durch Konto 334 "Veränderungen der Gewinnrücklagen" der Bilanzgewinn (Konto 335). Aus dem Bilanzgewinn wird aufgrund des Gewinnverwendungsbeschlusses der Hauptversammlung der Ausschüttungsbetrag (Konto 336) ermittelt und passiviert. Die Ergebnisverwendung kann entweder erst im neuen Jahr verbucht werden (in der Schlußbilanz bleibt Position "Jahresüberschuß") oder schon vollständig bzw. teilweise in der Schlußbilanz verbucht werden (Position "Bilanzgewinn"). Die Ergebnisverwendung der Aktiengesellschaft wird systematisch in Punkt 7.8.5 dargestellt.

(4) **Abschluß der Aktivkonten**
Die Salden (Entbestände) aller Aktivkonten werden in das Schlußbilanzkonto umgebucht.
  - Buchungssatz gemäß GKR:
    Per 999 Schlußbilanzkonto an alle Aktivkonten (Klassen 0 - 3,7)
  - Buchungssatz gemäß IKR:
    Per 801 Schlußbilanzkonto an alle Aktivkonten (Klasse 0 - 2)

(5) **Abschluß der Passivkonten**
Die Salden (Endbestände) aller Passivkonten werden in das Schlußbilanzkonto umgebucht.
  - Buchungssatz gemäß GKR:
    Per alle Passivkonten (Klassen 0 - 1) an 999 Schlußbilanzkonto
  - Buchungssatz gemäß IKR:
    Per alle Passivkonten (Klasse 3 - 4) an 801 Schlußbilanzkonto

7.2 Abschreibungen / Wertberichtigungen auf Anlagen

7.2.1 Begriff und Arten der Abschreibungen

Der Begriff der Abschreibung im allgemeinsten Sinn bezeichnet die Herabsetzung des Buchwerts eines Vermögensgegenstands zur Berücksichtigung eines technisch bedingten Werteverlustes (insbesondere Abnutzung) und / oder eines wirtschaftlich bedingten Wertverlustes (z.B. Preisverfall, Nachfragewechsel). Die Buchungen im Rahmen der Abschreibung eines Vermögensgegenstandes zeigen die grundsätzlichen **Auswirkungen** des Abschreibungsvorganges:

- **Sollbuchung im Aufwandskonto "Abschreibungen":** Der Wertverlust der betrieblichen Wirtschaftsgüter wird als Aufwand des betreffenden Geschäftsjahres erfaßt, die Abschreibungsbeträge mindern den steuerpflichtigen Gewinn. Als Kosten werden die Abschreibungen in die Selbstkosten eingerechnet und bringen durch die Verkaufserlöse den finanziellen Gegenwert der Abschreibungen (Wertverluste) an den Betrieb zurück.
- **Habenbuchung im Aktivkonto / Wertberichtigungskonto:** Durch die Abschreibungsbeträge wird der auf dem Bestandskonto aktivierte Buchwert des Gegenstands reduziert und an den gesunkenen realen Wert angepaßt. Die Habenbuchung kann direkt auf dem Bestandskonto erfolgen (direkte Abschreibung) oder durch Verbuchung auf dem Korrekturkonto "Wertberichtigungen" (indirekte Abschreibungen).

Die vielfältigen Möglichkeiten der Abschreibungen lassen sich nach den folgenden Kriterien zu bestimmten **Abschreibungsarten** zusammenfassen

(1) Nach dem Bereich des Rechnungswesen:
- **Bilanzielle Abschreibungen** (Finanzbuchhaltung)
- **Kalkulatorische Abschreibungen** (Kostenrechnung)

(2) Nach den zugrundeliegenden Rechtsvorschriften:
- **Handelsrechtliche Abschreibungen**
  Die Bewertung der Bilanzpositionen ist insbesodere in den §§ 252 - 256 HGB geregelt. Anlagegüter sind gemäß § 253 HGB mit den Anschaffungskosten bzw Herstellungskosten (Bemessungsgrundlagen der Abschreibungen) - vermindert um die Abschreibungen gemäß § 253 HGB - zu bewerten. Gemäß § 253 HGB sind bei den abnutzbaren Anlagegütern **planmäßige Abschreibungen** vorzunehmen, diese ergeben die fortgeführten Anschaffungskosten. Bei allen Anlagegütern können gemäß § 253 HGB außerplanmäßige **Abschreibungen** durchgeführt werden, wenn der Tageswert (beizulegender Wert) niedriger ist als die (fortgeführten) Anschaffungs- oder Herstellungskosten.
- **Steuerrechtliche Abschreibungen (Absetzungen)**
  Die Bewertung der Wirtschaftsgüter ist in den §§ 6 - 7 EStG geregelt. Gemäß § 6 Abs. 1 EStG sind abnutzbare Wirtschaftsgüter des Anlagevermögens mit den Anschaffungs- oder Herstellungskosten, so kann eine Teilwertabschreibung erfolgen. Auch bei den anderen Wirtschaftsgütern des Betriebsvermögens kann gemäß § 6 Abs. 1 EStG eine Teilwertabschreibung erfolgen, wenn der Tageswert (Teilwert) niedriger ist als die Anschaffungs- oder Herstellungskosten.

Gemäß § 7 Abs. 1 EStG sind die Abschreibungsbeträge wegen Abnutzung oder Substanzverringerung (AfA/AfS) gundsätzlich durch gleichmäßige Verteilung der Bemessungsgrundlage auf die betriebsgewöhnliche Nutzungsdauer zur Ermittlung der Abschreiebungsbeträge nach der abgegebenen Leistung des Wirtschaftsgutes zulässig (Leistungs-AfA), weiterhin sind Absetzungen wegen außergewöhnlicher technischer oder wirtschaftlicher Abnutzung (AwaA) zulässig. Gemäß § 7 Abs. 2 EStG sind bei beweglichen Anlagegütern auch Abschreibungen in fallenden Jahresbeträgen (degressive AfA) möglich.

Darüberhinaus ist im Einkommensteuergesetz sowie in anderen Steuergesetzen noch eine Reihe von **Sonderabschreibungen** für bestimmte Wirtschaftsgüter geregelt (z.B. degressive Gebäudeabschreibungen nach § 7 Abs. 5 EStG, Sonderabschreibungen für Investitionen in bestimmten Wirtschaftszweigen oder Regionen).

(3) Nach der Regelmäßigkeit des Auftretens:
- **Planmäßige Abschreibungen** bei abnutzbaren Anlagegenständen ergeben sich dadurch, daß die Bemessungsgrundlage nach einem bestimmten Abschreibungsverfahren auf die Jahre der Nutzungsdauer verteilt wird (§ 253 Abs. 2 HGB). Diese Abschreibungen entsprechen den Absetzungen für Abnutzung (AfA) bzw. Absetzung für Substanzverringerung (AfS) gemäß § 7 EStG.
- **Außerplanmäßige Abschreibungen** beim Anlagevermögen ergeben sich gemäß §§ 253, 254 HGB, wenn der beizulegende bzw. für steuerliche Zwecke zulässige Wert niedriger ist als die (fortgeführten) Anschaffungs- oder Herstellungskosten. Diese Abschreibungen entsprechen den Absetzungen wegen außergewöhnlicher technischer oder wirtschaftlicher Abnutzung (AwaA) im Sinne von § 7 Abs. 1 EStG bzw. den Teilwertabschreibungen und Sonderabschreibungen gemäß EStG.

(4) Nach dem Verlauf der Abschreibungsbeträge:
- **Lineare Abschreibung**: Diese Methode ergibt gleichbleibende jährliche Abschreibungsbeträge während der Nutzungsdauer
- **Degressive Abschreibung**: Diese Methode ergibt jährlich abnehmende Abschreibungsbeträge. Dieser Verlauf wird in der Praxis begründet durch den in den ersten Jahren wesentlich stärkeren Wertverlust z.B. bei PKW
- **Progressive Abschreibung**: Diese Methode ergibt jährlich zunehmende Abschreibungsbeträge. Ein solcher Verlauf ist handelsrechtlich selten zulässig (z.B. bei Talsperren) und steuerrechtlich im allgemeinen unzulässig.
- **Leistungsabhängige Abschreibung**: Die jährlichen Abschreibungsbeträge ergeben sich proportional zu der jährlichen Leistungsabgabe des Aggregats (als Prozentsatz der Gesamtkapazität).

Da die verschiedenen Abschreibungsarten oft nur für bestimmte Arten von Wirtschaftsgüter gelten, soll die für die Abschreibungszwecke grundlegende **Einteilung** der **Wirtschaftsgüter** in Abb. 60 dargestellt werden.

7.2.2 Planmäßige Abschreibungen (bewegliche Anlagegüter)

7.2.2.1 Abschreibungskomponenten

Der größte Teil der zu verbuchenden Abschreibungsbeträge ergib sich durch die planmäßigen Abschreibungen der beweglichen Anlagegüter (Maschinen). Die Errechnung der Abschreibungsbeträge wird meist auf den Anlagekarten der einzelnen Wirtschaftsgüter (Nebenbuchhaltung) durchgeführt, in der Systembuchhaltung werden nur Sammelbuchungen durchgeführt. Die Ermittlung des Abschreibungsbetrages für ein bestimmtes Wirtschaftsgut geht von den sogenannten **Abschreibungskomponenten** aus.

(1) **Bemessungsgrundlage**
Die Abschreibungsbasis ergibt sich aus Anschaffungskosten bei fremdbezogenen Gütern bzw. aus Herstellungskosten bei selbsthergestellten Gütern, jeweils abzüglich eines eventuellen Restwertes (Schrottwert). Oft wird aus Vereinfachungsgründen statt auf den Restwert gleich auf Null DM abgeschrieben bzw. auf den "Erinnerungswert" von 1 DM.

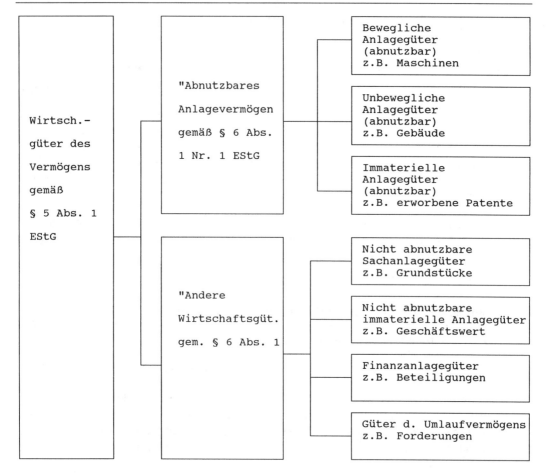

Abb. 60: **Abnutzbare Wirtschaftsgüter (EStG)**

(2) **Nutzungsdauer**
Die Nutzungsdauer eines Wirtschaftsgutes muß unter Berücksichtigung der technischen und wirtschaftlichen Abschreibungsursachen gesätzt werden. Meist wird die **"betriebsgewöhnliche Nutzungsdauer"** des Anlagegutes verwendet, die in Tabellen des Finanzministeriums veröffentlicht wird. Die folgenden Beispiele entstammen der AfA-Tabelle für allgemein verwendbare Wirtschaftsgüter (Quelle Stollfuß 1986, S. 23 f.)
- PKW, LKW, Sattelschlepper: 4 Jahre
- Flugzeuge über 5,7 t Fluggewicht: 10 - 12 Jahre
- Feuerungs- und Kesselanlagen: 10 Jahre
- Schornsteine aus Mauerwerk: 33 Jahre
- Werkzeugmaschine (Drehbänke): 10 Jahre
- Büromaschinen: 5 Jahre
- Panzerschränke: 20 Jahre

(3) Abschreibungsverfahren

Bei den Rechenverfahren zur Ermittlung der Abschreibungsbeträge bei beweglichen Anlagegütern wird hauptsächlich die lineare AfA und degressive AfA (Buchwert-AfA) verwendet. Die Abschreibungsbeträge können hierbei leicht aus den im Fachhandel erhältlichen Abschreibungstabellen abgelesen werden (vgl. Stollfuß 1986).

7.2.2.2 Lineare Abschreibung

Bei der linearen Abschreibung werden die Anschafungs- oder Herstellungskosten mit jährlich gleichen Beträgen auf die betriebsgewöhnlichen Nutzungsdauer verteilt. Das Berechnungsverfahren läßt sich durch folgende **Formeln kennzeichnen:** $i = 1 - n$ Nutzungsjahre, A_i = Abschreibungsbetrag im i-ten Jahr, B_i = Buchwert im i-ten Jahr, B_o = Anschaffungskosten bzw. Herstellungskosten, p = Abschreibungssatz (%), $j = 1 - i$ Abschreibungsjahre, R_n = Restwert am Ende des n-ten Jahres.

$$A_i = B_o + p \qquad A_i = \frac{B_o - R_n}{n} \qquad A_1 = A_2 = A_3 = \ldots = A_n$$

$$B_i = B_o - \sum_{j=i}^{j=i} A_j$$

Der Verlauf der Abschreibungsbeträge bzw. des Restbuchwertes ist in Abb. 61 als $A_i(L)$ bzw. $B_i(L)$ dargestellt. Beispiel: $B_o = 100.000,-- DM$, $n = 10$ Jahre.

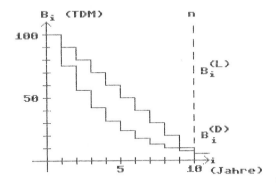

Abb. 61: **Abschreibungsdiagramm (Lineare AfA / Buchwert-AfA)**

7.2.2.3 Degressive Abschreibung (Buchwert-AfA)

Die häufigste Form der degressiven Abschreibung, die sogenannte "**Buchwert-AfA**", verdankt diese Bezeichnung der Tatsache, daß sich der jährliche Abschreibungsbetrag hierbei stets durch Anwendung des Abschreibungssatzes auf den jeweiligen Buchwert ergibt. Die Buchwert-AfA läßt sich durch folgende Formeln näher kennzeichnen:

$A_i = B_{i-1} + p$ $\qquad$ $A_1 > A_2 > A_3 > ...$

$B_i = B_0 (1-p)$ $\qquad$ (Symbole wie bei Punkt 7.2.2.2)

Der Verlauf der Abschreisbungsbeträge bzw. Restbuchwerte läßt sich aus der AfA-Tabelle ermitteln und ist für B_0 = 100.000,-- DM, n = 10 Jahres, p = 25 % in Abb. 61 (Abschreibungsdiagramnme) sowie Anhang 1 (Abschreibungstabelle) dargestellt.

Der Vergleich der beiden häufigsten Abschreibungsmethoden bei beweglichen Anlagegütern in Anhang 1 zeigt deutlich die in den ersten Jahren höheren Abschreibungsbeträge bei der Buchwert-AfA und das sogenannte "Restwertproblem" (die Buchwert-AfA kommt nie auf einen Restbuchwert von 0). Die Abschreibungsbeträge und Rest-Buchwerte bei der Buchwert-AfA im genannten Beispiel sind zusätzlich in Abb. 61 (Abschreibungsdiagramme) dargestellt. Für die Buchwert-AfA sind einige steuerrechtliche **Einschränkungen** zu beachten:

- Anwendung nur bei beweglichen Anlagegütern
- Abschreibungssatz bei Zugängen ab 30.07.1981: höchstens das Dreifache des maßgebenden linearen Satzes, maximal 30 %.

7.2.2.4 Wechsel von degressiver zu linearer Abschreibung

Der Betrieb ist bei jedem Wirtschatsgut an das einmal gewählte Abschreibungsverfahren gebunden. Jedoch ist steuerrechtlich der Übergang von der degressiven Abschreibung zur linearen Abschreibung ausdrücklich erlaubt (§ 7 EStG), umgekehrt ist ein Wechsel nicht zulässig. Im Falle des zulässigen Wechsels wird der Restbuchwert der Buchwert-AfA auf die restlichen Jahre linear abgeschrieben. Von dem zulässigen Wechsel machen die Steuerpflichtigen gerne Gebrauch, weil sich in den ersten Jahren höhere Abschreibungsbeträge und damit niedrigere zu versteuernde Gewinne ergeben. Man kann leicht ausrechnen, in welchem Nutzungsjahr der **optimale Übergang** zur linearen Abschreibung liegt. Der optimale Zeitpunkt ist dann gegeben, wenn der nach dem Übergang linear abgeschreibene Restbuchwert höhere Abschreibungsbeträge bringt als die ursprünglichen Buchwert-AfA. Im Bsp. von Abb. 61 (Anhang 1) ist das optimale Übergangsjahr wie folgt zu bestimmen:

- Restbuchwert (Buchwert-AfA) am Ende des 6. Jahres: 17.800,-- DM
- Abschreibung auf Restbuchwert (4 Jahre): 17.800,-- DM : 4 = 4.450,-- DM
- Der Abschreibungsbetrag bei Übergang auf die Lineare AfA ab dem 7. Jahr (4.450,- DM) ist gleich dem Abschreibungsbetrag gemäß Buchwert-AfA im 7. Jahr (4.450,-- DM) und höher als der Abschreibungsbetrag gemäß Buchwert-AfA im 8. Jahr 3.340,-- DM).
- Der optimale Übergang ist nach dem 6. Jahr.

7.2.2.5 AfA im Zugangsjahr

Da die meisten beweglichen Wirtschaftsgüter während des Jahres angeschafft bzw. hergestellt werden, ist die Frage zu klären, wie der Abschreibungsbetrag im **Anschaffungsjahr** bzw. im Herstellungsjahr zu bemessen ist. Aus Vereinfachungsgründen wird bei linearer AfA und Buchwert-AfA für bewegliche Anlagegüter die folgende Aufteilung vorgenommen:

- Anschaffung in der 1. Jahreshälfte: Voller jährlicher Abschreibungsbetrag
- Anschaffung in der 2. Jahreshälfte: Halber jährlicher Abschreibungsbetrag.

7.2.2.6 Weitere Abschreibungsverfahren

Die weniger gebräuchlichen Abschreibungsverfahren bei beweglichen Anlagegütern sollen in der nachstehenden Übersicht erläutert werden.

(1) **Arithmetisch-degressive (digitale) Abschreibung**

Eine gegenüber der Buchwert-AfA gemilderte Degression der Abschreibungsbeträge ergibt sich durch die sogenannte digitale AfA. Hier wird zunächst ein "Degressionsbetrag" errechnet, der sich wie folgt ergibt (Symbole wie bei Punkt 7.2.2.2):

$$d = \frac{B_0}{\sum_{i=1}^{i=n} i} = \frac{2 * B_0}{n(n+1)}$$

- Beispiel (Daten wie zuvor):

$$d = \frac{2 * 100.000,--}{10(10 + 1)} = 1.818,18 \text{ DM}$$

- Als Abschreibungsbeträge werden angesetzt:
  - im 1. Jahr: 10 * 1.818,18 = 18.181,80 DM
  - im 2. Jahr: 9 * 1.818,18 = 16.363,62 DM
  - im 3. Jahr: 8 * 1.818,18 = 14.545,44 DM

(2) Leistungsbedingte Abschreibung

Bei diesem Verfahren geht man davon aus, daß das bewegliche Wirtschaftsgut eine bestimmte Gesamtkapazität hat (Leistungspotential, L). Die jährliche Inanspruchnahme des Leistungspotentials (l) muß gemessen werden (z.B. durch Laufstundenzähler an Maschinen). Der jährliche Abschreibebetrag ergibt sich dann proportional zur jährlichen Inanspruchnahme (in % der Gesamtkapazität). Das Verfahren kann durch die nachstehende Formel gekennzeichnet werden (Symbole wie bei 7.2.2.2).

$$A = \frac{B_o - R_n}{L} * L_i \qquad A_1 \text{ ungleich } A_2 \text{ ungleich } A_3 \text{ usw.}$$

Bei diesem Verfahren wird die Abnutzung am genauesten berücksichtigt, das Verfahren ist jedoch sehr erfassungsaufwendig.

7.2.3 Direkte Abschreibungen

Die Verbuchung der ermittelten Abschreibungsbeträge für bestimmte Wirtschaftsgüter kann einerseits nach dem Verfahren der direkten Abschreibung erfolgen. Die Abschreibungsbeträge werden als Sollbuchung auf dem Aufwandskonto "Abschreibungen" verbucht, als Habenbuchung direkt auf dem Bestandskonto des Wirtschaftsgutes.

- Buchungssätze gemäß **GKR**:
  1. Per 23   Bilanzielle Abschreibungen   ... DM
     an 0..   Anlagekonten   ... DM
  2. Per 480 Kalkul. Abschreibungen   ... DM
     an 280   Verrechn. kalkul. Abschreibungen   ... DM

- Buchungssatz gemäß **IKR**:
  1. Per 652 Abschreibungen auf Sachanlagen   ... DM
     an 0..   Sachanlagekonten   ... DM

Der Saldo des Bestandskonto gibt dann den abgeschriebenen Wert des Gegenstands an (fortgeführte Anschaffungs- oder Herstellungskosten). Nach Verbuchung aller Abschreibungsbeträge ergibt sich ein Buchwert von 0,-- DM (bzw. ein Erinnerungswert von 1,-- DM), auch wenn die Maschine weiterhin im Betrieb vorhanden ist. Auf die bei direkter Abschreibung (Nettowerte) erforderliche Anlagenbuchhaltung als Nebenbuchhaltung mit den Bruttowerten für den Anlagespiegel wurde bereits in der Einteilung zu diesem Abschnitt hingewiesen. Das Verfahren der direkten Abschreibung mit den dabei anzurufenden Konten ist in Abb. 62 dargestellt.

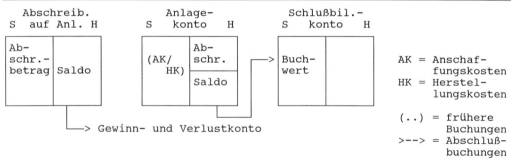

Abb. 62: **Direkte Abschreibungen**

7.2.4 Indirekte Abschreibungen (Wertberichtigungen)

Die Verbuchung von Abschreibungsbeträgen kann andererseits auch nach dem Verfahren der indirekten Abschreibung erfolgen. Die Abschreibungsbeträge werden hierbei als Sollbuchung in dem Aufwandskonto "Abschreibungen" verbucht, als Habenbuchung auf speziellen Wertberichtigungskonten. Der Abschreibungsbetrag kann hier als "Zuführung zu Wertberichtigungen" bezeichnet werden.

- Buchungssätze gemäß **GKR**:
    1. Per 23   Bilanzielle Abschreibungen   ... DM
       an 08   Wertberichtigungen   ... DM
    2. Per 480 Kalkulator. Abschreibungen   ... DM
       an 280 Verrechn. kalkulat. Abschreibungen ... DM

- Buchungssätze gemäß **IKR**:
    1. Per 652 Abschreibungen auf Sachanlagen   ... DM
       an 361 Wertberichtigungen zu Sachanlagen ... DM

Die Wertberichtigungskonten werden nach der Schulausgabe des IKR`86 als **Passivkonten** geführt, stellen jedoch weder Eigenkapital noch Fremdkapital dar, sondern lediglich Korrekturposten zu den entsprechenden Aktivposten. In mehreren Kontenrahmen nach dem Bilanzrichtliniengesetz wird auch die Führung von aktivischen Wertberichtigungskonten vorgeschlagen (als Unterkonten wird jedoch in der vorliegenden Arbeit die verbreitete Methode passiver Wertberichtigungskonten bevorzugt). Eine Darstellung der Indirekten Abschreibung mit den entsprechenden Konten ist in Abb. 63 enthalten.

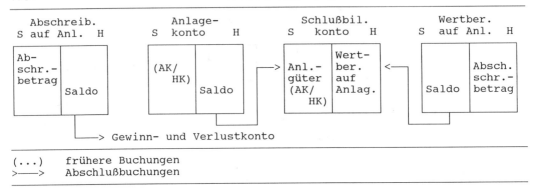

Abb. 63: **Indirekte Abschreibungen (Wertberichtigungen)**

Bei indirekten Abschreibungen sind auf den Anlagekonten auch noch nach Jahren die vollen Anschaffungskosten ersichtlich. Die Differenz zwischen "Anschaffungskosten im Bestandskonto" und "Angesammelten Abschreibungen im Wertberichtigungskonto" stellt den **Buchwert** dar. Das indirekte Abschreibungsverfahren bietet bessere Informationen, erfordert jedoch höheren Aufwand durch die zu führenden Wertberichtigungskonten. Auf die bei indirekter Abschreibung erforderliche Auflösung der Wertberichtigungskonten für die Bilanz bei Kapitalgesellschaften wurde bereits hingewiesen bei der Einleitung zu diesem Abschnitt.

7.3 Abschreibungen / Wertberichtigungen auf Forderungen

7.3.1 Forderungsarten und -bewertung

Im Rahmen der Zielverkäufe haben sich "Forderungen aus Lieferungen und Leistungen" ergeben, die einem gewissen "**Ausfallrisiko**" unterliegen. Bei einem Teil der Kunden kann es zu Zahlungsschwierigkeiten oder zur Zahlungsunfähigkeit kommen, so daß der Zahlungseingang bei den betreffenden Forderungen ganz/teilweise ausfällt. Wenn sich Anhaltspunkte für Forderungsausfälle bei bestimmten Kunden ergeben (z.B. durch die amtlichen Veröffentlichungen der Konkursanmeldungen), so müssen die zu erwartenden Verluste buchhalterisch berücksichtigt werden. Zumindest am Jahresende muß der gesamte Forderungsbestand überprüft werden und die zu erwartenden Ausfälle werden nach verschiedenen Buchungsmethoden abgeschrieben.

Einen wesentlichen Gesichtspunkt für die Verbuchung der Forderungsausfälle stellt die **Umsatzsteuer-Berichtigung** dar. Gemäß § 17 Abs. 2 UStG ist der geschuldete Umsatzsteuerbetrag (Mehrwertsteuer) zu berichtigen, wenn das vereinbarte Entgelt uneinbringlich gewoden ist. Nach der herkömmlichen Meinung im Steuerrecht ist die Mehrwertsteuer-Berichtigung daher erst bei **endgültigem** Forderungsausfall zulässig (z.B. Einstellung des Konkursverfahrens "mangels Masse"). In der Handelsbilanz jedoch zählen die Forderungen zum Umlaufvermögen, für dessen Bewertung das "strenge Niederstwertprinzip" gemäß § 253 Abs. 3 HGB gilt. Dieses Prinzip besagt, daß von den nachfolgenden beiden Werten:

- Anschaffungskosten (Nennwert der Forderung einschließlich Umsatzsteuer)
- Beizulegender Wert (Nennwert abzüglich des erwarteten Ausfallbetrages und der Mehrwertsteuer-Berichtigungen)

... stets der niedrigere anzusetzen ist. Der beizulegende Wert ist dann anzusetzen, sobald sich durch best. Tatsachen (z.B. Konkurseröffnung) ein erwarteter Forderungsausfall ergibt. Die durch den Forderungsausfall zu erwartende Berichtigung der Umsatzsteuerschuld muß hierbei ebenfalls berücksichtigt werden. Die handelsrechtlich begründete Buchungsmethode, bereits für **erwartete** Forderungsausfälle bei einzelnen Kunden die Umsatzsteuerschuld zu berichtigen, wird in zunehmendem Maße auch steuerrechtlich anerkannt (vgl. hierzu: Schöttler/Spulak 1986, S. 183 f.).

Für die Forderungsbewertung und -abschreibung werden in den Betrieben die nachstehenden typischen **Konten** geführt:

- Zweifelhafte Forderungen (sogenannte "Dubiose")
- Abschreibungen auf Forderungen
  Es handelt sich um ein Aufwandskonto für die Verbuchung der Ausfallbeträge - netto (!) als Verluste.
- Wertberichtigungen zu Forderungen, die als "Korrekturposten" zu den Forderungen bei indirekter Abschreibung die Ausfallbeträge aufnehmen sollen.

Die grundsätzliche Einteilung der **Forderungsarten** nach dem jeweiligen "Ausfallstadium" ist in Abb. 64 dargestellt. Die für die einzelnen Forderungsarten anzuwendende Bewertung ist ebenfalls in Abb. 64 ersichtlich. Für die Klassifikation der Forderungen sind nachstehend die wichtigsten Anlässe von Forderungsausfällen aufgeführt.

Forderungsarten (Ausfallstadium)	Bewertungsmaßstab	Berechnung
Einwandfreie Forderungen	Nennwert	Rechnungsbetrag beim Warenverkauf einschließlich Umsatzsteuer
Zweifelhafte Forderungen	Wahrscheinlicher Wert	Rechnungsbetrag (brutto) abzüglich erwartetem Ausfallbetrag (netto) abzügl. Umsatzsteuerberichtigung(*
Uneinbringl.Ford. a) Teilw.uneinbr. b) Vollst.unein.	a) Restzahlung (Konkursquote) b) Null	Rechnungsbetrag (brutto) abzüglich endgültigem Ausfallbetrag (netto) abzügl. Umsatzsteuerberichtigung

(* Umsatzsteuerberichtigung erst bei endgültigem Ausfall (§ 17 UStG)

Abb. 64: **Forderungsarten und deren Wertansatz**

(1) **Zweifelhafte Forderungen**
- Eröffnung des Vergleichs- oder Konkursverfahrens. Der Vergleichs- oder Konkursverwalter errechnet die sogenannte Vergleichs- oder Konkursquote: d.h. derjenige Prozentsatz aller Verbindlichkeiten, der vermutlich an die Gläubiger bezahlt werden kann. Wenn die Gläubiger dem Vergleichs- oder Konkursvorschlag zugestimmt haben, werden die Zahlungen entsprechend abgewickelt.
- Zahlungseinstellung: Der Kunde hat trotz dreimaliger Mahnung noch nicht bezahlt
- Widerspruch gegen einen Zahlungsbefehl
- Offenbarungseid

(2) **Uneinbringliche Forderungen**
- Ablehnung des Konkursverfahrens mangels Masse
- Fruchtlose Zwangsvollstreckung (Pfändung)
- Einstellung des Konkursverfahrens mangels Masse
- Abschluß des Vergleichs- oder Konkursverfahrens
  (Bei Eingang der Vergleichs- oder Konkursquote ist der Rest der Forderung endgültig als uneinbringlich anzusehen)
- Berechtigte Einrede der Verjährung

Bei der Verbuchung der Forderungsausfälle können verschiedene **Abschreibungsmethoden** verwendet werden. Eine Übersicht der Methoden ist in Abb. 65 dargestellt.

	Direkte Abschreibungen	Indirekte Abschreibungen (Wertberichtigungen)
Einzelabschreibungen (Kundenspezifisches Kreditrisiko)	Einzelabschreibungen (direkt)	Einzelwertberichtigungen
Pauschalabschreibungen (Allgemeines Kreditrisiko)	(sinnwidrig)	Pauschalwertberichtigungen ("Delcredere")

Abb. 65: **Abschreibungsmethoden bei Forderungen**

Im einzelnen können die Abschreibungsverfahren nach den folgenden Kriterien eingeteilt werden.

(1) Nach der Habenbuchung
- **Direkte Abschreibungen**: Die Habenbuchung erfolgt auf dem Konto "Forderungen".
- **Indirekte Abschreibungen**: Die Habenbuchung erfolgt auf einem speziellen Konto "Wertberichtigungen" (Delkredere). Diese Methode ist aufwendiger - aber informativer, denn auf dem Forderungskonto bleibt die ursprüngliche Höhe der Forderungen stets ersichtlich. Bei indirekten Abschreibungen ist zu beachten, daß der Ausweis von Wertberichtigungen als Passivposten in der Schlußbilanz nicht mehr zulässig ist. Dies ergibt sich aus dem Gliederungsschema gem. § 266 HGB für Kapitalgesellschaften sowie möglicherweise auch gem. § 247 HGB für alle Kaufleute (dieser Ansicht sind: Falterbaum / Beckmann, 1987, S. 588). Daraus

folgt, daß die Wertberichtigungskonten für die ausgewiesene Bilanz mit den jeweiligen Forderungskonten verrechnet werden müssen.

(2) Nach dem Ausfallrisiko
- **Einzelabschreibungen**: Diese berücksichtigen das kundenspezifische Ausfallrisiko.
- **Pauschalabschreibungen**: Diese berücksichtigen bei einem großen Forderungsbestand das allgemeine Ausfallrisiko durch verschlechterte Wirtschaftslage, ungünstige Absatzlage in bestimmten Branchen usw.

Durch Kombination dieser Kriterien ergeben sich vier mögliche Abschreibungsmethoden, wobei die Möglchkeit: "Pauschalabschreibung / direkt" wohl kaum in Frage kommt (sinnwidrig). Bei den in Abb. 65 dargestellten Abschreibungsmethoden sind auch Kombinationen möglich. In der Praxis besonders häufig ist die Kombination: Einzelabschreibungen (direkt)- Pauschalwertberichtigungen (sog. **gemischte Abschreibungen** auf Forderungen)

7.3.2 Einzelabschreibungen (direkt) auf Forderungen

Wenn eine vorhandene Forderung aus Lieferungen und Leistungen als zweifelhaft angesehen werden muß, so wird die Forderung zunächst auf das Konto "Zweifelhafte Forderungen" umgebucht. Ist der Ausfallbetrag bereits absehbar (z.B. durch Vorschlag des Konkursverwalters) so wird der Ausfallbetrag direkt abgeschrieben und als Aufwand verbucht. Die bisher genannten Buchungen sind in Abb. 66 übersichtsmäßig dargestellt.

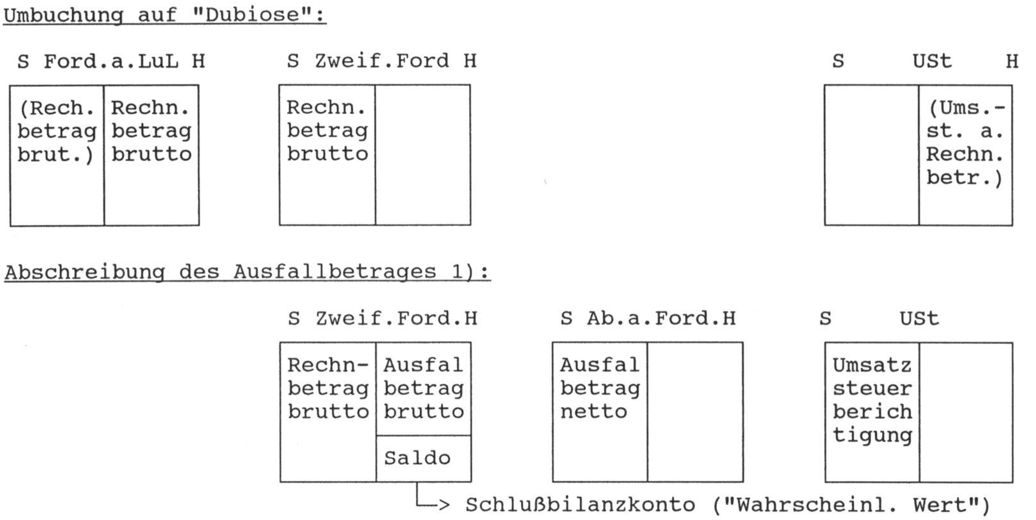

```
Umbuchung auf "Dubiose":

S Ford.a.LuL H      S Zweif.Ford H                       S      USt      H
┌─────┬─────┐       ┌─────┬─────┐                        ┌─────┬─────────┐
│(Rech│Rechn│       │Rechn│     │                        │     │(Ums.-   │
│betra│betra│       │betra│     │                        │     │st. a.   │
│brut.│brutt│       │brutt│     │                        │     │Rechn.   │
│)    │o    │       │o    │     │                        │     │betr.)   │
└─────┴─────┘       └─────┴─────┘                        └─────┴─────────┘

Abschreibung des Ausfallbetrages 1):

                    S Zweif.Ford.H      S Ab.a.Ford.H        S    USt
                    ┌─────┬─────┐       ┌─────┬─────┐        ┌─────┬─────┐
                    │Rechn│Ausfa│       │Ausfa│     │        │Umsat│     │
                    │betra│betra│       │betra│     │        │steue│     │
                    │brutt│brutt│       │netto│     │        │beric│     │
                    │o    │o    │       │     │     │        │tigun│     │
                    │     │Saldo│       │     │     │        │g    │     │
                    └─────┴─────┘       └─────┴─────┘        └─────┴─────┘
                          └─> Schlußbilanzkonto ("Wahrscheinl. Wert")
```

(...) = frühere Buchungen
1) mit Mehrwertsteuer-Korrektur

Abb. 66: **Einzelabschreibungen (direkt) auf Forderungen**

Der beim endgültigen Ausfall der Forderung eventuell eintretende, zusätzliche Verlust (wenn der erwartete Ausfallbetrag zu niedrig war), wird ebenfalls unter "Abschreibung auf Forderungen" verbucht. Im umgekehrten Falle (wenn der erwartete Ausfallbetrag zu hoch angesezt war) wird die Differenz unter "Sonstige Erträge" verbucht.

Die Buchungen zur vollständigen Abwicklung von zweifelhaften Forderungen sollen nun anhand des Beispiels "Zielverkauf mit anschließenden **Vergleichsverfahren** beim Kunden" dargestellt werden.

Beispiel 31: Einzelabschreibungen auf Forderungen
(.) Der Kunde eines Industriebetriebs kauft Fertigerzeugnisse auf Ziel und erhält eine Rechnung über 100.000,-- DM (netto) zuzüglich 10.000,-- DM Umsatzsteuer. Rechnungsbetrag (brutto): 110.000,-- DM.
1. In der Tageszeitung wird die Eröffung des Vergleichsverfahrens für diesen Kunden mitgeteilt.
2. Der Vergleichsverwalter teilt auf Anfrage mit, daß mit einer Vergleichsquote von 60 % gerechnet werden kann. Erwartete Restzahlung: 66.000,-- DM, (netto): 40.000,-- DM, Umsatzsteuer-Berichtigung: 4.000,-- DM.
3. Beim Abschluß des Vergleichsverfahrens stellt sich heraus, daß nur eine Vergleichsquote von 50 % möglich ist, der Vergleichsverwalter überweist 55.000,-- DM auf das Bankkonto des Industriebetriebes. Endgültiger Ausfallbetrag: 55.000,-- DM (brutto), d.h. Ausfallbetrag (netto): 50.000,-- DM, Umsatzsteuerberichtigung: 5.000,-- DM.
4. Nachdem ein erwarteter Ausfallbetag bereits verbucht wurde, muß nur noch der zusätzliche Ausfallbetrag (netto) in Höhe von 10.000,-- DM verbucht werden.
5. Hierbei wird auch die zusätzliche Umsatzsteuer-Berichtigung in Höhe von 1.000,- DM verbucht.

```
Buchungssätze  /Bsp.31        (Gemäß Übungskontenplan/IKR im Anhang)
Nr.            Konto                                    S              H

(.)Per 240     Forderungen aus Lief. u. L.        110.000,--
   an  500     Umsatzerlöse / Eigene Erzeugnisse                  100.000,--
       480     Umsatzsteuer                                        10.000,--
1. Per 247     Zweifelhafte Forderungen           110.000,--
   an  240     Forderungen aus Lief. u. L.                        110.000,--
2. Per 695     Abschreibungen auf Forderungen      40.000,--
       480     Umsatzsteuer                        4.000,--
   an  247     Zweifelhafte Forderungen                            44.000,--
3. Per 280     Bank                                55.000,--
   an  247     Zweifelhafte Forderungen                            55.000,--
4. Per 6951    Abschreib. a. Ford. w. Uneinbringl.k. 10.000,--
   an  247     Zweifelhafte Forderungen                            10.000,--
5. Per 480     Umsatzsteuer                         1.000,--
   an  247     Zweifelhafte Forderungen                             1.000,--
```

Es wurde bereits bei der Abschreibung des erwarteten Ausfallbetrages eine Umsatzsteuer-Berichtigung vorgenommen (Begründung: s. Punkt 7.3.1). Andernfalls hätte man erst beim endgültigen Ausfall die gesmte Umsatzsteuer-Berichtigung verbucht. In dem Falle, daß der endgültige Ausfallbetrag (netto) niedriger ist als der erwartete Ausfallbetrag (netto), ist die Differenz auf Konto 543 "Andere Sonstige betriebliche Erträge" zu verbuchen. Für diese Erträge ist wieder die gesetzliche Umsatzsteuer anzusetzen, wenn die Umsatzsteuer bereits zuvor berichtigt worden ist. Die Verbuchung als "Andere Sonstige betriebliche Erträge" mit Umsatzsteuerpflicht gilt auch für den Fall, daß später doch noch unerwartete Zahlungen eingehen.

Die **Reihenfolge** der Buchungen soll nachstehend doch einmal verbal aufgeführt werden:

(1) Umbuchung auf "Zweifelhafte Forderungen"
(2) Abschreibung des erwarteten Ausfallbetrages (hier: mit Umsatzsteuer-Korrektur)
(3) Verbuchung des Zahlungseingangs (Abschlußzahlung)
(4) Buchung der zusätzlichen Abschreibungen bzw. sonstigen Erträge, wenn der Ausfallbetrag zu niedrig bzw. zu hoch geschätzt wurde
(5) Umsatzsteuer-Berichtigung (abschließend)

7.3.3 Einzelwertberichtigungen zu Forderungen

Die Buchungen im Rahmen der Bildung einer Einzelwertberichtigung zu Forderungen sind übersichtsmäßig in Abb. 67 dargestellt.

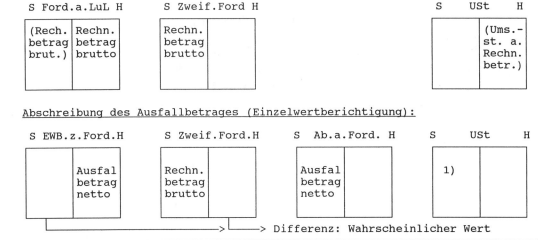

Abb. 67: **Einzelwertberichtigungen zu Forderungen**

Beispiel: 32: Einzelwertberichtigungen zu Forderungen

Die Buchungen zur vollständigen Abwicklung einer zweifelhaften Forderung mit Hilfe von Einzelwertberichtigungen sollen nun anhand desselben Beispiels wie bei direkter Abschreibung dargestellt werden. Die Umsatzsteuer-Berichtigung erfolgt erst beim endgültigen Ausfall der Forderung.

```
Buchungssätze    /Bsp.32       (Gemäß Übungskontenplan/IKR im Anhang)
Nr.           Konto                                     S              H

(.) Per 240   Forderungen aus Lief. u. L.        110.000,--
    an  500   Umsatzerlöse / Eigene Erzeugnisse                  100.000,--
        480   Umsatzsteuer                                        10.000,--
1.  Per 247   Zweifelhafte Forderungen           110.000,--
    an  240   Forderungen aus Lief. u. L.                        110.000,--
2.  Per 6952  Einzelwertberichtigungen zu Forderungen 40.000,--
    an  367   Einzelwertberichtigungen zu Forderungen             40.000,--
3.  Per 280   Bank                                55.000,--
    an  247   Zweifelhafte Forderungen                            55.000,--
4.  Per 6951  Abschreib. a. Ford. w. Uneinbringl.k. 10.000,--
    an  247   Zweifelhafte Forderungen                            10.000,--
5.  Per 480   Umsatzsteuer                         5.000,--
    an  247   Zweifelhafte Forderungen                             5.000,--
6.  Per 367   Einzelwertberichtigungen zu Forderungen 40.000,--
    an  247   Zweifelhafte Forderungen                            40.000,--
```

Die **Reihenfolge** der Buchungen soll nachstehend noch einmal verbal angegeben werden:

(1) Umbuchung auf "Zweifelhafte Forderungen"
(2) Bildung der Einzelwertberichtigung
    (= indirekte Abschreibung des erwarteten Ausfallbetrages) hier: ohne Mehrwertsteuer-Berichtigung
(3) Verbuchung des Zahlungseingangs (Abschlußzahlung)
(4) Buchung der zusätzlichen Abschreibungen bzw. sonstigen Erträge, wenn der Ausfallbetrag zu niedrig bzw. zu hoch geschätzt wurde
(5) Umsatzsteuer-Berichtigung
(6) Auflösung der Einzelwertberichtigung

Wenn bereits vor Abschlußzahlung der Bilanzstichtag eintritt, muß die Einzelwertberichtigung für die publizierte Jahresbilanz mit den zweifelhaften Forderungen verrechnet werden.

7.3.4 Pauschalwertberichtigungen zu Forderungen

Bei einem großen Kundenstamm können sich auch innerhalb der einwandfreien Forderungen später noch Ausfälle ergeben (allgemeines Kreditrisiko). Man berücksichtigt dies beim Jahresabschluß, indem man zu dem Bestand an einwandfreien Forderungen einen Korrekturposten in Höhe der branchenüblichen Ausfallquoten bildet (Pauschalwertberichtigung). Die zugrundegelegte **Ausfallquote** (Prozentsatz) wird aus den durchschnittlichen Ausfällen der letzten 3-6 Jahre errechnet, bei den Finanzbehörden wird eine Ausfallquote bis zu 5 % ohne weiteres anerkannt. Die erwarteten Ausfälle errechnen sich durch die Ausfallquote (%), bezogen auf den Forderungsbestand am Bilanzstichtag. Nach der herrschenden Meinung ist die Ausfallquote nur auf den Bestand an einwandfreien Forderungen zu beziehen (sogenannte statische Methode), im Gegensatz zu der dynamischen Methode, die als Bezugsgröße den Gesamtbestand ("Kreditumsatz") verwendet. Da bei der Bildung der Pauschalwertberichtigung die Forderungsausfälle konkret noch nicht feststehen, ist die Umsatzsteuerberichtigung hier noch nicht zulässig.

Die Buchungen bei Bildung und Auflösung der Pauschalwertberichtigungen zu Forderungen sollen nun Anhand des Folgenden Beispiels dargestellt werden.

Beispiel 33: Pauschalwertberichtigungen zu Forderungen
(.) Ein Industriebetrieb hat am 31.12. des Berichtsjahres einen (einwandfreien) Forderungsbestand von 330.000,-- DM (incl. Umsatzsteuer).
1. Zum Jahresende soll **erstmalig** eine Pauschalwertberichtigung zu Forderungen **gebildet** werden.

	Bezugsgröße	DM
	Forderungsbestand / brutto	330.000,--
./.	Mehrwertsteueranteil (1/11)	30.000,--
=	Bezugsgröße (netto)	300.000,--

- Ausfallquote: 5 %
- Erwartete Ausfälle im Folgejahr:
  5 % von 300.000,-- DM = 15.000,-- DM
2. Im Folgejahr wird ein Kunde zahlungsunfähig, die Forderung ist voll als **uneinbringlich** abzuschreiben; Rechnungsbetrag / netto: 10.000,-- DM, Umsatzsteuer: 1.000,-- DM, Rechnungsbetrag / brutto: 11.000,-- DM.
3. Am 31.12. des Folgejahres ergibt sich ein Forderungsbestand von 440.000,-- DM (incl. Umsatzsteuer).
   - Die erwarteten Ausfälle sollen wiederum indirekt abgeschrieben werden (Pauschalwertberichtigung).

	Bezugsgröße	DM
	Forderungsbestand / brutto	440.000,--
./.	Mehrwertsteueranteil (1/11)	40.000,--
=	Bezugsgröße (netto)	400.000,--

- Ausfallquote: 5 %
- Erwartete Ausfälle im 2. Folgejahr:
  5 % von 400.000,-- DM = 20.000,-- DM
- Bei der Verbuchung der erwarteten Ausfälle soll die bestehende Pauschalwertberichtigung angepaßt werden (Heraufsetzung).

	Restwert der Pauschalwertberichtigung:	DM
	Anfangsbestand (Folgejahr)	15.000,--
./.	Inanspruchnahme (Folgejahr)	10.000,--
=	Endbestand (Folgejahr)	5.000,--

186   7. Abschlußbuchungen

```
B u c h u n g s s ä t z e  /Bsp.33    (Gemäß Übungskontenplan/IKR im Anhang)
Nr.            Konto                                S              H
(.)Per 240     Forderungen aus Lief. u. L.     330.000,--
   an  500     Umsatzerlöse / Eigene Erzeugnisse              300.000,--
       480     Umsatzsteuer                                    30.000,--
1. Per 6953    Pauschalwertbericht. zu Forder.  15.000,--
   an  368     Pauschalwertbericht. zu Forder.                 15.000,--
2. Per 368     Pauschalwertbericht. zu Forder.  10.000,--
       480     Umsatzsteuer                      1.000,--
   an  240     Forderungen aus Lief. u. L.                     11.000,--
3. Per 6953    Pauschalwertbericht. zu Forder.  15.000,--
   an  368     Pauschalwertbericht. zu Forder.                 15.000,--
```

Bildung der Pauschalwertberichtigung (Abschluß des Berichtsjahres):

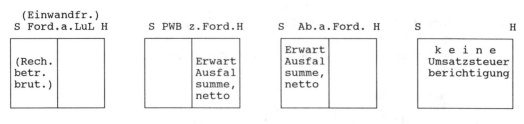

Inanspruchnahme der Pauschalwertberichtigung (Folgejahr):

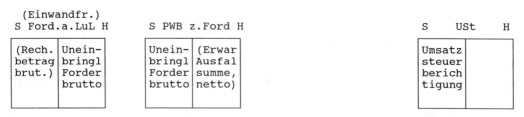

Heraufsetzung der Pauschalwertberichtigung (Abschluß des Folgejahres):

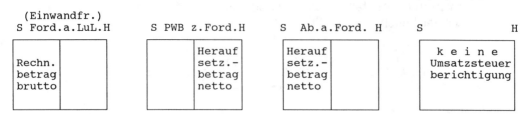

Abb. 68: **Bildung und Anpassung des Pauschaldelkredere**

Die **Reihenfolge** der Buchungen soll nachstehend noch einmal verbal erläutert werden (vgl. Übersicht in Abb. 68).

(1) **Erstmalige Bildung des Pauschaldelkredere** (= indirekte Abschreibung der erwarteten Ausfälle in Höhe der Ausfallquote, bezogen auf den Nettowert der einwandfreien Forderungen)

(2) **Verbuchung effektiver Ausfälle im Folgejahr**
Bei effektiven Ausfällen erfolgt Ausbuchung auf dem Forderungsbestand und Gegenbuchung auf dem Pauschaldelkredere. Dabei wird auch die Umsatzsteuer-Berichtigung durchgeführt. Diese Verbuchung der effektiven Ausfälle erfolgt solange, bis das Pauschaldelkredere "aufgebraucht" ist. Weitere effektive Ausfälle müssen dann direkt abgeschrieben werden.

(3) **Anpassung zum Bilanzstichtag des Folgejahres**
Wenn das Pauschaldelkredere am Ende des Folgejahres noch nicht aufgebraucht ist, muß es aufgelöst werden. Die Auflösung des Restwertes beim Pauschaldelkredere müßte als "Sonstiger Ertrag" verbucht werden. Da aber meist im Folgejahr wiederum eine indirekte Abschreibung der Aufsfälle erfolgen soll, kann die neue Einstellung in das Pauschaldelkredere mit dem Restwert des "alten" Pauschaldelkredere verrechnet werden. Es ist nur eine Anpassung des Pauschaldelkredere zu verbuchungen. Im Falle, daß die Neueinstellung größer ist als der Restwert des Pauschaldelkredere (Beispiel) muß eine Heraufsetzung des Pauschaldelkredere erfolgen (durch erneute Abschreibungen auf Forderungen).

Im Falle, daß die Neueinstellung in das Pauschaldelkredere niedriger ist als der aufzulösende Restwert, ist eine Herabsetzung des Pauschaldelkredere zu verbuchen (Gegenkonto: 545 Erträge aus der Herabsetzung von Pauschalwertberichtigungen zu Forderungen).

7.3.5 Gemischte Abschreibungen auf Forderungen

Die sogenannte gemischte Forderungsabschreibung stellt eine Kombination der Einzelabschreibung (direkt oder indirekt) mit der Pauschalabschreibung dar. Bei den bereits geschilderten Buchungen ergeben sich durch die Kombination die nachstehenden Ergänzungen.

(1) **Erstmalige Bildung des Pasuchaldelkredere**
Als Bezugsgröße für die Ausfallquote sind nach der statischen Methode nur die einwandfreien Forderungen heranzuziehen. Dies erfordert, daß alle zweifelhaft gewordenen Forderungen aus dem allgemeinen Forderungsbestand in das Konto "Dubiose" umgebucht worden sind. Berechnung der Einstellung in das Pauschaldelkredere:

```
       Gesamtbetrag der Forderungen(brutto)
  ./.  Zweifelhafte Forderungen (brutto)
       ─────────────────────────────────────
   =   Einwandfreie Forderungen (brutto)
  ./.  Umsatzsteuer-Anteil
       ─────────────────────────────────────
   =   Bezugsgröße für Pauschaldelkredere
       ═════════════════════════════════════
```

Die Einstellung in das Pauschaldelkredere wird berechnet als Ausfallquote auf diese Bezugsgröße und verbucht, wie bereits dargestellt.

(2) **Einzelabschreibungen im Berichtsjahr**
Bei den unter "Zweifelhafte Forderungen" ausgebuchten Forderungen wird eine Einzelabschreibung durchgeführt, wie bereits dargestellt.

(3) **Effektive Ausfälle im Folgejahr**
Für die Verbuchung der effektiven Ausfälle im Folgejahr können verschiedene Methoden verwendet werden.

(a) Ausbuchung auf dem Forderungskonto, Gegenbuchung: Abschreibungen auf Forderungen und Umsatzsteuerkonto (direkte Einzelabschreibungen). Zum Bilanzstichtag: Anpassung des Pauschaldelkredere, wie bereits dargestellt.

(b) Ausbuchung aus dem Forderungskonto, Gegenbuchung auf dem Pauschaldelkredere; am Bilanzstichtag Anpassung des Pauschaldelkredere, wie bereits dargestellt.

(c) Umbuchung auf Dubiose (bei Zweifelhaftigkeit der Forderung), Einzelabschreibung des erwarteten Ausfallbetrages. Bei Zahlungseingang wird der wahrscheinliche Wert der Forderung aus dem Konto "Dubiose" ausgebucht, der zusätzliche Ertrag bzw. Verlust beim endgültigen Ausfall wird über das Pauschaldelkredere oder als "Sonstiger Ertrag" verbucht.

7.4 Zeiliche Abgrenzung

7.4.1 Abgrenzungsformen und Umsatzsteuerbehandlung

Die Grundbegriffe der zeitlichen Abgrenzung wurden bereits im Rahmen der vorbereitenden Abschlußbuchungen (Punkt 7.3.1) erläutert. Die Notwendigkeit der zeitlichen Abgrenzung ergibt sich dadurch, daß bei erfolgswirksamen Buchungen die Erfolgswirkung und der Zahlungsvorgang in verschiedene Perioden fallen können (Erfolgsperiode - Zahlungsperiode). Die möglichen Kombinationen von Erfolgsperiode und Zahlungsperiode sind in Abb. 69 dargestellt. Aus dieser Abbildung sind die **Grundformen** der zeitlichen Abgrenzung klar ersichtlich.

Der jeweilige **Abgrenzungstyp** läßt sich am kürzesten durch die schlagwortartige Angabe "Jetzt" oder "Später" für Erfolgsperiode sowie Zahlungsperiode bezeichnen. Zum Beispiel kann der Abgrenzungstyp der passiven Antizipationen bezeichnet werden als "Aufwand jetzt, Ausgabe später". Die meisten Rechnungsabgrenzungen erstrecken sich dabei über zwei Jahre (altes - neues Jahr, oft auch als alte Rechnung - neue Rechnung bezeichnet). In einigen Fällen sind jedoch auch vieljährige Abgrenzungen vorzunehmen. So z.B. wird das sogenannte "Disagio" Differenz zwischen Nennbetrag und Auszahlungsbetrag bei Aufnahme eines langfristigen Darlehens) meist über die gesamte Laufzeit des Darlehens abgegrenzt. In einigen Fällen ist nur eine partielle Abgrenzung vorzunehmen. Dieser Fall ergibt sich dann, wenn ein Zahlungsbetrag zum Teil der alten Erfolgsperiode, zum Teil der neuen Erfolgsperiode zuzurechnen ist.

7. Abschlußbuchungen

Zahlungsperiode → ↓ Erfolgsperiode		Zahlung "jetzt"	Zahlung "später"
Erfolg "jetzt"	Aufwand	(periodengleich)	Passive Antizipation (Sonstige Verbindlichkeit)
	Ertrag	(periodengleich)	Aktive Antizipation (Sonstige Forderungen)
Erfolg "später"	Aufwand	Aktive Rechnungsabgrenzung	(periodengleich)
	Ertrag	Passive Rechnungsabgrenzung	(periodengleich)

Abb. 69: **Grundformen der zeitlichen Abgrenzung**

Ein besoderer Gesichtspunkt bei der Verbuchung der zeitlichen Abgrenzungen ist die **Behandlung der Umsatzsteuer**. Einige der häufig abzugrenzenden Geschäftsfälle stellen keine steuerpflichtigen Umsätze dar, z.B. längerfristige Vermietung, Darlehenszinsen, Versicherungsprämien, Kfz-Steuer. Bei anderen Geschäftsfällen muß die Umsatzsteuer berechnet werden. Die Berücksichtigung der Umsatzsteuer bei den Grundfomen der zeitlichen Abgrenzung ist in der nachstehenden Übersicht dargestellt.

(1) **Antizipationen**: Für die Entstehung der Umsatzsteuerschuld ist der Zeitpunkt der Ausführung der Lieferung bzw. Sonstigen Leistung maßgebend (Versteuerung der vereinbarten Entgelte). Bei den steuerpflichtigen Antizipationen wird die Umsatzsteuer daher im alten Jahr **voll berücksichtigt**.

- Passive Antizipationen: Die bei "Sonstigen Verbindlichkeiten" erfaßte Umsatzsteuer wird als anrechenbare Vorsteuer verbucht.
- Aktive Antizipationen: Die bei "Sonstigen Forderungen" erfaßte Umsatzsteuer wird als Umsatzsteuer verbucht.

(2) **Rechnungsabgrenzungen**: Bei Anzahlungen und Vorauszahlungen mit gesonderten Umsatzsteuerausweis oder - falls dieser Ausweis fehlt - bei Vorauszahlungsbeträgen ab 10.000,-- DM entsteht die Umsatzsteuerschuld bereits bei der Vorauszahlung (§ 13 UStG 80). In diesen Fällen muß also wie bei allen steuerpflichtigen Umsätzen die Umsatzsteuer bzw. Vorsteuer voll **berücksichtigt** werden. Durch den neuen § 13 UStG entfällt die frühere Buchungs-Praxis, wonach die Umsatzsteueranteile bei Vorauszahlungen auf besondere Übergangskonten ("Noch nicht fällige Mehrwertsteuer" bzw. "Noch nicht anrechenbare Vorsteuer") verbucht wurden: Diese Übergangskonten wurden erst im neuen Jahr bei der Zahllast berücksichtigt.

7.4.2 Aktive Antizipationen

Aktive Antizipationen stellen Abgrenzungen des Typs "Ertrag jetzt, Einnahmen später" dar. Die Verbuchung erfolgt einerseits auf den betreffenden Ertragskonto sowie bei umsatzsteuerpflichtigen Vorgängen auf dem Konto der berechneten Mehrwertsteuer. Andererseits wird die ausstehende Einnahme als "**Sonstige Forderungen**" (brutto) verbucht. Als **Beispiele** sind zu nennen:

- Der Vermieter von Geschäfts- oder Lagerräumen erhält die Dezembermiete erst im Januar des folgenden Jahres (Längerfristige Vermietungen von Räumen sind gem. § 4 Ziff. 12 a UStG umsatzsteuerfrei, nicht jedoch kurzfristige Vermietungen von Campingplätzen, Fremdenzimmern, PKW`s usw.).
- Der Darlehensgeber erhält die Zinsen für das gewährte Darlehen erst im nachhinein im neuen Jahr (Kreditgewährung ist gem. § 8 a UStG umsatzsteuerfrei).
- Ein Industriebetrieb erhält die Zinsen seines Bankguthabens für das letzte Quartal erst im neuen Jahr gutgeschrieben (keine Umsatzsteuer).
- Ein selbständiger Handelsvertreter erhält seine Umsatzprovision für Dezember des alten Jahres erst im Januar des neuen Jahres.

<u>Altes Jahr:</u>

S Sonst.Ford.H	S Mieterträg.H	S Mehrwertst. H
Mietertrag, brutto		Mietertrag, netto		Berech Mehrw. steuer

<u>Neues Jahr:</u>

S Sonst.Ford.H	S Bank H
(Rech. betr. brut.)		Erwart Ausfal summe, netto

Abb. 70: **Aktive Antizipation (Mietertrag mit Umsatzsteuer)**

Die Buchungen bei der Abwicklung einer aktiven Antizipaion sind in Abb. 70 dargestellt (Mietvertrag mit Umsatzsteuerpflicht). Die aktiven Antizipationen sollen abschließend anhand des nachstehenden Beispiels dargestellt werden.

Beispiel 34: Ausstehende Zinseinnahmen
1. Ein Industriebetrieb hat einen Kunden vorübergehend ein Darlehen in Höhe von 100.000,-- DM gewährt, die Zinsen (8 %) sind nachträglich am Ende jedes Halb-Jahres zu entrichten. Beim Abschluß des ersten Jahres ist die Zinszahlung für die zweite Jahreshälfte noch nicht eingegangen. Zinsbetrag für 2. Jahreshälfte (8 % von 100.000,-- DM) : 2 = 4.000,-- DM (keine Umsatzsteuer)
2. Am 08.01. des zweiten Jahres wird die Überweisung des ausstehenden Zinsbetrages (4.000,-- DM) auf dem Bankkonto des Industriebetriebes gutgeschrieben.

Buchungssätze /Bsp.34	(Gemäß Übungskontenplan/IKR im Anhang)		
Nr.	Konto	S	H
1. Per 266	Andere sonstige Forderungen	4.000,--	
an 571	Zinserträge		4.000,--
2. Per 280	Bank	4.000,--	
an 266	Andere sonstige Forderungen		4.000,--

7.4.3 Passive Antizipation

Passive Antizipationen stellen Abgrenzungen des Typs "Aufwand jetzt, Ausgabe später" dar. Die Verbuchung erfolgt einerseits auf dem betreffenden Aufwandskonto sowie bei umsatzsteuerpflichtigen Vorgängen auf dem Vorsteuerkonto. Andererseits wird die ausstehende Ausgabe als **"Sonstige Verbindlichkeit"** (brutto) verbucht. Als Beispiel dienen die unter Punkt 7.4.2 erwähnten Geschäftsfälle (nachträgliche Miet- bzw. Zinszahlungen), hier zu verbuchen bei demjenigen, der den Aufwand nachträglich bezahlt. Die Buchungen bei der Abwicklung einer passiven Antizipation sind in Abb. 71 dargestellt und sollen anschließend anhand eines Beispiels erläutert werden.

Beispiel 35: Nachträgliche Mietausgabe
1. Ein Industriebetrieb hat beim Abschluß des alten Jahres eine eingegangene Rechnung über einen im Dezember angemieteten PKW noch nicht bezahlt (Rechnungsbetrag 600,-- DM netto zuzüglich 60,-- DM Mehrwertsteuer).
2. Der Industriebetrieb überweist den Rechnungsbetrag am 08.01. des neuen Jahres.

Altes Jahr:

```
S Mietaufwan.H      S Vorsteuer H      S Sonst. Verb.H
| Miet-     |       | Vorst.  |        |         | Miet-   |
| auf-      |       | betrag  |        |         | auf-    |
| wand,     |       |         |        |         | wand,   |
| netto     |       |         |        |         | brutto  |
```

Neues Jahr:

```
S    Bank    H      S Sonst.Ver.H
|       | Miet-  |  |       | Miet-  |
|       | betrag |  |       | betrag |
|       | brutto |  |       | brutto |
```

Abb. 71: **Passive Antizipation (Mietaufwand mit Vortsteuer)**

B u c h u n g s s ä t z e /Bsp.35	(Gemäß Übungskontenplan/IKR im Anhang)		
Nr.	Konto	S	H
1. Per 670	Mieten und Pachten	600,--	
260	Vorsteuer	60,--	
an 489	Übrige sonstige Verbindlichkeiten		660,--
2. Per 489	Übrige sonstige Verbindlichkeiten	660,--	
an 280	Bank		660,--

7.4.4 Aktive Rechnungsabgrenzungsposten (einschl. Disagio)

Die Rechnungsabgrenzung im engeren Sinne (Transitorien) stellen zeitliche Abgrenzungen des Typs: "Zahlung jetzt, Erfolgt später" dar. Dabei ist die Umsatzsteuer in den meisten Fällen erst im neuen Jahr zu berücksichtigen. Als **Rechnungsabgrenzungen** dürfen gemäß § 250 HGB nur ausgewiesen werden.

- Auf der Aktivseite: Ausgaben vor dem Abschlußstichtag, soweit sie Aufwand für eine bestimmte Zeit nach diesem Tag darstellen.
- Auf der Passivseite: Einnahmen vor dem Abschlußstichtag, soweit sie Ertrag für bestimmt Zeit nach diesem Tag darstellen.

Aktive Rechnungsabgrenzungsposten werden gebildet bei Abgrenzungen des Typs "Ausgabe jetzt, Aufwand später". Die Ausgabe wird einerseits als Abgang auf dem Bankkonto verbucht (möglicherweise mit einer Verbuchung des Vorsteueranteils). Andererseits wird im alten Jahr der Betrag auf dem Konto "**Aktive Rechnungsabgrenzungsposten**" aktiviert. Der aktivierte Betrag stellt eine Art "Leistungsforderung" dar, d.h. der buchende Betrieb hat eine Forderung an den Empfänger des bezahlten Betrages, daß dieser die bezahlte Lieferung oder Leistung erbringt.

Häufig ist nur eine partielle Rechnungsabgrenzung erforderlich (die Vorauszahlung betrifft zum Teil die alte Erfolgsperiode, zum Teil schon die neue Erfolgsperiode). Bei der **partiellen Rechnungsabgrenzung** sind die nachstehenden Buchungsmethoden anzutreffen.

- **Direkte Verbuchung:** Beim Auftreten der Ausgabe wird der Aufwandsteil des alten Jahres in dem betreffenden Aufwandskonto verbucht, der Aufwandsanteil des neuen Jahres wird auf dem Konto aktive Rechnungsabgrenzung verbucht.
- **Indirekte Verbuchung:** Beim Auftreten der Ausgabe wird zunächst der gesamte Aufwandsbetrag in dem betreffenden Aufwandskonto verbucht. Erst am Jahresende werden die Aufwandsanteile des neuen Jahres aus dem Aufwandskonto in das Konto "aktive Rechnungsabgrenzung" umgebucht.

Als **Beispiele** für aktive Rechnungsabgrenzungen sind zu nennen:

- Der Mieter von Geschäfts- oder Lagerräumen zahlt die Miete für mehrere Monate im voraus, wobei ein Teil der Monate bereits im neuen Jahr liegt (Längerfristige Vermietungen von Räumen sind gem. § 4 Ziff. 12 a UStG umsatzsteuerfrei, kurzfristige Vermietungen umsatzsteuerpflichtig, 7.4.2).
- Der Darlehensschuldner bezahlt die Zinsen für mehrere Monate im voraus, wobei ein Teil der Monate im neuen Jahr liegt (Kreditgewährung ist gemäß § 4 Ziff. 8 a UStG umsatzsteuerfrei)
- Die Kfz-Steuer für betriebgliche Pkw`s wird halbjährlich oder jährlich im voraus bezahlt, ein Teil der Nutzungsmonate liegt bereits im neuen Jahr.
- Versicherungsprämien für Betriebsgebäude, z.B. Feuerversicherung, werden meist jährlich im voraus bezahlt, wobei ein Teil der "versicherten Monate" im neuen Jahr liegt.

Die Buchungen bei der Abwicklung einer zweijährigen Rechnungsabgenzung sind in Abb. 72 deutlich dargestellt und werden anschließend anhand eines Beispiels verdeutlicht.

Beispiel 36: Vorauszahlung der Kfz-Steuer
1. Ein Industriebetrieb überweist am 01.10. des alten Jahres die Kfz-Steuer für den Fuhrpark (Jahreszahlung im voraus).
   - Jahresbetrag: 48.000,-- DM
   - Anteil altes Jahr (3 Monate: $\dfrac{48.000,--}{12} * 3 = 12.000,--$ DM
   - Anteil neues Jahr (9 Monates): $\dfrac{48.000,--}{12} * 9 = 36.000,--$ DM

2. Im neuen Jahr wird die Rechnungsabgrenzung der Kfz-Steuer aufgelöst.

```
B u c h u n g s s ä t z e  /Bsp.36   (Gemäß Übungskontenplan/IKR im Anhang)
Nr.           Konto                              S              H

1. Per 703    Kraftfahrzeugsteuer            12.000,--
       293    Aktive Rechnungsabgrenzungsposten  36.000,--
   an  260    Bank                                          48.000,--
2. Per 703    Kraftfahrzeugsteuer            36.000,--
   an  293    Aktive Rechnungsabgrenzungsposten             36.000,--
```

Altes Jahr:

S Akt.R.A.P. H	S Bank H	S Vorsteuer H
Miet-voraus zahl.-netto		Miet-voraus zahl., brutto	Vor-steuer betrag	

Neues Jahr:

S Akt.P.A.P. H	S Sonst.Ver. H
	Miet-voraus zahl., netto		Miet-voraus zahl., netto

Abb. 72: **Aktive Rechnungsabgrenzung (Mietaufwand mit Vorsteuer)**

Die Form einer vieljährigen aktiven Rechnungsabgrenzung ist vielfach bei der Verbuchung des **Disagios** aus Hypothekendarlehen anzutreffen. Langfristige Darlehen von Kreditinstituten werden meist durch bestimmte, im Grundbuch des Amtsgerichts eingetragene Pfandrechte an den Grundstücken ("Hypotheken") abgesichert. Man spricht daher von Hypothekendarlehen, die auf einem speziellen Unterkonto der langfristigen Verbindlichkeiten verbucht werden. Bei der Aufnahme von Hypothekendarlehen ist es üblich, daß die Bank nicht den vollen Nennbetrag des Darlehens (Rückzahlungsbetrag) ausbezahlt. Vielmehr wird der Nennwert um das Abgeld (Disagio) gekürzt. Auf diese Weise ergibt sich der Auszahlungsbetrag. Für den Kreditnehmer bedeutet das Disagio eine Art "Zinsvorauszahlung", zusätzlich zu den laufenden Zinsen für das Darlehen.

Der Disagiobetrag kann handelsrechtlich sofort als Zinsaufwand verbucht werden oder aber als Rechnungsabgrenzungsposten aktiviert werden und auf die Dauer der Laufzeit abgeschrieben werden (§ 250 Abs. 3 HGB). Steuerrechtlich ist jedoch der sofortige Abzug des Disagiobetrages nur in wenigen Fällen zulässig (Einkünfte aus Vermietung und Verpachtung oder Gewinnermittlung nach § 4 Abs. 3 EStG). Daher wird von den meisten Gewerbebetreibenden in Handels- und Steuerbilanz die Verbuchung des Disagios als **aktiver Rechnungsabgrenzungsposten** durchgeführt. Die in diesem Falle anfallenden Buchungen sollen durch das nachfolgende Beispiel verdeutlicht werden.

Beispiel 37: Hypothekendisagio
1. Ein Industriebetrieb hat zur Finanzierung eines neuen Gebäudes bei der Bank ein Hypothekendarlehen aufgenommen (Auszahlungssatz: 96 %).
   - Nennbetrag (Rückzahlungsbetrag): 250.000,-- DM
   - Auszahlungsbetrag: 96 % v. 250.000,-- = 240.000,-- DM
   - Disagio: 4 % v. 250.000,-- = 10.000,--
   Das Disagio soll im alten Jahr als Rechnungsabgrenzungsposten aktiviert werden.
2. Im neuen Jahr wird das aktivierte Disagio zum ersten Mal "abgeschrieben". Jährlicher Teilbetrag des Disagios: 10.000,-- : 10 Jahre = 1.000,-- DM/J.

```
Buchungssätze   /Bsp.37      (Gemäß Übungskontenplan/IKR im Anhang)
Nr.             Konto                              S              H

1. Per 280      Bank                          240.000,--
       290      Disagio                        10.000,--
   an  425      Langfristige Bankverbindlichkeiten             250.000,--
2. Per 751      Zinsaufwendungen                1.000,--
   an  290      Disagio                                          1.000,--
```

7.4.5 Passive Rechnungsabgrenzungsposten

Passive Rechnungsabgrenzungsposten werden gebildet bei Abgrenzungen des Typs: "Einnahme jetzt, Ertrag später". Die Einnahme wird einerseits als Zugang auf dem Bankkonto verbucht (möglicherweise mit einer Verbuchung des Mehrwertsteueranteils). Andererseits wird der Betrag im alten Jahr auf dem Konto "Passive Rechnungsabgrenzungsposten" passiviert.

Der passive Betrag stellt eine Art "Leistungsverbindlichkeit" dar, d.h. der Betrieb hat gegenüber dem Absender der Zahlung eine Verbindlichkeit, daß er die bezahlte Lieferung oder sonstige Leistung erbringt. Bei partiellen Abgrenzungen kann auch hier eine direkte oder indirekte Verbuchung durchgeführt werden (s. Punkt 7.4.4). Als **Beispiele** für passive Rechnungsabgrenzungen sind zu nennen:

- Der Vermieter erhält im alten Jahr eine Mietvorauszahlung für mehrere Monate, die sich auch auf Monate im neuen Jahr erstreckt.
- Der Darlehensgeber erhält vom Darlehensschuldner eine halbjährliche Zinsvorauszahlung im voraus, die Zinsperiode erstreckt sich auch auf das neue Jahr.

Die Buchungen bei der Abwicklung einer zweijährigen passiven Rechnungsabgrenzung sind in Abb. 73 dargestellt und werden abschließend durch ein Beispiel verdeutlicht.

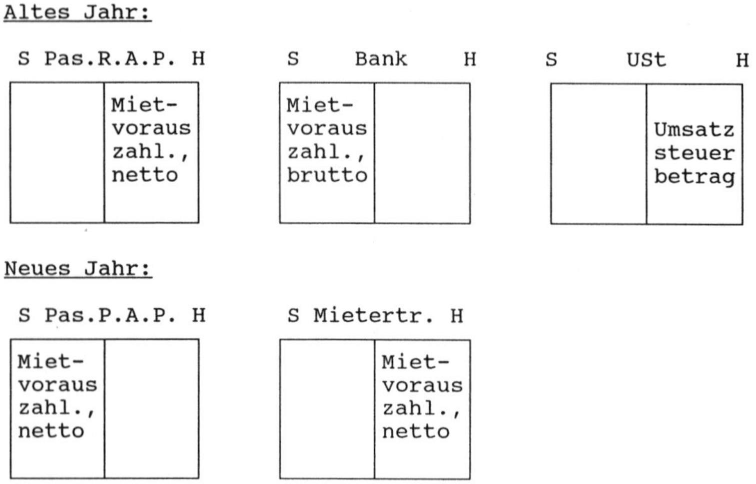

Altes Jahr:

S Pas.R.A.P. H	S Bank H	S USt H
Mietvorauszahl., netto	Mietvorauszahl., brutto	Umsatzsteuerbetrag

Neues Jahr:

S Pas.P.A.P. H	S Mietertr. H
Mietvorauszahl., netto	Mietvorauszahl., netto

Abb. 73: **Passive Rechnungsabgrenzung (Mietertrag mit Umsatzsteuer)**

Beispiel 38: Vorausbezahlte Zinseinnahmen
1. Ein Industriebetrieb erhält auf seinem Bankkonto Ende Dezember des alten Jahres die Zinszahlung eines Darlehensschuldners für Januar des neuen Jahres (9.000,- DM).
2. Im neuen Jahr soll die Zinszahlung als Zinsertrag verbucht werden.

```
Buchungssätze /Bsp.38     (Gemäß Übungskontenplan/IKR im Anhang)
Nr.           Konto                                    S           H
─────────────────────────────────────────────────────────────────────
1. Per 280    Bank                                  9.000,--
   an  490    Passive Rechnungsabgrenzungsposten                9.000,--
2. Per 490    Passive Rechnungsabgrenzungsposten    9.000,--
   an  571    Zinserträge                                       9.000,--
```

7.4.6 Rückstellungen

Eine besodere Form der zeitlichen Abgrenzung stellen die Rückstellungen dar. Im Gegensatz zu den bisher genannten Abgrenzungsformen besteht hier Ungewißheit über den Zahlungsvorgang für bestimmte Aufwendungen. Der **Begriff** der Rückstellungen läßt sich beschreiben als buchhalterische Darstellung von ungewissen Zahlungsverpflichtungen in der Zukunft für bestimmte Aufwendungen, die am Abschlußstichtag bereits verursacht sind. Obwohl diese Verpflichtungen am Bilanzstichtag zwar dem Grunde nach feststehen, sind sie ihrer genauen Höhe und Fälligkeit nach noch unbekannt. Die Bildung der Rückstellungen dient der periodengerechten Erfolgsermittlung, da durch die Rückstellungen Aufwandsbeträge derjenigen Periode zugerechnet werden, in welcher sie verursacht worden sind. Handelsrechtlich sind die Rückstellungen in § 249 HGB geregelt.

7. Abschlußbuchungen

Für die korrekte Verbuchung ist insbesondere die Unterscheidung zwischen Rückstellungen und sonstigen Verbindlichkeiten von Bedeutung. Diese Unterscheidung ist in Abb. 74 mit Hilfe der wichtigsten Begriffsmerkmale dargestellt.

Verbuchung → ↓ Art des Schuldverh.	Rückstellungen	Sonst. Verbindlichkeiten
Rechtsgrund	steht fest	steht fest
Höhe des Betrages	geschätzt	steht fest
Fälligkeitsdatum	z.T. nicht genau bek.	steht fest
Dauer	z.T. langfristig (z.B. Pensionsrückstellungen)	meist kurzfristig
Beispiele	Garantierückstellungen Prozeßrückstellungen Steuerrückstellungen	Noch nicht bezahlt Zinsen, Mieten, Versicherungsprämien

Abb. 74: **Unterscheidung: Rückstellungen - Sonstige Verbindlichkeiten**

Die Zwecke, für welche die Bildung von Rückstellungen zulässig ist, sind in § 249 HGB ausdrücklich vermerkt. Von besonderer Bedeutung ist der Grundsatz gemäß HGB, daß für die zulässigen Rückstellungsarten eine **Passivierungspflicht** besteht (früher nur Passivierungs-Wahlrecht). Bei Pensionsrückstellungen gilt die Passivierungspflicht erst für Pensionszusagen ab dem 01.01.1987 gemäß A 28 EG zum HGB. Bei den gesetzlich zulässigen Rückstellungsarten handelt es sich um die nachstehend erläuterten **Zwecke:**

(1) Rückstellungen für **ungewisse Verbindlichkeiten** z.B. Rückstellungen für Steuernachzahlungen, gesetzliche oder vertragliche Garantieverpflichtungen.
(2) Rückstellungen wegen **drohenden Verlusten** aus **schwebenden Geschäften**
   - **Schwebende Geschäfte**, z.B. abgeschlossene Kaufverträge, bei denen noch keine Lieferung und Zahlung erfolgt ist, werden in der Regel buchhalterisch noch nicht erfaßt. Ist jedoch für den Käufer der Ware ein Verlust absehbar (der übliche Marktpreis der Ware ist wegen Preisverfalls wesentlich unter den vereinbarten Einkaufspreis gesunken), so muß für diesen Verlust eine Rückstellung gebildet werden.
   - Als weiteres Beispiel sind schwebende Prozesse zu nennen, die am Bilanzstichtag noch nicht entscheiden sind. Wenn zu befürchten ist, daß der Betrieb den Prozeß verliert, so müssen Rückstellungen für die zu erwartenden Gerichtskosten gebildet werden.
(3) Rückstellungen für **unterlassene Reparatur-Aufwendung**, die im neuen Jahr nachgeholt werden müssen.
(4) Rückstellungen für **unterlassene Abraumbeseitungen**, die im folgenden Jahr nachgeholt wird.

(5) Rückstellungen für Garantieverpflichtungen, die ohne gesetzliche oder vertragliche Grundlage übernommen werden **(Kulanz-Gewährleistung)**.
(6) Darüberhinaus dürfen gem. § 249 Abs. 2 HGB Rückstellungen gebildet werden für genau bestimmbare **Aufwendungen**, die zwar am Bilanzstichtag wahrscheinlich sind, deren Eintritt jedoch noch ungewiß ist (Beispiel: Großreparaturen).

Für die Verbuchung der Rückstellungen werden zumindest die nachstehenden, erläuterten **Konten** geführt.

- **Passivkonten "Rückstellungen"**: Diese werden meist unterteilt, z.B. in "Pensionsrückstellungen", "Steuerrückstellungen" und "Sonstige Rückstellungen".
- Aufwandskonten: Die Bildung der Rückstellungen erfolgt zu Lasten der betreffenden Aufwandskonten (z.B. Aufwendungen für Altersversorgung) oder zu Lasten von speziellen Konten für **"Zuführungen zu Rückstellungen"** (z.B. Konto 698 "Zuführungen zu Rückstellugen, z.B. für Gewährleistungen" gemäß IKR`86).
- **Auflösungserträge bzw. -verluste**: Bei der Auflösung der Rückstellungen in späteren Jahren werden die effektiven Zahlungen selten genau mit d. geschätzten Aufwand übereinstimmen. Im Falle eines Auflösungsverlustes (Rückstellungsbetrag war zu niedrig angesetzt) erfolgt die Verbuchung wiederum entweder zu Lasten des betreffenden Aufwandskontos oder zu Lasten der Konten für sonstige betriebliche Aufwendungen. Im Falle eines Auflösungsertrags (Rückstellungsbetrag war zu hoch angesetzt) wird dieser als sonstiger betrieblicher Ertrag verbucht, meist auf einem speziellen Konto **"Erträge aus der Herabsetzung von Rückstellungen"** (z.B. Konto 548 gemäß IKR`86).

Die Buchungen bei Bildung und Auflösung einer Rückstellung (Beispiel: Gewerbesteuer-Nachzahlung) sind in Abb. 75 dargestellt. In dieser Abbildung sind die Daten des nachfolgenden Beispiels verwendet.

Bildung der Rückstellung (altes Jahr):

```
S   GewEst    H        S  St.Rückst. H

6000,-                 6000,-
Erwart                 Erwart
Nach-                  Nach-
zahl.                  zahl.
```

Auflösung der Rückstellung mit Ertrag (neues Jahr):

```
S Ertr.a.H.vR.H        S   St.Rückst. H       S     Bank      H

        1000,-         6000,-                       5000,-
        Auf-           Erwart                       Effekt
        lös.-          Nach-                        Nach-
        ertrag         zahl.                        zahl.
```

Auflösung der Rückstellung mit zusätzlichem Aufwand (neues Jahr):

S GewESt H	S St.Rückst. H	S Bank H
2000,- Auf- lös.- ver- lust	6000,- Erwart Nach- zahl.	8000,- Effekt Nach- zahl.

Abb. 75: **Bildung und Auflösung von Rückstellungen (Steuernachzahlung)**

Beispiel 39: Rückstellungen für Gewerbesteuernachzahlung
1. Ein Industriebetrieb rechnet mit einer Gewerbesteuernachzahlung in Höhe von 6.000,-- DM, hierfür soll eine Rückstellung gebildet werden.
2. (Fall: Auflösungsertrag) Im neuen Jahr geht der Steuerbescheid ein. Als festgesetzte Steuernachzahlung werden 5.000,-- DM an das Finanzamt überwiesen.
3. (Fall: Auflösungsverlust) Im neuen Jahr geht der Steuerbescheid ein. Als festgesetzte Steuernachzahlung werden 8.000,-- DM an das Finanzamt überwiesen.

```
B u c h u n g s s ä t z e  /Bsp.39   (Gemäß Übungskontenplan/IKR im Anhang)
Nr.        Konto                                      S              H
─────────────────────────────────────────────────────────────────────────
1. Per 770  Gewerbeertragsteuer                       6.000,--
   an  380  Gewerbeertragsteuer (St.rückst.)                         6.000,--
2. Per 380  Gewerbeertragsteuer (St.rückst.)          6.000,--
   an  280  Bank                                                     5.000,--
       548  Ertr. a. d. Herabsetz. v. Rückst.                        1.000,--
3. Per 380  Gewerbeertragsteuer (St.rückst.)          6.000,--
       770  Gewerbeertragsteuer                       2.000,--
   an  280  Bank                                                     8.000,--
```

7.5 Inventurdifferenzen

Die Inventurdifferenzen (Differenzen zwischen Buchwerten und Inventurwerten) müssen als "Sonstige betriebliche Aufwendungen" verbucht werden. Für die Verbuchung sind die nachstehenden Aufwandskonten typisch (Kontengruppe 696 **"Verluste aus dem Abgang von Vermögensgegenständen"** gemäß IKR`86)

(1) Inventurdifferenzen beim **Sachanlagevermögen**:
- Konto 6962 Verluste aus dem Abgäng / Sachanlagevermögen
(2) Inventurdifferenzen beim **Umlaufvermögen** (außer Vorräten und Wertpapieren!):
- Konto 6963 Verluste aus dem Abgang / Umlaufvermögen
(3) Inventurdifferenzen bei **Wertpapieren**:
- Konto 745 Verluste aus dem Abgang von Finanzanlagen bzw.
- Konto 746 Verluste aus dem Abgang von Wertpapieren des Umlaufvermögens
(4) Inventurdifferenzen bei **Vorräten** (Verbuchung auf den jeweiligen Material-Aufwandskonten), Beispiel:
- konto 600 Aufwendugen für Rohstoffe / Fertigungsmaterial

7.6 Steuerrechtliche Abgrenzungen

7.6.1 Privatabgrenzungen

(handschriftlich: DATEV-Verfahren) Methode 1: Aufwandskonto + USt-Konto

Bei Einzelkaufleuten und Personengesellschaften ist im Rahmen der Abschlußbuchungen zu überprüfen, ob auch wirklich alle privat bedingten Aufwendungen als Privatentnahmen (EStG) bzw. Eigenverbrauch (UStG) verbucht worden sind. Bei bestimmten Branchen sind gemäß Abschnitt 29 EStR **Jahrespauschalbeträge** für **Eigenverbrauch** anzusetzen (z.B. bei Gastwirten, Metzgern, Bäckern, Tabakwarenhändlern). Bei allen Branchen kommt es vor, daß Aufwandsbeträge während des Jahres angefallen sind, die teilweise betrieblich und teilweise privat bedingt sind. Besonders häufig ist dies der Fall bei den Kosten für den PKW und für das Telefon des Geschäftsführers. Hier werden die laufenden Aufwandsbeträge zunächst vollständig während des Jahres unter den betreffenden betrieblichen Aufwandskonten verbucht.

Zum Jahresabschluß erfolgt die sogenannte **"Privatabgrenzung"**, d.h. die Privatanteile bei allen entsprechenden Aufwendungen werden einerseits bei den Aufwandskonten im Haben ausgebucht und andererseits als Privatentnahme auf dem Privatkonto im Soll verbucht. Dabei ist auch die gesetzlich vorgeschriebene "Umsatzsteuer auf den Eigenverbrauch" zu verbuchen (Gegenkonto: Privatkonto). Die Buchungen sollen anhand des nachstehenden Beispiels verdeutlicht werden.

Beispiel 41: Privatabgrenzung PKW
1. Für den PKW des Inhabers werden in einem Industriebetrieb während des Jahres Kosten von 4.000,-- DM verbucht (Fremdreparaturen). Die Bezahlung erfolgt durch Banküberweisung.
2. Am Jahresende wird für den PKW ein Abschreibungsbetrag von 2.000,-- DM verbucht (direkte Abschreibung).
3. Am Jahresende sollen die privaten Kfz-Anteile abgegrenzt werden, die Privatquote ist auf 25 % festgesetzt (1.000,-- DM bzw. 500,-- DM, jeweils netto).

Buchungssätze /Bsp.40 Nr.	Konto		S	H
1. Per	616	Fremdinstandhaltung	4.000,--	
	260	Vorsteuer	400,--	
an	280	Bank		4.400,--
2. Per	652	Abschreibungen auf Sachanlagen	2.000,--	
an	084	Fuhrpark		2.000,--
3. Per	3001	Privatkonto	1.100,--	
an	616	Fremdinstandhaltung		1.000,--
	480	Umsatzsteuer		100,--
4. Per	3001	Privatkonto	550,--	
an	652	Abschreibungen auf Sachanlagen		500,--
	480	Umsatzsteuer		50,--

(handschriftliche Ergänzung: Methode 2: Die bei Datev-Buchführung bevorzugte Methode der Privatabgrenzung, ist den Privatanteil auf Eigenverbrauchskonto zu verbuchen (mit automatischer USt-Buchung) (K 542) (K 480). Jedoch bei dem Privatanteil von Bewirtungskosten liegt weder Eigenverbrauch vor, noch ist eine Vorsteuer-Korrektur erforderlich (Net...)

7.6.2 Abgrenzung der latenten Steuern

7.6.2.1 Aktive latente Steuern (Latente Steueransprüche)

Latente Steuern entstehen, wenn Handelsbilanz-Ergebnis und Steuerbilanz-Ergebnis eines Geschäftsjahres durch unterschiedliche Bilanzierungsmaßnahmen voneinander abweichen. Der Betrag der latenten Steuern in einem Geschäftsjahr ergibt sich als Differenz zwischen der effektiven Steuerbelastung laut Steuerbilanz (Ertragssteuern) und der fiktiven Steuerbelastung laut Handelsbilanz. Meist gleichen sich latente Steuerbeträge in späteren Jahren wieder aus, d.h. das Handelsbilanz-Ergebnis eilt dem Steuerbilanz-Ergebnis voraus bzw. läuft hinterher.

Aktive latente Steuern entstehen, wenn der **effektive Steueraufwand** (gemäß Steuerbilanz) **höher** ist als der fiktive Steueraufwand, wie er sich aufgrund der Handelsbilanz ergibt. Die Differenz stellt eine Art "Steueransprüche" dar, die durch entsprechende Steuerentlastungen in späteren Jahren wieder ausgeglichen werden. Unter diesen Voraussetzungen darf gem. § 274 Abs. 2 HGB für den latenten Steuerbetrag ein aktiver Abgrenzungsposten gebildet werden **(Aktivierungswahlrecht)**. Der Abgrenzungsposten ist in den späteren Jahren aufzulösen, wenn die Steuerentlastung eintritt.

Wenn die geschilderten Abschlußbuchungen durchgeführt worden sind, kann das Jahresergebnis berechnet werden (Gewinn oder Verlust). Aus diesem Ergebnis ("Ergebnis vor Steuer") können die **ertragsabhängigen Steuern** berechnet werden. Soweit diese die entsprechenden Vorauszahlungen übersteigen, müssen Steuerrückstellungen gebildet werden. Für die Berechnung der Steuerschuld muß jedoch in jedem Fall das Ergebnis der Steuerbilanz zugrundegelegt werden. Da das Ergebnis der Steuerbilanz von dem der Handelsbilanz abweichen kann, ergibt sich hier das im Folgenden dargestellt Problem der latenten Steuerabgrenzung.

In der Praxis entsehen aktive latente Steuern hauptsächlich durch folgende **Bilanzierungsmaßnahmen** in der Handelsbilanz:

(1) Sofortverrechnung eines Hypotheken-Disagios als Zinsaufwand (in der Steuerbilanz Aktivierungspflicht und Abschreibung auf die Laufzeit)
(2) Divergenz bei Abschreibungsverfahren oder Sammelbewertungsverfahren
(3) Niedriger Kostenansatz bei den Herstellungskosten (Teilkostenansatz)

Das folgne **Beispiel "Sofortverrechnung eines Disagios"** soll die latente Steuerabgrenzung im Mehrjahres-Verlauf aufzeigen. Es werden folgende vereinfachende Annahmen gemacht (siehe auch Anhang 2):

1. Der Handelsbilanz-Gewinn vor Ertragsteuern soll für 1987 und die folgenden 10 Jahre 780.000,-- DM betragen.

2. 1987 wird ein Disagio von 30.000,-- DM sofort als Zinsaufwand verbucht. (Disagio = 10 % des Darlehensbetrags von 300.000,-- DM, Laufzeit: 10 Jahre).
   - Der Handelsbilanzgewinn vor Steuern reduziert sich durch den Zinsaufwand wie folgt: 780.000,-- DM ./. 30.000,-- DM = 750.000,-- DM.
   - Die Ertragssteuern (Annahme: 60 %) würden 450.000,-- DM betragen.
3. In der Steuerbilanz ist jedoch Aktivierung des Disagios vorgeschrieben. Es kann dort lediglich 1/10 des Disagios, d.h. 3.000,-- DM als Zinsaufwand verbucht werden.
   - Das Steuerbilanzergebnis errechnet sich somit wie folgt:

```
   Handelsbilanzgewinn vor Steuern:    780.000,-- DM
./.Abschreibung auf Disagio              3.000,-- DM
=  Steuerbilanzgewinn                  777.000,-- DM
```

   - Ertragsteuern: 60 % v. 777.000,-- DM = 466.200,-- DM
4. Die latenten Steueransprüche 1987 betragen:
   466.200,-- ./. 450.000,-- = 16.200,-- DM
5. In den Folgejahren tritt eine Steuerentlastung auf von jährlich 1.800,-- DM (9 * 1.800,-- DM = 16.200,--DM).

7.6.2.2 Passive latente Steuern (Latente Steuerbelastung)

Passive latente Steuern entstehen analog, wenn der **effektive Steueraufwand** (gemäß Steuerbilanz **niedriger** ist als der fiktive Steueraufwand, der sich aufgrund der Handelsbilanz ergibt. Die Differenz stellt eine Art "Steuerbelastung" dar, die in späteren Jahren in vielen Fällen wieder ausgeglichen wird. Unter dieser Voraussetzung muß gem. § 274 Abs. 1 HGB eine Rückstellung für latente Steuern gebildet werden **(Passivierungspflicht)**. Die Rückstellung ist aufzulösen in späteren Jahren, wenn die entsprechend höhere Steuerbelastung auftritt.

In der Praxis entstehen passive latente Steuern hauptsächlich durch folgende **Bilanzierungsmaßnahmen**:

(1) Aktivierung von Ingangsetzungskosten in der Handelsbilanz (Steuerlich unzulässig) - siehe Beispiel
(2) Bildung von lediglich in der Steuerbilanz zulässigen steuerfreien Rücklagen, z.B. Preissteigerungsrücklage gem. § 74 EStDV
(3) Handelsbilanzielle Aufwendung: Wertaufholungsgebots beim abnutzbaren Anlagevermögen

Beispiel 41: Passive latente Steuern
1. Bei der Gründung einer kleinen Kapitalgesellschaft werden 165.000,-- DM brutto überwiesen für die Eröffnungswerbekampagne. Diese sollen in der Handelsbilanz aktiviert werden als Ingangsetzungskosten:
   - Ingangsetzungskosten / netto: 150.000,-- DM, Vorsteuer: 15.000,-- DM.

2. Am Jahresende ergibt sich folgendes Handelsbilanz-Ergebnis vor Steuern: 980.000,-- DM, die fiktiven Ertragsteuern (60 %) betragen 588.000,-- DM.
- In der Steuerbilanz müssen die Ingangsetzungskosten als laufender Aufwand
verbucht werden, es ergibt sich folgendes Steuerbilanz - Ergebnis: 980.000,-- DM ./. 150.000,-- DM = 830.000,-- DM. Als effektive Ertragsteuer - Belastung wurden bezahlt:
- Die latente Steuerbelastung (588.000,-- DM ./. 498.000,-- DM = 90.000,-- DM) muß passiviert werden.

Buchungssätze	/Bsp.41	(Gemäß Übungskontenplan/IKR im Anhang)		
Nr.	Konto		S	H
1. Per 01	Aufwend. f.d. Ingangsetz./Erw.d.GB		150.000,--	
260	Vorsteuer		15.000,--	
an 280	Bank			165.000,--
2. Per 775	Latente Steuern		90.000,--	
an 385	Latente Steuern (Rückstell.)			90.000,--

In der Wirtschaftspraxis werden viele Unternehmen den Ausweis latenter Steuern in der Bilanz **vermeiden** wegen der damit verbundenen "negativen Publizität". Eine Vermeidung ist denkbar durch möglichst einheitliche Bilanzierung in Handels- und Steuerbilanz ("Einheitsbilanz"). Die Verrechnung aktiver und passiver latenter Steuerbeträge ist zulässig und zu erwarten.

7.7 Haupt-Abschlußübersicht

Die vielfältigen Abschlußbuchungen werden meistens nicht sofort auf den Konten vorgenommen, sondern zunächst einmal in einer übersichtlicheren Tabelle. Der **Begriff** dieser sogenannten Haupt- Abschlußübersicht läßt sich bezeichnen als eine tabellarische Übersicht über alle im Geschäftsjahr geführten Konten mit deren Anfangsbeständen und Bewegungen sowie mit den noch vorzunehmenden vorbereitenden und endgültigen Abschlußbuchungen. Durch die dargestellten endgültigen Abschlußbuchungen wird die Schlußbilanz bzw. Gewinn- und Verlustrechnung voll ersichtlich. Für die oft sehr umfangreichen Übersichten können entsprechende Vordrucke aus dem Fachhandel bezogen werden.

Die Abschlußübersicht stellt einerseits einen "Kontrollabschluß" dar, d.h. es wird vor dem endgültigen Abschluß der Konten überprüft, ob der gesamte Buchungsstoff des Jahres formal richtig verbucht worden ist. Andererseits stellt die Abschlußübersicht einen **"Probeabschluß"** dar. Dieser zeigt, durch welche bilanztaktischen Abschlußbuchungen (z.B. erhöhte Abschreibungen) die Bilanz ein gewünschtes Bild ergibt. Schließlich ist die Abschlußübersicht sowohl für die Geschäftsleitung wie auch für Steuerberater, Wirtschaftsprüfer, Finanzbehörden usw. ein hervorragender Gesamtüberblick über den Ablauf des Geschäftsjahres.

Innerhalb einer Abschlußübersicht werden üblicherweise sämtliche geführten Konten als eigene Zeilen aufgeführt (in der Reihenfolge der Konten-Nummern). Als horizontale Einteilung sind meist die nachstehenden **6 Rubriken** (jeweils mit Soll- und Habenspalte) anzutrffen.

(1) **Summenbilanz**

Die Summenbilanz enthält die bisherigen Soll- und Haben-Summen der Konten vor deren Abschluß. Nach dem Doppiksystem muß die Summenzeile von Sollspalte und Habenspalte der Summenbilanz denselben Betrag ausweisen.

(2) **Saldenbilanz I (Buchsalden)**

In den Spalten der Saldenbilanz wird für jedes Konto die aus der Summenbilanz ermittelte Differenz zwischen Soll- und Habenbuchung vor dem Abschluß eingesetzt. Zu beachten ist, daß - im Gegensatz zu den einzelnen Konten - in der Saldenbilanz I der Saldo stets auf der größeren Seite steht. Also z.B. bei Konto 05 Maschinen (IKR): Sollsumme 120.000,-- DM, Habensumme: 15.000,-- DM, "Sollsaldo" 105.000,-- DM steht auf der Sollseite. Für die gesamte Saldenbilanz muß die Summenzeile in Sollspalte und Habenspalte denselben Betrag ausweisen.

(3) **Umbuchungen**

In die Soll - und Habenspalten dieser Rubrik werden alle vorbereitenden Abschlußbuchungen zwischen den Konten eingetragen (siehe hierzu Punkt 7.1.2 dieser Arbeit). Bei den Umbuchungen wird außer den Beträgen jeweils die Nummer des Buchungssatzes gemäß Grundbuchung angegeben. Bei einer großen Anzahl von Umbuchungen werden in der Abschlußübersicht nur Sammelbuchungen angegeben, die einzelnen Umbuchungen werden in separaten Listen aufgeführt. Für die gesamte Rubrik "Umbuchungen" muß die Summenzeile der Soll- und Habenspalten denselben Betrag ergeben.

(4) **Saldenbilanz II**

Die Saldenbilanz II zeigt für alle Konten die endgültigen Kontensalden, entwickelt auf der Saldenbilanz I unter Berücksichtigung der Umbuchungen. Auch hier muß die Summenzeile der Soll- und Habenspalte denselben Betrag ergeben.

(5) **Schlußbilanz (Inventurbilanz)**

In die Soll- und Habenspalte dieser Rubrik werden alle Salden der Aktiv- bzw. Passivkonten aus der Saldenbilanz II übernommen. Es sind stets die inventurmäßig ermittelten Endbestände einzusetzen, eventuelle Abweichungen zu den buchmäßigen Endbeständen müssen zuvor umgebucht worden sein. Die Summenzeile I (ohne Unternehmungsergebnis) ergibt für die Schlußbilanz in Soll- und Habenspalte noch **nicht** denselben Betrag. Dies beruht darauf, daß der Gewinn auf der Aktivseite bereits enhalten ist (z.B. als Bankguthaben), auf der Passivseite (Eigenkapital) jedoch noch nicht.

7. Abschlußbuchungen

(6) Gewinn- und Verlustrechnung
In die Sollspalte bzw. Habenspalte dieser Rubrik werden die Salden aller Aufwands- bzw. Ertragskonten aus der Saldenbilanz II übertragen. In der Summenzeile I ergibt sich in Sollspalte (Aufwendungen) und Habenspalte (Erträge) meist nicht derselbe Betrag. Die Differenz stellt des Unternehmungsergebnis dar: Als Gewinn in der Sollspalte, als Verlust in der Habenspalte. In Summenzeile II (mit Unternehmungsergebnis) müssen auch bei Schlußbilanz sowie bei Gewinn- und Verlsutrechnung die Sollspalte und Habenspalte denselben Betrag ergeben.

Neben der bisher geschilderten, einfachen Abschlußübersicht werden auch **erweiterte Abschlußübersichten**, z.B. mit den nachstehenden zusätzlichen Rubriken verwendet:

- Vorspalten zur Summenbilanz: Anfangsbestände der Konten aus der Eröffnungsbilanz sowie Verkehrszahlen (Sollumsätze / Habenumsätze der Konten
- Vorspalten zur Gewinn- und Verlsutrechnung gemäß GKR: Betriebsergebnis-Neutrales Ergebnis

Das nachstehende **Beispiel** einer einfachen Abschlußübersicht soll die Entwicklung der Abschlußübersicht verdeutlichen.

Beispiel 42: Haupt-Abschlußübersicht

Ein Industriebetrieb weist vor dem Abschluß die in der Summenbilanz bereits eingetragenen Kontensummen auf. Die Konto-Nr. wurde gemäß Übungskontenplan/IKR eingesetzt, die Beträge lauten auf Tausend DM (TDM). Bei den Materialkonten wird die Fortschreibungsrechnung eingesetzt, bei den Fabrikatekonten die Befundrechnung. Aus der Summenbilanz wird die Saldenbilanz I ermittelt. Die Angaben für die Umbuchungen (= vorbereitende Abschlußuchungen) lauten wie folgt:

1. Am Jahresende erfolgt der Zielverkauf einer nicht mehr benötigten Maschine (Generator für netto 40.000,-- DM zuzüglich 4.000,-- DM Umsatzsteuer, Rechnungsbetrag/brutto: 44.000,-- DM. Die Anschaffungskosten betrugen 68.000,-- DM, die bisher vorgenommenen Wertberichtigungen betrugen 20.000,-- DM, Veräußerungsverlust: 8.000,-- DM.
2. Abschreibungsbetrag bei den verbleibenden Maschinen: 40.000,-- DM (indirekte Abschreibung).
3. Abschreibungsbetrag bei Betriebs- und Geschäftsausstattung: 20.000,-- DM (direkte Abschreibung).
4. Zum Jahresende erhalten wir vom Rohstofflieferanten einen Umsatzbonus von 44.000,-- DM (brutto), wir verrechnen den Bonus mit unseren Verbindlichkeiten
5. Abschluß des Unterkontos: Bezugskosten / Rohstoffe
6. Abschluß des Unterkontos: Nachlässe / Rohstoffe
7. Wir gewähren den Stammkunden zum Jahresabschluß einen Treuebonus von 88.000,-- DM (butto), den wir als Zugang von Verbindlichkeiten aus Lieferungen und Leistungen verbuchen.
8. Abschluß des Unterkontos: Erlösberichtigungen / Eigene Erzeugnisse

9. Bei der Inventur wurde ein Rohstoffschwund festgestellt von 12.000,-- DM
10. Inventurbestand bei unfertigen Erzeugnissen: 152.000,-- DM. Bestandsveränderung: 152.000,-- DM ./. 128.000,-- DM = 24.000,-- DM.
11. Inventurbestand bei Fertigerzeugnissen 152.000,-- DM. Bestandsverminderung: 164.000,-- DM ./. 152.000,-- DM = 12.000,-- DM.
12. Das Vorsteuerguthaben wird auf das Umsatzsteuer-Verrechnungskonto übertragen.
13. Die Mehrwertsteuerschuld wird auf das Umsatzsteuer-Verrechnungskonto übertragen.
14. Die Zahllast wird passiviert.

Buchungssätze /Bsp.42		(Gemäß Übungskontenplan/IKR im Anhang)		
Nr.		Konto	S	H
1.	Per 240	Forderungen aus Lief. u. L.	44.000,--	
	361	Wertberichtigungen zu Sachanlagen	20.000,--	
	6962	Verluste a. d. Abgang / Sachanl.	8.000,--	
	an 070	Technische Anlagen und Maschinen		68.000,--
	480	Umsatzsteuer		4.000,--
2.	Per 652	Abschreibungen auf Sachanlagen	40.000,--	
	an 361	Wertberichtigungen zu Sachanlagen		40.000,--
3.	Per 652	Abschreibungen auf Sachanlagen	20.000,--	
	an 080	Betriebs- und Geschäftsausstattung		20.000,--
4.	Per 440	Verbindlichkeiten aus Lief. u. L.	44.000,--	
	an 2002	Nachlässe / Rohstoffe		40.000,--
	260	Vorsteuer		4.000,--
5.	Per 200	Rohstoffe / Fertigungsmaterial	84.000,--	
	an 2001	Bezugskosten / Rohstoffe		84.000,--
6.	Per 2002	Nachlässe / Rohstoffe	128.000,--	
	an 200	Rohstoffe / Fertigungsmaterial		128.000,--
7.	Per 5001	Erlösberichtigungen / Eigene Erzeugn.	80.000,--	
	480	Umsatzsteuer	8.000,--	
	an 440	Verbindlichkeiten aus Lief. u. L.		88.000,--
8.	Per 500	Umsatzerlöse / Eigene Erzeugn.	208.000,--	
	an 5001	Erlösberichtigungen / Eigene Erz.		208.000,--
9.	Per 600	Rohstoffe / Fertigungsmaterial	12.000,--	
	an 200	Rohstoffe / Fertigungsmaterial		12.000,--
10.	Per 210	Unfertige Erzeugnisse	24.000,--	
	an 520	Bestandsveränderungen		24.000,--
11.	Per 520	Bestandsveränderungen	12.000,--	
	an 220	Fertigerzeugnisse		12.000,--
12.	Per 482	Umsatzsteuer-Verrechnungskonto	88.000,--	
	an 260	Vorsteuer		88.000,--
13.	Per 480	Umsatzsteuer	152.000,--	
	an 482	Umsatzsteuer-Verrechnungskonto		152.000,--
14.	Per 482	Umsatzsteuer-Verrechnungskonto	64.000,--	
	an 483	Verbindlichk. g. Finanzbehörden		64.000,--
		SUMME	1.036.000,--	1.036.000,--

7. Abschlußbuchungen

größere Seite steht der Saldo (= vorgetr. AB)

Ko.-Nr.	Kontenbezeichnung	Summenbilanz S	H	Saldenbilanz I S	H	Umbuchungen Nr.	S	Nr.	H
070	T.A.u.Masch	560		560				1.	68
080	A.A.u.B.G.A.	220	−56	=164 *Saldo*	+0			3.	−20
200	Rohstoffe	1.040	440	600		5.	84	9.	12
200	Rohstoffe							6.	128
2001	Bezugsko./R.	100	16	84				5.	84
2002	Nachlässe/R.		88		88	6.	128	4.	40
210	Unfert. Erz.	AB 128		128		10.	24		
220	Fertigerz.	AB 164		164				11.	12
240	Ford.a.L.u.L	940	792	148		1.	44		
260	Vorsteuer	180	88	92				4.	4
260	Vorsteuer							12.	88
280	Bank	810	450	360					
288	Kasse	30	10	20					
300	Eigenkapital		1.844		1.844				
361	W.B. zu S.A.		148		148	1.	20	2.	40
440	Verb.a.L.u.L	410	532		122	4.	44	7.	88
480	Umsatzsteuer	16	172		156	7.	8	1.	4
480	Umsatzsteuer					13.	152		
482	USt-Verr.ko.					12.	88	13.	152
482	USt-Verr.ko.					14.	64		
483	Verb.g.F.B.	50	60		10			14.	64
500	Ums.erl./E.E.		840		840	8.	208		
5001	Erlösb./E.E.	128		128		7.	80	8.	208
520	Best.veränd.					11.	12	10.	24
600	Aufw.f.R.St.	420		420		9.	12		
652	Abschr.a.SA					2.	40		
652	Abschr.a.Sa					3.	20		
6962	Verl.a.A./SA					1.	8		
746	Zinsaufw.	340		340					
	Summe I	5.536	5.536	3.208	3.208		1.036		1.036
	Unt.ergebnis								
	Summe II								

Abschlußübersicht / Erster Teil (Beträge in TDM)/Bsp. 43

Summe aller Buchungen

7. Abschlußbuchungen

Ko.-Nr.	Kontenbezeichnung	Saldenbilanz II (Inventurbilanz)		Schlußbilanz (Inv.)		G.u.V.-Rechnung	
		S	H	S (A)	H (P)	S (Aufw.)	H (Ertr.)
070	T.A.u.Masch	492		492			
080	A.A.u.B.G.A.	144		144			
200	Rohstoffe	544		544			
200	Rohstoffe						
2001	Bezugsko./R.						
2002	Nachlässe/R.						
210	Unfert. Erz.	152		152			
220	Fertigerz.	152		152			
240	Ford.a.L.u.L	192		192			
260	Vorsteuer						
260	Vorsteuer						
280	Bank	360		360			
288	Kasse	20		20			
300	Eigenkapital		1.844		1.844		
361	W.B. zu S.A.		168		168		
440	Verb.a.L.u.L		166		166		
480	Umsatzsteuer						
480	Umsatzsteuer						
482	USt-Verr.ko.						
482	USt-Verr.ko.						
483	Verb.g.F.B.		74		74		
500	Ums.erl./E.E.		632				632
5001	Erlösb./E.E.						
520	Best.veränd.		12				12
600	Aufw.f.R.St.	432				432	
652	Abschr.a.SA	40				40	
652	Abschr.a.Sa	20				20	
6962	Verl.a.A./SA	8				8	
746	Zinsaufw.	340				340	
	Summe I	2.896	2.896	2.056	2.252	840	644
	Unt.ergebnis			Verlust: 196			196
	Summe II			2.252	2.252	840	840

Abschlußübersicht / Fortsetzung (Beträge in TDM) /Bsp. 43

7.8 Gewinnverteilung bei verschiedenen Rechtsformen

7.8.1 Gewinnverteilung bei Personengesellschaften

Nach Verbuchung aller Aufwendungen und Erträge stellt der Saldo des Gewinn- und Verlustkontos das Unternehmungsergebnis (Sollsaldo = Gewinn, Habensaldo = Verlust). Die zutreffende Kontenseite für den Saldo im Gewinnfalle bzw. Verlustfalle ist in Abb. 76 dargestellt.

7. Abschlußbuchungen

Abb. 76: **Saldo des Gewinn- und Verlustkontos**

Für den vollständigen Abschluß muß auch der Saldo dieser Konten in das Schlußbilanzkonto übertragen werden. Die Verteilung des Unternehmungsergebnisses hängt stark von der jeweiligen **Rechtsform** der Unternehmung ab und von den für diese Rechtsform geltenden Bestimmungen des Handelsrechts. Ein Überblick über die Rechtsformen der Unternehmung ist in den Werken der allgemeinen Betriebswirtschaftslehre zu finden (vgl. Grimm-Curtius, in: Bestmann 1991, S. 22).

Beim Einzelkaufmann ist der Saldo des Gewinn- und Verlustkontos eine sogenannte **Gewinnverteilung** aufgestellt und verbucht werden. Zur Ermittlung der Aufteilung des Gesamtgewinns auf die einzelnen Gesellschaften wird meistens zunächst eine sogenannte Gewinnverteilungstabelle aufgestellt. Zur Verteilung des Gesamtgewinns wird dieser üblicherweise aus dem Gewinn- und Verlustkonto ausgebucht und in ein spezielles Konto: "Gewinn- und Verlustverteilung" übertragen. Aus diesem Konto werden die ermittelten Gewinnanteile der Gesellschafter übertragen. Diese Buchungen sind zusammenfassend in Abb. 77 dargestellt.

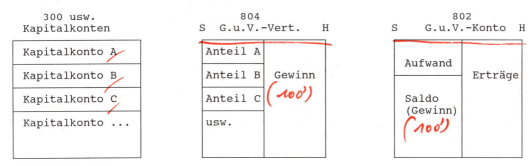

Abb. 77: **Gewinnverteilung bei Personengesellschaften**

Für die Verteilung des Unternehmungsergebnisses sind im Handelsrecht für die einzelnen Rechtsformen gewisse Vorschriften enthalten. Jedoch haben diese Rechtsvorschriften nur dispositiven Charakter, d.h. die individuelle Gesellschaftsverträge können abweichende Bestimmungen regeln.

7.8.2 Stille Gesellschaft

Gemäß § 335 HGB liegt eine stille Gesellschaft vor, wenn sich jemand als stiller Gesellschafter an dem Handelsgewerbe, das ein anderer betreibt, mit einer Vermögenseinlage beteiligt. Das vom stillen Gesellschafer eingebrachte Vermögen geht in das Vermögen des Handelsgeschäfts über und ist in der Bilanz nicht mehr erkennbar. Für die Verbuchung des Gewinnanteils sind die nachstehenden, grundsätzlichen **Formen** der stillen Gesellschaft zu unterscheiden.

(1) **Typische stille Gesellschaft**
Die Einlage des stillen Gesellschafters wird nicht als Eigenkapital, sondern als **langfristige Verbindlichkeit** verbucht. Die Gewinnbeteiligung gemäß § 230 HGB enthält wenig konkrete Regeln ("angemessener Anteil"). In der Praxis wird meistens eine Gewinnbeteiligung ähnlich wie eine feste Verzinsung der Einlage vereinbart. An den stillen Reserven (z.B. Veräußerungsgewinne aus Anlageverkäufen) ist der typische stille Gesellschafter nicht beteiligt, meistens wird auch eine Verlustbeteiligung ausgeschlossen. Der Gewinnanteil des stillen Gesellschafters wird nicht auf seinem Kapitalkonto verbucht, sondern ausbezahlt (Banküberwiesung).

Der Buchungssatz lautet daher:

> Per Gewinn- und Verlustverteilung an Bank ... DM

(2) **Atypische stille Gesellschaft**
Hier ist der stille Gesellschafter auch an den stillen Reserven beteiligt und wird steuerlich als "Mitunternehmer" betrachtet. Die Verbuchung erfolgt meistens wie beim Anteil eines OHG-Gesellschafters.

7.8.3 Offene Handelsgesellschaft (OHG)

Gemäß § 105 HGB liegt eine OHG vor bei einer Gesellschaft, deren Zweck auf den Betrieb eines Handelsgewerbes unter gemeinschaftlicher Form gerichtet ist, wenn bei keinem der Gesellschafter die Haftung gegenüber den Gesellschaftsgläubigern beschränkt ist.

Für die **Verteilung** des Unternehmungsergebnisses gelten die §§ 120 ff. HGB, die aber meistens durch Bestimmungen des Gesellschaftervertrages modifiziert werden. Grundsätzlich werden gem. § 120 HGB die Gewinnanteile der Gesellschafter auf deren Kapitalkonten gutgeschrieben. Verlustanteile und Entnahmen werden von den Kapitalkonten abgebucht. Gemäß § 121 HGB erhält jeder Gesellschafter zunächst eine "Vordividende" in Höhe von 4 % auf seinen Kapitalanteil, der Restgewinn soll nach Köpfen verteilt werden. In den Gesellschaftsverträgen wird meistens vereinbart, daß die mitarbeitenden Gesellschafter vorab einen Anteil als Vergütung für Geschäftsführung erhalten ("Vorab"). Die Vordividende berechnet sich meistens nach dem Anfangskapital des Geschäftsjahres, in manchen Fällen ist ein Zinskürzung bzw. Zinserhöhung bei Entnahmen bzw. Einlagen während des Jahres vereinbart. Die

Ermittlung der Gewinnanteile und deren Verbuchung erfolgt wie bei Komplementären (siehe Punkt 7.8.4 dieser Arbeit).

7.8.4 Kommanditgesellschaft (KG)

Gemäß § 161 HGB sind für die KG grundsätzlich die Vorschriften der §§ 105 ff. HGB (OHG) anzuwenden. Es gibt also einen oder mehrere Gesellschafter mit unbeschränkter Haftung wie bei der OHG (sogenannte Komplementäre = Vollhafter). Daneben können in einer KG die für diese Rechtform typischen Kommanditisten (Teilhafter) angetroffen werden. Bei den Kommanditisten ist die Haftung auf den Betrag ihrer Vermögenseinlage beschränkt. Die Kommanditisten haben üblicherweise keine Geschäftsführungsbefugnis und auch kein Recht für Privatentnahmen. Die Vorschriften zur Verteilung des Unternehmnungsergebnisses sind in den §§ 167 ff. HGB geregelt.

Für die Gewinnverteilung ist dabei die folgende Rechtsvorschrift für die Komanditisten von besonderer Bedeutung. Gemäß § 167 Abs. 2 HGB dürfen Gewinnanteile an Kapitalanteilen nur solange gutgeschrieben werden, bis die Pflichteinlage erreicht ist. Ist die Pflichteinlage noch nicht erreicht, so liegen **ausstehende Einlagen** vor (der Gesellschafter hat seine Einlage noch nicht vollständig einbezahlt). Für die ausstehenden Einlagen werden die nachstehenden beiden Buchungsmethoden verwendet.

(1) "Isteinlage": Auf dem Kapitalkonto des Gesellschafters wird nur die einbezahlte Isteinlage verbucht. Gewinnanteile erhöhen diesen Betrag (bis zur Grenze der Pflichteinlage), Verlustanteile vermindern diesen Betrag.
(2) "Solleinlagen": Auf dem Kapitalkonto des Gesellschafters wird dessen Pflichteinlage verbucht, die ausstehende Einlage wird auf einem Aktivkonto (Ausstehende Einlagen) festgehalten. Durch die Gewinnanteile werden die ausstehenden Einlagen reduziert, durch Verlustanteile erhöht.

Weitere Vorschriften zur **Gewinnverteilung** der KG finden sich in den §§ 168 ff. HGB bzw. im Gesellschaftsvertrag:

- § 168 Abs. 1 HGB: Vordividende 4 %
- § 168 Abs. 2 HGB: Verteilung des Restgewinns nach angemessenem Verhältnis. Üblicherweise erhalten Vollhafter einen höheren Anteil als Teilhafter (Risikoprämie). Die geschäftsführenden Gesellschafter erhalten einen Vorabanteil wegen Mitarbeit.
- § 169 Abs. 1 HGB: Kein Entnahmerecht der Kommanditisten.

Der **Gewinnanteil** des **Kommanditisten** soll an diesen ausgezahlt werden (wenn die Pflichteinlage voll eingezahlt ist). Die Gewinnanteile der Kommanditisten werden daher auf dem Konto "Sonstige Verbindlichkeiten" verbucht, oft werden hierzu entsprechende Unterkonten "Gewinnanteil A, B, C" usw. geführt. Die Ermittlung der Gewinnanteile einer KG durch Gewinnverteilungstabelle und die anschließende Verbuchung der Gewinnverteilung soll durch das nachstehende Beispiel verdeutlicht werden.

Beispiel 43: Gewinnverteilung / KG

(1) Ein Industrieunternehmen (Kommanditgesellschaft) weist in einem Auszug der Saldenbilanz die nachstehenden Beträge aus. Die Verbuchung ausstehender Einlagen erfolgt nach der Sollmethode (Kapitalkonten: Pflichteinlage, ausstehende Einlagen auf dem gleichnahmigen Konto). Gesellschafter A ist Vollhafter, die Gesellschafter B und C sind Teilhafte der KG.

Saldenbilanz /Bsp.42 (Gemäß Übungskontenplan/IKR im Anhang)

Konto-Nr.	Konto	S	H
300	Kapital Gesellschafter A		300.000,--
3001	Privatkonto A	37.000,--	
307	Kommanditkapital Gesellsch. B		120.000,--
308	Kommanditkapital Gesellsch. C		80.000,--
000	Ausstehende Einlagen C		30.000,--
802	Gewinn- und Verlustkonto		141.000,--

(2) Der Gesellschaftsvertrag enthält die nachstehenden Bestimmungen über die Gewinnverteilung.
- Vorabanteil: Gesellschafter A erhält vorab 60.000,-- DM für seine Tätigkeit als Geschäftsführer.
- Vordividende: Jeder Gesellschafter erhält vorab eine Verzinsung von 4 % auf das einbezahlte Kapital. Entnahmen und Einlagen während des Geschäftsjahres werden bei der Verzinsung nicht berücksichtigt.
- Restgewinn-Anteile: Der Restgwinn soll im Verhältnis 2 : 1 : 1 aufgeteilt werden (persönliche Haftung bei A).

(3) Es sollen anhand einer Gewinnverteilungstabelle die Gesamt - Gewinnanteile der Gesellschafter ermittelt werden.

Gewinnverteilungstabelle /Bsp. 43

Nr.	A (Vollh.)	B (Teilh.)	C (Teilh.)	Summe
1. Anfangskapital	300.000,--	120.000,--	80.000,--	500.000,--
davon einbezahlt	300.000,--	120.000,--	50.000,--	470.000,--
nach Privatentnahmen	263.000,--	120.000,--	50.000,--	433.000,--
2. Vorabanteil für Geschäftsführer	60.000,--	---	---	60.000,--
3. Vordividende 4 % auf einbez.K.	12.000,--	4.800,--	2.000,--	18.800,--
4. Restgewinnanteile 2 : 1 : 1	31.100,--	15.550,--	15.550,--	62.200,--
5. Gesamt-Gewinnanteile	103.100,--	20.350,--	17.550,--	141.000,--
6. Eigenkapital	366.100,--	120.000,--	80.000,--	566.100,--
davon einbezahlt	366.100,--	120.000,--	67.550,--	553.650,--
7. Gewinnanteil Konto B (Sonstige Verbindl.)		20.350,--		20.350,--
8. Ausstehende Einlagen C			12.450,--	12.450,--

(4) Der Saldo des Kontos 802 (Gewinn) soll über Konto 804 "Gewinn- und Verlustverteilung" auf die Kapitalkonten der Gesellschafter verteilt werden.
Buchungssätze:

1. Übernahme des Gewinns auf Konto "Gewinn- und Verlustverteilung"
2. Umbuchung des Gewinnanteils von A auf sein Kapitalkonto
3. Umbuchung der Privatentnahmen von A auf sein Kapitalkonto
4. Umbuchung des Gewinnanteils von B auf "Verbindlichkeiten gegenüber Gesellschaftern".
5. Verrechnung des Gewinnanteils von C mit den "Ausstehenden Einlagen C"

```
B u c h u n g s s ä t z e  /Bsp.43     (Gemäß Übungskontenplan/IKR im Anhang)
Nr.            Konto                              S              H

1. Per 802     Gewinn- und Verlustkonto          141.000,--
   an  804     Gewinn- und Verlustverteilung                    141.000,--
2. Per 804     Gewinn- und Verlustverteilung     103.100,--
   an  300     Kapital Gesellschafter A                         103.100,--
3. Per 300     Kapital Gesellschafter A           37.000,--
   an  3001    Privatkonto A                                     37.000,--
4. Per 804     Gewinn- und Verlustverteilung      20.350,--
   an  487     Verbindl. g. Gesellschafter                       20.350,--
5. Per 804     Gewinn- und Verlustverteilung      17.550,--
   an  000     Ausstehende Einlage C                             17.550,--
```

7.8.5 Aktiengesellschaft (AG)

7.8.5.1 Gezeichnetes Kapital / Ausstehende Einlagen

Im Gegensatz zu Personengesellschaften haben Kapitalgesellschaften ein starres Kapitalkonto, welches nicht durch die jährlichen Gewinne oder Verluste verändert werden darf. Der jeweils anfallende Jahresüberschuß wird zum Teil zu Einstellungen in die Gewinnrücklagen verwendet, der restliche Teil wird an die Aktionäre ausgeschüttet als Dividende. Das "Gezeichnete Kapital" wird an die Aktionäre ausgeschüttet als Dividende. Das "Gezeichnete Kapital" stellt den konstanten Teil des Eigenkapitals der Aktiengesellschaft dar; es kann nur durch satzungsändernde Maßnahmen der Kapitalerhöhung bzw. Herabsetzung verändert werden. Für den allerdings denkbaren Fall, daß das gezeichnete Kapital nicht voll einbezahlt ist (**"Ausstehende Einlagen"**), sind gemäß HGB die folgenden beiden Ausweismethoden zugelassen. Die beiden Alternativen sind jeweils anhand eines kleinen Beispiels verdeutlicht. Die Zahlenangaben lauten: Gezeichnetes Kapital: DM 1.000.000,--, davon einbezahlt auf Bankkonto: DM 600.000,--, verbleibende austehende Einlagen: DM 400.000,--; von den ausstehenden Einlagen sind eingefordert: DM 150.000,--

(1) **Alternative I** (§ 272 Abs. 1 Satz 2 HGB)

GRÜNDUNGSBILANZ

Ausstehende Einlagen	400.000	Gezeinetes Kapital	1.000.000
- davon eingefordert 150.000			
Bankguthaben	600.000		
SUMME	1.000.000	SUMME	1.000.000

(2) **Alternative II** (§ 272 Abs. 1 Satz 3 HGB)

GRÜNDUNGSBILANZ

Eingeford., noch nicht einbez. Kapital	150.000	Gezeichnetes Kapital	1.000.000
Bankguthaben	600.000	./. nicht eingef. Kap. 250.000	
		Eingef. Kapital	750.000
SUMME	750.000	SUMME	750.000

7.8.5.2 Kapital- und Gewinnrücklagen

Der variable Teil des bilanzierten Eigenkapitals der AG wird durch die offenen Rücklagen gebildet. Daneben sind auch noch Teile des Eigenkapitals möglich, die nicht aus der Bilanz ersichtlich sind, die sog. stillen Reserven wegen Unterbewertung von Aktiva oder Überbewertung von Passiva. Die folgende Aufstellung zeigt einen Über-blick über die bei der AG vielfältigen **Arten von (offenen) Rücklagen**.

(1) **Kapitalrücklagen** gem. § 272 Abs. 2 HGB
   - Definition: Eigenkapitalteile, die der AG von außen zugeflossen sind (Aktionäre)
   - Beispiel: Agio (Aufgeld) auf den Nennwert bei der Ausgabe von Anteilen, Zuzahlungen für Vorzugsaktion usw.

(2) **Gewinnrücklagen** gem. § 266 Abs. 3 HGB
   - Definiton: Eigenkapitalteile, die von der AG durch Einbehaltung von Teilen des Jahresüberschusses gebildet worden sind
     - **Gesetzliche Rücklagen** gem. § 150 AktG: Die AG hat jährlich 5 % des Jahresüberschusses in die genannte Rücklage einzustellen, bis diese 10 % des Grundkapitals (gezeichnetes Kapital) erreicht.
     - **Rücklage für eigene Anteile**
     - **Satzungsmäßige Rücklagen**
     - **"Andere Gewinnrücklagen"** im Sinne von § 266 HGB: Bei Feststellung des Jahresabschlusses durch Vorstand und Aufsichtsrat kann der Vorstand Teile des Jahresüberschusses (maximal die Hälfte) in andere Rücklagen einstellen gem. § 58 AktG.

7.8.5.3 Sonderposten mit Rücklagenanteil

Die in der Bilanz gem. §§ 247,273 HGB zulässigen "Sonderposten" sind im Folgenden kurz erläutert. Diese Posten stellen eine Mischung von Eigenkapital und Fremdkapital dar und werden daher als **"Sonderposten"** zwischen Eigen- und Fremdkapital ausgewiesen.

(1) Sog. **Steuerfreie Rücklagen**
   Hier handelt es sich um Zuführungen zu Rücklagen, die aufgrund bestimmter steuerlicher Vergünstigungen (noch) nicht der Besteuerung unterlegen haben. Bei Kapitalgesellschaften ist gem. § 273 HGB die Zulässigkeit der steuerfreien Rücklagen auf die Fälle mit "umgekehrter Maßgeblichkeit" begrenzt. Die umgekehrte Maßgeblichkeit (Maßgeblichkeit der Steuerbilanz für die Handelsbilanz) bedeutet, daß die Anerkennung von Sonderabschreibungen in der Steuer-

bilanz davon abhängt, daß diese Sonderposten auch in der Handelsbilanz gebildet werden. Diese Maßgeblichkeit ist für fast alle Sonderabschreibungen vorgegeben, eine wesentliche Ausnahme bilden die Preissteigerungsrücklagen gem. § 74 EStDV. Bei den steuerfreien Rücklagen kommen in der Praxis besonders die nachstehenden Fälle vor.
- **Rücklage für Ersatzbeschaffung wegen höherer Gewalt** gem. A 35 EStR: Durch Entschädigungsleistungen beim Verlust von Wirtschaftsgütern wegen Brand, Enteignungen usw. kommt es zur Aufdeckung von stillen Reserven, die unter bestimmten Voraussetzungen ohne Besteuerung auf das Ersatzwirtschaftsgut übertragen werden können.
- **Rücklage für Veräußerungsgewinne bei best. Anlagegütern** gem. 6 b EStG: Buchgewinne (realisierte stille Reserven) bei der Veräußerung von Anlagegütern können unter bestimmten Voraussetzungen ohne Besteuerung auf ein Ersatz-Wirtschaftsgut übertragen werden. Die Bezeichnung "steuerfreie Rücklage" ist nicht ganz korrekt, denn spätestens nach zwei Jahren tritt die Besteuerung doch ein, falls keine Ersatzbeschaffung durchgeführt wurde.

(2) **Wertberichtigung aufgrund steuerlicher Sonderabschreibungen**
Nach der für alle Kaufleute geltenden Rechtsnorm des § 254 HGB können in der Abschreibungen über das handelsrechtlich gebotene Maß hinaus gebildet werden, wenn dies steuerlich zulässig sind **(sog. steuerliche Sonderabschreibungen)**. Für Kapitalgesellschaften ist jedoch auch hier wiederum die Zulässigkeit auf Fälle mit "umgekehrter Maßgeblichkeit" beschränkt gemäß § 279 Abs. 2 HGB. Die Verbuchung der steuerlichen Sonderabschreibungen in der Handelsbilanz kann einerseits direkt erfolgen, d.h. durch Abschreibung des betreffenden Wirtschaftsgutes. Andererseits ist wahlweise auch die indirekte Abschreibung in Form der hier genannten Wertberichtigungen zulässig. Diese müssen jedoch wieder aufgelöst werden, wenn das Wirtschaftsgut ausscheidet oder wenn die handelsrechtlich gebotenen Abschreibungen in späteren Jahren niedriger sind als die tatsächlichen Abschreibungen.

7.8.5.4 Ergebnisverwendung im Jahresabschluß

Die Ergebnisverwendung der AG (Verteilung des Jahresüberschusses) kann einerseits in der **Gewinn- und Verlustrechnung** angegeben sein. Das für alle Kapitalgesellschaften geltende Gliederungsschema des § 275 endet zwar mit dem Jahresüberschuß, da der Ergebnisverwendungs-Ausweis in der Bilanz vorgesehen ist. Unabhängig jedoch von der Bilanzierung ist für Aktiengesellschaften gemäß § 158 AktG vorgeschrieben, die Gewinn- und Verlustrechnung durch das nachstehende **Ergebnisverwendungs-Schema** zu ergänzen; das genannte Schema kann wahlweise auch im Anhang angegeben sein.

... Jahresüberschuß (letzte Position der Erfolgsrechnung)
1. Gewinnvortrag / Verlustvortrag aus dem Vorjahr
2. Entnahmen aus der Kapitalrücklage
3. Entnahmen aus Gewinnrücklagen
   a) - d) analog wie bei 4.
4. Einstellungen in Gewinnrücklagen
   a) in die gesetzliche Rücklage
   b) in die Rücklage für eigene Aktien
   c) in satzungsmäßige Rücklagen
   d) in andere Gewinnrücklagen
5. Bilanzgewinn / Bilanzverlust

Im wesentlichen ist jedoch der Ausweis der Ergebnisverwendung vorgesehen in die **Eigenkapitalpositionen** der **Bilanzgliederung** gemäß § 266 HGB. Nach den für alle Kapitalgesellschaften geltenden Vorschriften stehen dabei die nachstehend genannten **drei** Ausweismethoden wahlweise zur Verfügung.

(1) **Ergebnisausweis vor Gewinnverwendung** (§ 266 HGB)
 - Beim Bilanz-Gliederungsschema gem. § 266 HGB ist diese Methode "standardmäßig" zugrundegelegt. Die genannte Ausweismethode zeigt sich an den nachstehend genannten Bilanzpositionen:
 - Gewinnrücklagen / alt (vor Verwendung des Jahresergebnisses)
 - Gewinnvortrag / Verlustvortrag / alt (vor Verwendung des Jahresergebn.).
 - **Jahresüberschuß** / **Jahresfehlbetrag** (aus der Erfolgsrechnung)

(2) **Ergebnisausweis nach teilweiser Ergebnisverwendung** (§ 268 Abs. 1 Satz 2 HGB)
 - Da der Vorstand der AG gesetzlich sowie ggfs. satzungsmäßige Rücklagen zu bilden hat und auch häufig von seinem Recht zur Bildung der anderen Rücklagen Gebrauch macht, dürfte die hier genannte Ausweismethode die vorherrschende Methode der AG sein (Feststellung des Jahresabschlusses durch den Vorstand und Aufsichtsrat). Die genannte Methode zeigt sich an den nachstehend genannten Bilanzpositionen:
 - Gewinnrücklagen / neu (nach teilweiser Ergebnisverwendung)
 - Gewinnvortrag / Verlustvortrag / alt: entfällt (ist in den Bilanzgewinn mit einbezogen)
 - Jahresüberschuß: entfällt **!!!**
 - **Bilanzgewinn** / **Bilanzverlust**

(3) **Ergebnisausweis nach vollständ. Ergebnisverwendung** (§ 268 Abs. 1 Satz 1 HGB)
 - Diese Methode entspricht z.B. dem Jahresabschluß einer kleinen GmbH, wenn sich die Gesellschafter bereits auf die vollständige Ergebnisverwendung geeinigt haben. Die genannte Methode zeigt sich an den nachstehend genannten Bilanzpositionen:
 - **Gewinnrücklagen / neu** (nach vollständiger Ergebnisverwendung)
 - Gewinnvortrag / Verlustvortrag / neu (nach vollständiger Ergebnisverw.)
 - Jahresüberschuß: entfällt, da bereits vollständig verteilt

Der Industriekontenrahmen (IKR`86) stellt zur systematischen Abwicklung der Ergebnisverwendung zusätzlich zur Kontengruppe 34: "Jahresüberschuß" noch die **Kontengruppe 33**: "Ergebnisverwendung" zur Verfügung. Die Kontengruppe 33 ist dabei bereits für alle drei Ausweismethoden der Ergenisverwendung verwendbar. Der typische Ergenisausweis der AG im Falle der teilweisen Ergebnisverwendug unter Verwendung der Kontengruppe 33 gemäß IKR ist in Abb. 78 vereinfacht dargestellt.

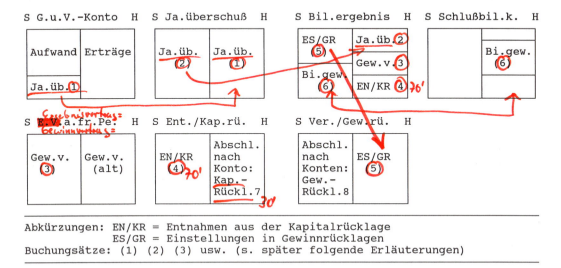

Abkürzungen: EN/KR = Entnahmen aus der Kapitalrücklage
              ES/GR = Einstellungen in Gewinnrücklagen
Buchungssätze: (1) (2) (3) usw. (s. später folgende Erläuterungen)

Abb. 78: **Teilweise Ergebnisverwendung (IKR)** (AG)

Die nachstehende Aufstellung der Buchungssätze zeigt die typische Verbuchung der **teilweisen Ergebnisverwendung** beim Jahresabschluß nach dem IKR.

(1) Umbuchung des gesamten Jahresüberschusses in das Konto "Jahr.überschuß":
    Per Konto 802 GuV-Konto (Gesamtkostenverfahren)
    An Konto 340 Jahresüberschuß / Jahresfehlbetrag
(2) Umbuchung des gesamten Jahresüberschusses in das Konto "Bilanzgewinn":
    Per Konto 340 Jahresüberschuß / Jahresfehlbetrag
    An Konto 335 Bilanzergebnis
(3) Übernahme des ggfs. vorhan. Gewinnvortrags in das Konto "Bilanzgewinn":
    Per Konto 332 Ergebnisvortrag aus früheren Perioden
    An Konto 335 Bilanzergebnis
(4) Ggfs. Entnahmen aus der Kapitalrücklage für das Konto "Bilanzgewinn":
    Per Konto 333 Entnahmen aus der Kapitalrücklage
    An Konto 334 Veränderungen der Gewinnrücklagen
(5) Einstellungen in Gewinnrücklagen (z.B. gesetzliche Rücklage)
    Per Konto 335 Bilanzergebnis
    An Konto 334 Veränderungen Veränderungen der Gewinnrücklagen

(6) Übernahme des Bilanzgewinns in die Schlußbilanz:
   Per Konto 335 Bilanzergebnis
   An Konto 801 Schlußbilanzkonto
(7) Abschluß der Bestandskonten "Kapitalrücklage"
   Buchungssätze je nach Umfang der vorliegenden Rücklagen
(8) Abschluß der Bestandskonten "Gewinnrücklagen"
   Buchungssätze je nach Umfang der vorliegenden Rücklagen

7.8.5.5 Verwendung des Bilanzgewinns (Folgejahr)

Im Folgejahr, nach dem Beschluß der Hauptversammlung, ist noch die beschlossene **Verwendung** des **Bilanzgewinns** (Ausschüttung) zu verbuchen. Die Beschlußfassung richtet sich in den meisten Fällen nach dem Gewinnverwendungsvorschlag des Vorstands. Es ist hier die Feststellung des Jahresabschlusses durch Vorstand und Aufsichtsrat unterstellt. In diesem Falle wird der festgestellte Jahresabschluß durch die Verwendung des Bilanzgewinns nicht mehr geändert gem. § 174 Abs. 3 AktG. Die Hauptversammlung kann beschließen, daß noch höhere Einstellungen in Gewinnrücklagen erfolgen sollen als der Gewinnverwendungsvorschlag vorgesehen hat. Durch den gespaltenen Steuersatz der Körperschaft-Steuer entsteht durch derartige Beschlüsse ein zusätzlicher Steueraufwand, der aus dem Bilanzgewinn gedeckt werden muß.

Auch die Verwendung des Bilanzgewinns kann gemäß IKR in der **Kontengruppe 33 Ergebnisverwendung** systematisch abgewickelt werden. Die nachstehende Aufstellung der anzusprechenden Konten läßt den Ablauf der Gewinnverwendung klar erkennen.

(1) Konto 335 Bilanzergebnis (aus der vorangegangenen Schlußbilanz)
(2) Konto 336 Ergebnisausschüttung (wird als Verbindlichkeit der Gesellschaft gegenüber ihren Aktionären passiviert und dann ausbezahlt)
(3) Konto 337 Zusätzlicher Aufwand (Ertrag) aufgrund des Gewinnverwendungsbeschlusses
(4) Konto 338 Einstellungen in Gewinnrücklagen nach Bilanzergebnis
(5) Konto 339 Ergebnisvortrag auf neue Rechnung (Gewinnvortrag)

Die gesamte Gewinnermittlung und Gewinnverwendung einer AG wird vereinfacht abschließend in dem nachstehenden **Buchungs-Beispiel** Nr. 45 dargestellt.

Beispiel 44: Gewinnermittlung und -verwendung der AG

Allgemeine Angaben:
- Gezeichnetes Kapital (einbezahlt) 1.500.000,-- DM
- Keine Kapitalrücklage, kein Gewinnvortrag vorhanden
- Feststellung des Jahresabschlusses durch Vorst. und Aufs.rat.
- Ergebnisausweis nach teilweiser Ergebnisverwendung
- Teilweise Ergebnisverwendung:

7. Abschlußbuchungen

```
        Jahresüberschuß                           250.000,--
      + Einstellung in gesetzl. Rücklage (5 %)     12.500,--
      + Einstellungen in satzungsmäßige Rücklage   10.000,--
      = Bilanzgewinn                              227.500,--
```

- Vorstandstantieme: 5 % Gewinnbeteiligung (Anstellungsvertrag)
- Aufsichtsrattantieme: 10 % Gewinnbeteiligung (Genehm. duch Hauptversamml.)
- Gewinnverwendsungsvorschlag des Vorstands: 15 % Divid., Rest Gewinnvortrag
- Buchungen (1.) - (4.): Gewinnermittlung
- Buchungen (5.) - (11.): Jahresabschluß nach teilweiser Ergebnisverwendung
- Buchungen (12.) - (14.): Gewinnverwendung (Folgejahr)

1. Die Vorstandstantieme wird Passiviert: 5 % von 227.500,-- DM = **11.375,-- DM**

2. Die Aufsichtrsrat-Tantieme wird passiviert:
   - Berechnung der Bemessungsgrundlage:

```
        Bilanzgewinn                    227.500,--
     ./. Vordividende (4% auf gez.Kap.)  60.000,--
      = Bemessungsgrundlage             167.500,--
```

   - Tantieme: 10 % von DM 167.500,-- DM = 16.750,-- DM

3. Eine Rückstellung für GewESt-Nachzahl. wird passiviert in Höhe von 5.000 DM.

4. Eine Rückstellung für KSt-Nachzahlung wird passiviert in Höhe von 12.000 DM.

5. Der Jahresüberschuß wird aus dem G.u.V.-Konto in das Konto "Jahresüberschuß" übernommen.

6. Der Jahresüberschuß wird in das Konto "Bilanzgewinn" übernommen

7. Einstellung in die gesetzliche Rücklage (Rücklagenveränderung): 5 % von 250.000 DM = 12.500 DM.

8. Einstellungen i. d. satzungsmäßige Rücklage (Rücklagenveränderung) 10.000 DM.

9. Übernahme des Bilanzgewinns in die Schlußbilanz

10. Umbuchung auf Konto "Gesetzliche Rücklagen"

11. Umbuchung auf Konto "Satzungsmäßige Rücklagen"

12. Eröffung des Kontos "Bilanzgewinn" im Folgejahr (aus Schlußbilanzkonto)

13. Passivierung des Ausschüttungsbetrages

14. Verbuchung des Gewinnvortrages

```
         Bilanzgewinn                             227.500,--
./. Dividende (4% auf gez.Kap.)                   225.000,--
  = Gewinnvortrag                                   2.500,--
```

B u c h u n g s s ä t z e /Bsp.44   (Gemäß Übungskontenplan/IKR im Anhang)
Nr.   Konto   S   H

Nr.		Konto	S	H
1.	Per 632	Sonst.tarifl./vertr.Aufwendungen	11.375,--	
	an 487	Verbindl.g.Gesellsch.u.Organmit.		11.375,--
2.	Per 678	Aufwendungen für den Aufsichtsrat	16.750,--	
	an 399	Rückstellungen für Aufwendungen		16.750,--
3.	Per 770	Gewerbeertragsteuer (St.V.E./E.)	5.000,--	
	an 380	Gewerbeertragsteuer (St.rückst.)		5.000,--
4.	Per 771	Körperschaftsteuer (St.v.E./E.)	12.000,--	
	an 381	Körperschaftsteuer (St.rückst.)		12.000,--
5.	Per 802	Gewinn- und Verlustkonto (GuV)	250.000,--	
	an 340	Jahresüberschuß / Jahresfehlbetrag		250.000,--
6.	Per 340	Jahresüberschuß / Jahresfehlbetrag	250.000,--	
	an 335	Bilanzergebnis (Bilanzgewinn)		250.000,--
7.	Per 335	Bilanzergebnis (Bilanzgewinn)	12.500,--	
	an 334	Veränderungen der Gewinnrücklagen		12.500,--
8.	Per 335	Bilanzergebnis (Bilanzgewinn)	10.000,--	
	an 334	Veränderungen der Gewinnrücklagen		10.000,--
9.	Per 335	Bilanzergebnis (Bilanzgewinn)	227.500,--	
	an 801	Schlußbilanzkonto		227.500,--
10.	Per 334	Veränderungen der Gewinnrücklagen	12.500,--	
	an 321	Gesetzliche Rücklagen		12.500,--
11.	Per 334	Veränderungen der Gewinnrücklagen	10.000,--	
	an 323	Satzungsmäßige Rücklagen		10.000,--
12.	Per 801	Schlußbilanzkonto	227.500,--	
	an 335	Bilanzergebnis (Bilanzgewinn)		227.500,--
13.	Per 335	Bilanzergebnis (Bilanzgewinn)	225.000,--	
	an 336	Ergebnisausschüttung		225.000,--
14.	Per 335	Bilanzergebnis (Bilanzgewinn)	2.500,--	
	an 339	Ergebnisvortrag auf neue Rechnung		2.500,--

7.8.5.6 Ergebnisabhängige Aufwendungen

Bei der Gewinnermittlung der AG müssen bestimmte Aufwandsarten berücksichtigt werden, die nach handelsrechtlicher Ansicht als Aufwand zu betrachten sind, jedoch bei ihrer Berechnung bereits vom Unternehmungsergebnis ausgehen (**ergebnisabhänige Aufwendungen**). Es handelt sich um die als "Tantiemen" bezeichneten Gewinnbeteiligungen der Organe der AG (Vorstand und Aufsichtsrat) sowie um die ertragsabhängigen Steuern: Gewerbeertrag-Steuer und Körperschaft-Steuer. Für die Körperschaft-Steuer kommt das Problem hinzu, daß die Höhe auch davon abhängt, inwieweit das Unternehmungsergebnis ausgeschüttet wird oder nicht (gespaltener Steuersatz). Schließlich ist zu berücksichtigen, daß die Körperschaft-Steuer selbst sowie die Hälfte der Aufsichtsrat-Tantiemen für den steuerpflichtigen Gewinn nicht abzugsfähig ist. Eine Lösung der genannten Probleme ist nur durch ein **simultanes Gleichungssystem** möglich (vgl. Coenenberg, 1987, S 350 ff.). Die Grundzüge der Verbuchung von ergebnisabhängigen Aufwendungen sind in der folgenden Übersicht dargestellt.

7. Abschlußbuchungen

(handschriftlich oben: Ertr. ./. Aufw. = Gewinn; Kap.ges. (-) Organe (Vorstand, Aufsichtsrat))

(1) Vorstands-Tantieme

- Bemessungsgrundlage gem. § 86 AktG. **Jahresüberschuß** nach Abzug eines ev. Verlustvortrages aus dem Vorjahr sowie nach Abzug der Einstellungen in die gesetzlichen sowie satzungsmäßigen Rücklagen.
- Verbuchung: Die arbeitsvertragliche Gewinnbeteiligung des Vorstands stellt einen Gehaltsbestandteil dar (Konto: **Löhne und Gehälter**) und muß am Jahresende unter "Sonstige Verbindlichkeiten" passiviert werden. Der Buchungssatz gemäß IKR lautet:

  Per Konto 632 Sonstige tarifliche / vertragliche Aufwendungen *(Personalaufwand)*
  an Konto 487 Verbindlichkeiten gegenüber Gesellschaftern und Organmitgliedern *(Vorstand, Aufsichtsrat)*

- Erst bei der Auszahlung der Tantieme nach dem Gewinnverwendungsbeschluß der Hauptversammlung sind dann die gesetzlichen Abzüge für Lohnsteuer (§ 11 EStG) bzw. Sozialversicherung zu berücksichtigen.

Organe: (Vorstand, Aufsichtsrat,

(2) Aufsichtsrat-Tantieme

- Bemessungsgrundlage gem. § 113 AktG: **Bilanzgewinn** abzüglich 4 % sog. Vordividende" des eingezahlten Kapitals
- Verbuchung der satzungsbestimmten Tantieme:
  Die Höhe der Aufsichtsrat-Tantieme (Gewinnbeteiligung) ist in manchen Fällen bereits in der Satzung festgelegt. In diesen Fällen ist die Tantieme einerseits als **"Sonstige betriebliche Aufwendugnen"** zu verbuchen und andererseits als "Sonstige Verbindlichkeit" zu passivieren. Der Buchungssatz gem. IKR lautet:

  Per Konto 678 Aufwendungen für den Aufsichtsrat
  an Konto 487 Verbindlichkeiten gegenüber Gesellschaftern und Organmitgliedern *(Rückstell.)*

- Verbuchung der HV-bestimmten Tantieme:
  Die Höhe der Aufsichtsrat-Tantieme wird in vielen Fällen erst von der Hauptversammlung im Zusammenhang mit dem Gewinnverwendungs-Beschluß festgestzt. In diesen Fällen ist die Tantieme einerseits als "Sonstige betriebliche Aufwendungen" zu verbuchen, andererseits ist eine Rückstellung in Höhe der voraussichtlichen Tantieme zu passivieren. Der Buchungssatz gemäß IKR lautet:

  Per Konto 678 Aufwendungen für den Aufsichtsrat
  an Konto 399 Rückstellungen für Aufwendungen

- Die Auszahlung der Tantieme wird im Folgejahr nach dem Gewinnverwendungsbeschluß der Hauptversammlung durchgeführt.

(3) **Gewerbeertragsteuer**
- Bemessungsgrundlage: Steuerbilanzgewinn nach gewissen Hinzurechnungen und Kürzungen
- In Höhe der nicht durch Vorauszahlungen gedeckten Steuerschuld ist eine Rückstellung zu bilden, Buchungssatz gemäß IKR:

> Per Konto 770 Gewerbeertragsteuer (Steuern vom Einkommen und vom Ertrag)
> an Konto 380 Gewerbeertragsteuer (Steuerrückstellungen)

(4) **Körperschaft-Steuer**
- Bemessungsgrundlage: Steuerbilanz-Gewinn nach gewissen Modifikationen
- Anwendunge des Gespaltenen Steuersatzes unter der Zugrundelegung des Ergebnisverwendugsbeschlusses der Hauptversammlung bzw. des **Ergebnisverwendungsvorschags** des Vorstands (§ 278 HGB).
- In Höhe der nicht durch Vorauszahlungen gedeckten Steuerschuld ist eine Rückstellung zu bilden, Buchungssatz gem. IKR:

> Per Konto 771 Körperschaftsteuer (Steuern vom Einkommen und vom Ertrag)
> an Konto 381 Körperschaftsteuer (Steuerrückstellungen)

7.8.6 Gesellschaft mit beschränkter Haftung (GmbH)

Die Verbuchung des Unternehmungsergebnisses erfolgt ähnlich wie bei der AG. Das feste Eigenkapital der GmbH wird als "Stammkapital" bezeichnet, dieses besteht aus den Stammeinlagen der Gesellschafter. Die GmbH kann in ihrer Satzung die Bildung freier Rücklagen vorsehen. Die Ermittlung und Verbuchung des Bilanzgewinns wird ähnlich wie bei der AG durchgeführt. Meist erhalten die Geschäftsführer der GmbH eine Tantieme, ebenso wie der nur bei größeren GmbH`s vorgeschriebene Aufsichtsrat. Der Restgewinn wird als Dividende in % der Kapitaleinlagen ausgeschüttet. Ein eventueller Restbetrag wird als Gewinnvortrag wie bei der AG verbucht.

8. DER GESCHLOSSENE BUCHUNGSGANG

8.1 Jahreszyklus

Als Lernziel der Buchhaltungsausbildung wird meistens die Aufgabe gestellt, einen "geschlossenen Buchungsgang" durchzuführen. Es handelt sich um eine Übungsaufgabe mit einer vollständigen Reihe von Buchungen für einen bestimmten Betrieb in einem bestimmten Geschäftsjahr (von der Eröffnungsbilanz bis zur Schlußbilanz). Bei der Durchführung eines geschlossenen Buchungsganges sind im einzelnen die nachstehenden Schritte erforderlich.

(1) **Eröffnungsbuchungen**
    (a) Eröffnungsbilanz
    Bei den meisten Buchungsgängen ist die Eröffnungsbilanz (Eröffnungsbilanzkonto) vorgegeben. Bei manchen Aufgaben müssen die Werte des Eröffnungsbilanzkontos aus dem Schlußbilanzkonto des Vorjahres übernommen werden. Die Sammel-Buchungssätze hierbei lauten.
        1. Per ... Eröffnungsbilanzkonto an ... Schlußbilanzkonto ... DM
        2. Per ... Schlußbilanzkonto an ... Eröffnungsbilanzkonto ... DM

    (b) Eigentliche Eröffnungsbuchungen
    Die Beträge aus dem Eröffnungsbilanzkonto müssen als Anfangsbestände in die Hauptbuchkonten "vorgetragen" werden. Die Buchungssätze beim Kontenvortrag lauten wie folgt und werden in der Literatur vielfach weggelassen, da sie selbstverständlich sind.
        1. Per alle Aktivkonten an Eröffnungsbilanzkonto
        2. Per Eröffnungsbilanzkonto an alle Passivkonten

    Bei der Eintragung der Anfangsbestände in die Konten ist darauf zu achten, daß der Kontenvortrag bei Aktivkonten im Soll, bei Passivkonten im Haben (!) erfolgt.

(2) **Laufende Buchungen**
    Hier werden die Buchungen für die laufenden Geschäftsvorfälle durchgeführt und zwar zunächst in Form der **Grundbuchungen** (Buchungssätze), anschließend in Form der **Hauptbuchungen** (Verbuchung auf den Hauptbuchkonten).

(3) **Abschlußbuchungen**
    Aufgrund der Abschlußangaben werden zunächst die Buchungssätze für die Abschlußbuchungen aufgestellt (vorbereitende und endgültige Abschlußbuchungen). Bei manchen Aufgaben ist der Abschluß zunächst in Form einer Haupt-Abschlußübersicht aufzustellen. In jedem Falle sind die Abschlußbuchungen auf die einzelnen Konten zu übertragen. Dadurch werden die Hauptbuchkonten abgeschlossen und die Abschlußkonten erstellt. Je nach Rechtsform schließt sich noch eine tabellarische oder eine buchhalterische (mit Grund- und Hauptbuchungen) Gewinnverteilung an.

8.2 Monatszyklus (Kurzfristige Erfolgsrechnung)

Wie unter dem Gliederungspunkt "Jahresabschlußarbeiten" dargestellt wurde, steht die fertige Schlußbilanz erst mehrere Monate nach dem Abschlußstichtag als Information für die Geschäftsleitung zur Verfügung. Bei manchen Betrieben mit komplizierten Inventurbewertungen und Abschlußbuchungen wird der Jahresabschluß erst am Ende des nachfolgenden Geschäftsjahres fertig (Verlängerung der Abgebefrist der Steuerbilanz in gewissem Umfang möglich). Bei dem vielfach erst spät fertiggestellten Jahresabschluß sind schnelle Gegenmaßnahmen bei negativen Ertragsentwicklungen jedoch kaum mehr möglich. Daher sind die nachstehenden, **kurzfristigen Informationen** aus der Finanzbuchhaltung für die Geschäftsleitung (insbesodere bei mittelständischen Unternehmen) von steigender Bedeutung im heutigen, hektischen Wettbewerb.

(1) **Tagesabschlüsse**
Diese ermöglichen einen ersten Überblick über die Umsätze und wichtige Aufwandsarten sowie eine erste Kontrolle über die formelle Richtigkeit der Buchhaltung (sog. "**Abstimmungen**", z.B. zwischen Soll- und Habensumme des Journals, zwischen Kassenbestand und Kassenkonto usw.)

(2) **Monatsabschlüsse (Monatsauswertungen)**
Neben erweiterten Abstimmungsmöglichkeiten bietet der Monatsabschluß der Buchhaltung bereits einen guten Überblick über die wichtigsten Aufwands- und Ertragsarten sowie das daraus resultierende "**vorläufige Betriebsergebnis**". Es fehlen allerdings meist noch die erst beim Jahresabschluß verbuchten Abschreibungen, Bestandsveränderungen (Inventur) usw., die für das endgültige Betriebsergebnis erforderlich sind.

(3) **Kurzfristige Erfolgsrechnung**
Viele Betriebe haben die "innerjährigen" Buchhaltungsabschlüsse zu einem informativen System der **Kurzfristigen Erfolgsrechnung** ausgebaut. Diese wird meist monatlich durchgeführt und liefert wichtige Auswertungen für die Geschäftsleitung (daher oft die Bezeichnung "Betriebswirtschaftliche Auswertungen" oder "Chefinformationen"). Als weitere Abschlußperioden der kurzfristigen Erfolgsrechnung sind das Vierteljahr (Quartal) oder Halbjahr anzutreffen. Wie die Jahres - Erfolgsrrechnung kann auch die kurzfristige Erfolgsrechung alternativ nach dem Gesamtkostenverfahren (Inventur erforderlich) oder nach dem Umsatzkostenverfahren aufgestellt werden. Bei manchen Betrieben umfaßt die kurzfristige Erfolgsrechnung auch eine buchhalterische Kostenrechnung oder sogar einen Plan-Erfolgsrechnung bzw. eine Plan-Kostenrechnung (die sog. Budgetplanung). Im Industriekontenrahmen (IKR`86) sind die nachstehenden Kontengruppen (mit weiteren Tiefgliederungen) für die kurzfristige Erfolgsrechnung vorgesehen.

- Kontengruppe 85: Korrekturkonten zu den Erträgen der Kontenkasse 5
- Kontengruppe 86: Korrekturkonten zu den Aufwendungen der Kontenkasse 6
- Kontengruppe 87: Korrekturkonten zu den Aufwendungen der Kontenklasse 7
- Kontengruppe 88: Kurzfristige Erfolgsrechnung (KER) nach dem Gesamtkostenverfahren oder Umsatzkostenverfahren
- Kontengruppe 89: Innerjährige Rechnungsabgrenzung (aktive und passive Rechnungsabgrenzung)

Abkürzungsverzeichnis

AB	Anfangsbestand		GenG	Genossenschaftsgesetz
Abb.	Abbildung		GewESt	Gewerbeertragsteuer
Abs.	Absatz		GewStG	Gewerbesteuergesetz
Abschn.	Abschnitt		GKR	Gemeinschaftskontenrahmen
AfA	Absetzung für Abnutzung		GmbH	Gesellschaft mit beschränkter Haftung
AfS	Absetzung für Substanzveringerung		GOB	Grundsätze ornungsmäßiger Buchführung u. Bilanzierung
AG	Aktiengesellschaft		GrESt	Grunderwerbsteuer
AK	Anschaffungskosten		GrStG	Grundsteuergesetz
AktG	Aktiengesetz		GuV	Gewinn- u. Verlustrechnung (-konto)
AO	Abgabenordnung			
Aufl.	Auflage		H	Haben
AwaA	Absetzung wegen außergewöhnlicher technischer oder wirtschaftllicher Abnutzung		HGB	Handelsgesetzbuch
			Hrsg.	Herausgeber
BDI	Bundesverband der deutschen Industrie		i.d.R.	in der Regel
			i.e.S.	im engeren Sinne
best.	bestimmte(r)		IKR	Industriekontenrahmen
BewG	Bewertungsgesetz		incl.	inclusive
BFH	Bundesfinanzhof		ISBN	Internationale Standard-Buch-Nummer
BGH	Bundesgerichtshof			
BiRiLig	Bilanzrichtlinien-Gesetz		i.S.d.	im Sinne des/der
			i.w.S.	im weiteren Sinne
BRD	Bundesrepublik Deutschland		KfzSt	Kraftfahrzeug-Steuer
bzw.	beziehungsweise		KG	Kommanditgesellschaft
			kg	Kilogramm
CIP	Cataloging-in-publication (Deutsche Bibliothek, Frankfurt		KGaA	Kommanditgesellschaft auf Aktien
COM	Computer Output to mikrofilm		KSt	Körperschaftsteuer
			KStG	Körperschaftsteuer-Gesetz
			Lfd.	Laufend(e/r)
d.h.	das heißt		LStDV	Lohnsteuer-Durchführungsverordnung
DEHOGA	Deutscher Hotel- und Gaststättenverband			
			lt.	laut
EB	Endbestand		MWSt	Mehrwertsteuer
EDV	Elektronische Datenverarbeitung			
			Nr.	Nummer
EEV-Steuern	Steuern vom Einkommen, Ertrag und Vermögen		o.g.	oben genannt
			OHG	Offene Handelsgesellschaft
EG	Europäische Gemeinschaft		o.J.	ohne Jahresangabe
EHGB	Entwurf zum HGB		p.a.	per anno (jährlich)
EStDV	Einkommensteuer-Durchführungsverordnung		Pkw	Personenkraftwagen
			PublG	Gesetz über Rechnungslegung von bestimmten Unternehmen und Konzernen (Publizitätsgesetz)
EStG	Einkommensteuergesetz			
EStR	Einkommensteuerrichtlinien			
ev.	eventuelle			
f.	folgende(r)		R.A.P.	Rechnungsabgrenzungsposten
ff.	fortfolgende			

S	Soll
S.	Seite
s.o.	siehe oben
StGB	Strafgesetzbuch
s.u.	siehe unten
TDM	Tausend Deutsche Mark
USt	Umsatzsteuer
UStDV	Umsatzsteuer-Durchführungsverordnung
UStG	Umsatzsteuergesetz
usw.	und so weiter
VermBG	Vermögensbildungs-Gesetz
vgl.	vergleiche
VO	Verordnung
VSt	Vermögensteuer
VStG	Vermögensteuer-Gesetz
WG	Wechselgesetz
WiSo	Wirtschaft- und Sozialwissenschaften
z.B.	zum Beispiel
Ziff.	Ziffer
zuzügl.	zuzüglich

Adler, H./ Düring, W./ Schmaltz, K. (ADS), Rechnungslegung und Prüfung der Aktiengesellschaft, BD. 1: Rechnungslegung, Stuttgart, 5.A.
Andres, K./ Egle, K./ u.a., IKR (Industriekontenrahmen). Theorie und Praxis des industriellen Rechnungswesens, 4.A. Wuppertal 1990.
Angermann, A., Industriekontenrahmen (IKR) und Gemeinschaftskontenrahmen (GKR) in der Praxis, Berlin 1973.
Angermann, H., Industriekontenrahmen (IKR), Berlin, 2.A. 1975

Bähr, R./ Fischer-Winkelmann, W., Buchführung und Bilanzen, Wiesbaden 1978.
Bestmann, U. (Hrsg.), Kompendium der Betriebswirtschaftslehre, 5.A. München 1990.
Buchner, R., Buchführung und Jahresabschluß, 2.A. München 1990.
Bundesverband der Deutschen Industrie (BDI) (Hrsg.), Kosten- und Leistungsrechnung als Istrechnung, Bergisch-Gladbach 1980.
Bundesverband der Deutschen Industrie (BDI) (Hrsg.), Kosten- und Leistungsrechnung als Entscheidungshilfe für die Unternehmens-leitung, Bergisch-Gladbach 1981.
Bundesverband der Dt.Industrie (BDI) (Hrsg.), Kosten- u.Leistungsrechnung als Planungsrechnung, Bergisch-Gladbach 1983.
Bundesverband der Dt. Industrie (BDI) (Hrsg.), Industriekontenrahmen IKR, Bergisch-Gladbach, Neufassung '86 nach BiRiLiG.
Bundesverband der Dt. Industrie (BDI) (Hrsg.), IKR-Kurzfassung für Aus- und Fortbildung, Bergisch-Gladbach, 1987.
Bundesverband der Dt. Industrie (BDI) (Hrsg.), Erläuterungen zum neuen Industriekontenrahmen (geplant)
Bussiek, J./ Ehrmann, H., Buchführung, Ludwigshafen 1984

Coenenberg, A., Jahresabschluß u.Jahresabschlußanalyse, Landsberg 12.A. 1991
Coenenberg, A., Übungsbuch zu Jahresabschluß und Jahresabschlußanalyse, 4.A. Landsberg, 1989.
von Colbe, B., Lexikon des Rechnungswesens, München 1990.
Commerzbank AG (Hrsg.), Bilanzrichtlinien. Grundzüge des neuen Gesetzes, Frankfurt, 1986

Dey, G., Einführung in das betriebliche Rechnungswesen, Finanzbuchhaltung mit EDV-Unterstützung, München 1989.

Eisele, W., Zielvorstellungen und Gestaltungsprinzipien des neuen Industriekontenrahmens, in: ZfB 1973, S. 617 -642.
Eisele, W., Technik d. betriebl.Rechnungswesens, 4.A. München 1990.
Engelhardt, W./ Raffee, H., Grundzüge der doppelten Buchhaltung, 3.A. 1991.

Falterbaum / Beckmann, Buchführung und Bilanz, 13.A. Düsseldorf 1989.
Federmann, R., Allgemeine Betriebswirtschaftslehre in visueller Form. Wiesbaden, 1978.
Federmann, R., Bilanzierung nach Handels- und Steuerrecht, 8.A. 1990.

Gräfer, H., Der Jahresabschluß der GmbH, 2.A. Herne-Berlin 1988.
Grimm-Curtius, H., LEDAS - ein integriertes Abrechnungssystem für den Lebensmittelhandel, München 1972, Schriftenreihe "data praxis" (Hrsg. Fa. Siemens AG).
Grimm-Curtius, H., Kassenterminals und Volltextfakturierung in der Allkauf-Gruppe, Mönchengladbach 1974, Schriftenreihe "data praxis" (Hrsg. Fa. Siemens AG).
Grimm-Curtius, H., Gesamtprozeß und konstitutiver Rahmen in: Bestmann, U., (Hrsg.), Kompendium der Betriebswirtschaftslehre, 4.A. München 1987.
Greifzu, J. u.a., Der praktische Fall. Das gesamte Rechnungswesen in Aufgaben und Lösungen, 8.A. 1982.
Gross, G./ Schruff, L., Der Jahresabschluß nach neuem Recht, 2.A. Düsseldorf 1986.

Haase, K.D., Finanzbuchhaltung, Bd.1, 6.A. Düsseldorf 1990.
Hahn,W./ Lenz,H./ Tunissen,W., Buchführung d.Industriebetriebe, 44.A. 1970.

Hahn, W./ Tunissen, W./ Schulz, H., Wegweiser zur Bilanzsicherheit, Teil A, 26.A. 1990.
Hahn, W./ Tunissen, W./ Schulz, H., Wegweiser zur Bilanzsicherheit, Teil B, 24.A. 1990.
Hahn, W./ Lenz, H./ Tunissen, W., Einführung in die kaufmännische Buchführung und Bilanz, 59.A., 1990.
Hahn, W./ Lenz, H./ Tunissen, W., Die Buchführung der Industriebetriebe, 50.A. Bad Homburg 1976.
Heinen, E., Handelsbilanzen, 12.A., Wiesbaden 1986.
Heinold, M., Buchführung in Fallbeispielen, 5.A. Stuttgart 1991.
Hoffmann, K., Bilanzieren kein Problem, 7.A. 1987
Hornig, H., Buchhaltung, 2.A. München 1986.
Hornig, H., Übungsbuch zur Buchhaltung, 2.A. München 1989.

Institut der Wirtschaftsprüfer (Hrsg.), Wirtschaftsprüfer-Handbuch, Bd. 2, Bilanzrichtlinien-Gesetz, 9.A. Düsseldorf 1986.

Kosiol, E. (Hrsg.), Handwörterbuch d.Rechnungswesens, 3.A., München 1990.
Kresse, W., Die neue Schule der Bilanzbuchhalter. Praktikum d. kaufmännischen Rechnungswesens, Bd. 1, Grundlagen der Buchführung, 5.A., 1990, Bd.2, Buchführungsorganisation u.EDV, 5.A., Stuttgart 1990, Bd. 3 1979.
Küting, K./ Weber, C.P., Der Übergang auf die neue Rechnungslegung, Düsseldorf, 1985.

Leffson, U., Die Grundsätze ordnungsmäßiger Buchführung. Grundsätze für Buchführung und Jahresabschluß, 7.A., Düsseldorf 1987.
Lembke, R. u.a., (früher: Greifzu, J.) (Hrsg.), Das Rechnungswesen, 13.A. 1975.

Meyer, C., Bilanzierung nach Handels- und Steuerrecht unter Einschluß der Konzernrechnungslegung nach dem BiRiLiG, 8.A., Herne 1990.

Oelmaier, M. / Lehwald, C., Neue Rechnungslegungs-, Offenlegungs- und Prüfungspflichten für GmbH's, WEKA-Verlag

Pohlner, K., 16 Schaubilder zur Umsatzsteuer (Mehrwertsteuer), 6.A. 1975.
Pohlner, K., 20 Schaubilder zur Buchführung und Bilanz, 6.A. 1982.

Schmolke, S./ Deitermann, M., Industriebuchführung für Wirschaftsschulen, 12.A., Darmstadt 1988.
Schmolke, S./ Deitermann, M., Industrielles Rechnungswesen nach dem Industriekontenrahmen (IKR), 17.A., Darmstadt 1991.
Schmolke, S./ Deitermann, M., Industrielles Rechnungswesen nach dem Gemeinschaftskontenrahmen (GKR), 17.A., Darmstadt 1991.
Schöning, H./ Lembcke, R., Handbuch der Bilanzierung, Buchführung und Kostenrechnung, Wiesbaden 1979.
Schöning, H., Bilanzieren leicht gemacht, 1981
Schöttler, J./ Spulak, R., Technik des betrieblichen Rechnungswesens, 6.A. München 1990.
Schöttler, J./ Spulak, R., Baur, W., Übungsbuch zu: Technik des betrieblichen Rechnungswesens, 6.A. München 1990.
Selchert, F./ Karsten, H., Inhalt der Gliederung des Anhangs, in BB 1985, S. 1889 ff.
Stollfuß-Verlag (Hrsg.), Abschreibungstabelle, 1990.
Stoppkotte, H., 18 Schaubilder zur Einkommensteuer, 8.A. 1990.

Weber, H.K., Betriebswirtschaftliches Rechnungswesen, 3.A., München 1988.
Wedell, H., Grundlagen des betriebl. Rechnungswesens, 5.A. Berlin 1989.
Wöhe, G., Bilanzierung und Bilanzpolitik, 7.A. München 1987.
Wöhe, G., Einführung in die allgemeine Betriebswirtschaftslehre, 17.A. München 1990.
Wörner, G., Praktisches Lehrbuch d.Handels- u. Steuerbilanz, 2.A. Bonn 1985.
Wuttke, R./ Weidner, W., Buchführungstechnik und Bilanzsteuerrecht, 6.A. Stuttgart 1990.

Wuttke, R./ Weidner, W., Lösungshinweise zur Buchführungstechnik,
  6.A. Stuttgart 1990.

Empfehlenswerte Gesetzestexte:
Beck-Verlag (Hrsg.), Aktuelle Steuertexte München, Stand 1991.
Verlag Neue-Wirtschafts-Briefe (Hrsg.), Wichtige Wirtschaftsgesetze,
  38.A. Herne 1991.
Verlag Neue-Wirtschafts-Briefe (Hrsg.), Wichtige Steuerrichtlinien,
  8.A. Herne 1991.

Stichwortverzeichnis

Abgrenzungsrechnung 68
Abnutzbare Wirtschafts-
    güter (EStG) 172
Abschlußbuchungen ...... 161 ff.
Abschlußgliederungsprinzip .. 78
Abschlußkonten 53
Abschlußprüfer 161
Abschreibungen auf Anlagen ....
    -Arten 169
    -Auswirkungen 169
    -Begriff 163
    -Direkte 176
    -Indirekte 177
Abschreibungskomponenten ... 171
Abschreibungsverfahren
    -Lineares 173
    -Degressives 174
    -Wechsel von degressiver
     A. zu linearer A. 174
    -Digitale 175
    -im Zugangsjahr 175
    -Leistungsbedingte 176
Abstimmungsregel 59
Aktiengesellschaft (AG) 213
Aktiva 18
Aktivierungsfähigkeit 23
Aktivkonten (Abb.) 55
Aktivtausch 34
Amerikanisches Journal 71
Anderskosten 61
Anhang 31
Anlagegüter
    -Arten 142
    -Entnahme 149
    -Kauf von beweglichen ... 142
    -Verkauf 147
Anlagenspiegel .... 20f.
Anlagenbuchhaltung 143
Anrechnungsverfahren
    (Körperschaftsteuer) 119
Anschaffungskosten,
    Bestandteile 143
Anschaffungsnebenkosten
    -Anlagegüter 142
    -Bezugskosten 97
    -Wertpapiere 136
Anschaffungswertprinzip 138
Antizipationen
    -aktive 190
    -Begriff 164
    -passive 191
    -und Umsatzsteuer 189
Anzahlungen auf Anlagen 144
    -erhaltene 110
    -geleistete 110
Arbeitnehmer-Sparzulage 117
Arbeitslosenversicherung ... 113
Aufbewahrungsprinzipien 37
Aufsichtsratantieme 221
Aufwand 60
Aufwandskosten (Abb.) 55
Aufzeichnungspflichten
    -handelsrechtliche 39

    -steuerrechtliche 40
Ausfallquote (Forderungen) . 184
Ausgaben 16
Außerordentl.Aufwendungen ... 62
Ausstehende Einlagen (bei
    (Kapitalgesellschaften) . 213
Ausstehende Einlagen (bei
    Personengesellschaften) . 213
Auszahlungen 16

Bareinkauf 96
Barverkauf 103
Befundrechnung ....
    -Fabrikatekonten 158
    -Materialkonten 155
    -Wareneinsatz 83
Beibehaltungswahlrecht 26
Belegarten 48
Belegfluß 48
Besitzwechsel
    -Aussteller 132
    -Wechselnehmer 134
Bestandskonten, Merksätze ... 54
Bestandsveränderungen bei
    unfertigen u.fertigen
    Erzeugnissen 28,158,165
Bestimmungslandprinzip 90
Beteiligungen 136
Betriebsergebnis 30
Betriebsfremde Aufwendungen . 60
Betriebsfremde Erträge 62
Betriebssteuern 124
Betriebsstoffe 155
Betriebsvereinbarungen 111
Betriebsvermögen
    -Änderungen 34
    -notwendig/gewillkürt ... 45
    -Umschichtung 34
Betriebsvermögensvergleich ....
    -gem. § 4 Abs.I EStG 40
    -gem. § 5 EStG 122
    -Formel 40
Bewertungsprinzipien 24
Bezugskosten 97
Bilanz
    -Arten 19
    -Begriff 18
    -Gliederg.gem.§ 266 HGB 21f.
Bilanzauflösung 49
Bilanzgewinn
    -Ermittlung (AG) 215,217
    -Verwendung 218
Bilanzgleichung 18
Bilanzierungshilfen 24
Bilanzrichtliniengesetz 38
Bilanzveränderungen 34
Bilanzverkürzung 34
Bilanzverlängerung 34
Börsenumsatzsteuer 139
Bruttoabschluß der Her-
    stellkonten 154
Bruttoabschluß der Waren-
    konten 85

Bruttobeträge(Umsatzsteuer) . 90
Buchführungspflicht . . . .
   -handelsrechtliche 37
   -steuerrechtliche 39
Buchführungssysteme 69
Buchführungsvorschriften 37
Buchungsgang,
   der geschlossene 223
Buchungssätze
    -Bilden der 60
    -Deuten der 60
    -einfache 59
    -zusammengesetzte 58
Buchwert, Abschreibung 174
Buchwert (von Anlagegütern)
   147
COM (Computer output
   to mikrofilm) 73
Courtage 139

DATEV-Kontenrahmen 76
DATEV-System 73
Debitoren 50
Delkredere 180
Disagio (Damnum) 194
Diskontierung (Wechsel) 128
Dividende (Verbuchung der) . 137
Dividendenpapiere
    -An- und Verkauf 139
    -Begriff 135
Doppelte Buchführung
   (Doppik) 69
Dubiose Forderungen 180
Durchlaufsteuern 126
Durchschreibebuchführung 71

EDV-Buchführung 73
EDV-Programme zur Finanz-
   buchhaltung 73
EG-Richtlinien (4.,7.,8.) . . . 38
Eigenkapital 18
    -konstantes 24
    -variables 20
Eigenleistungen, aktivierte 146
Eigenverbrauch
    -Gegenstandsentnahme . . 91,92
    -Nichtabzugsfähige Aufw.92f.
    -Nutzungsentnahme 91,92
Einfache Buchführung 69
Einfuhrumsatzsteuer 93
Einheitswert 120,122
Einkommensteuer,
   Grundbegriffe 120
Einkreissystem 65
Einkunftsarten 121
Einnahmen 15
Einstandspreise 82
Einzahlungen 15
Einzelabschreibungen
   direkt) auf Forderungen . 181
Einzelbewertung 46
Einzelhandelskontenrahmen . . . 80
Einzelkaufmann 209

Einzelwertberichtigungen
   zu Forderungen 183
Endgültige Abschlußbuchun-
   gen, Gruppen 166
Entgelte
    -vereinbarte 90
    -vereinnahmte 90
Erfolgsgleichung 27
Erfolgskonten, Merksätze 55
Erfolgsspaltung 28
Ergebnisabgrenzung 60
Ergebnisabhängige Aufwend. . 220
Ergebnisverwendung im
   Jahresabschluß 215
Erhaltungsaufwand 145
Erlösberichtigungen
   (Erlösschmälerungen) 104
Eröffnungsbilanz 223
Ertragskonten (Abb.) 55
Erzeugnisse
   fertige und unfertige . . . 159
Eventualverbindlichkeiten . . . 23

Fabrikatekonten 157,158
Fakturierung 90
Fertigerzeugnisse 158
Festbewertung 43
Finanzanlagevermögen 20
Finanzbuchhaltung
    -Aufgaben 33
    -Begriff 32
    -Entwicklungsgeschichte . . 35
Forderungen
    -Uneinbringliche 180
    -Zweifelhafte 180
Forderungsarten
   (Ausfallstadium) 179
Fortschreibungsrechnung
    -Materialeinsatz 156
    -Wareneinsatz 84
Fremdkapital 23

Gehälter 111
Gemeinschafts-Kontenrahmen
   der Industrie (GKR) 76
Gemischte Abschreibungen
   auf Forderungen 187
Gemischte Konten 56
Geringwertige Wirtschafts-
   güter 143
Gesamtkostenverfahren 154
Geschäftsfälle
    -Einteilungskriterien 33
    -Erfolgsneutrale 34
    -Erfolgswirksame 34
Geschäftsjahr
    -Abweichendes 33
    -Rumpf-G. 33
Gesellschaft mit beschränk-
   ter Haftung (GmbH) 222
Gewerbesteuer
    -Abschluß 219,222
    -Grundbegriffe 119

-Verbuchung 124
Gewinnanteilkonten 211
Gewinnbegriffe 27
Gewinnrücklagen 214
Gewinn- u.Verlustkonto
   -Begriff 52,205
   -Saldo 209
Gewinn- u.Verlustrechnung,
   Schema gem. § 275 HGB . 27,52
Gewinn- u. Verlustvortrag .. 219
Gewinnverteilung bei
   Personengesellschaften .. 208
Gewinnverwendung (AG) 214
Großhandelskontenrahmen 80
Großreparaturen 145
Grundbuch 194
Grunderwerbsteuer,
   Grundbegriffe 123
Grundsätze ordnungsmäßiger
   Buchführung (u.Bilanzierung)
   -Begriff 35
   -Quellen 36
   -Regeln 36
Grundsteuer, Grundbegriffe . 121
Gutschriften (Kontenseite) .. 50
Gutschriftseingang 98
Gutschriftserteilung 104

Haben 50
Handelsbilanzen 19,37
Handelsspanne 82
Haupt-Abschlußübersicht 203
Hauptbuchhaltung 70
Herstellkonto, ungeteiltes . 154
Herstellungsaufwand 145
Herstellungskosten 146
Hilfsstoffe 155
Hypothekenschulden 194

Imparitätsprinzip 27
Indossament 129
Industrie-Kontenrahmen (IKR) 77
   -Tiefgliederung 78
Industrieschuldver-
   schreibungen 136
Inventar
   -Aufbau des 44
Inventur
   -Begriff 41
Inventurdifferenzen 199
Inventurzeitpunkt 41

Jahresabschluß, Aufstellung 161
Jahresüberschuß 215
Journal 71

Kalkulator.Abschreibungen .. 151
Kalk. Kostenarten (GKR) . 63,150
Kalk.Unternehmerlohn 151
Kalkulator. Wagnisse 151
Kalkulator. Zinsen 151
Kameralistische Buchführung . 69
Kapitalrücklagen 214

Körperschaftssteuer
   -Grundbegriffe 118
   -Verbuchung 128
Kommanditgesellschaft (KG) ....
   -Gewinnverteilung 211
Konto, Begriff 49
Kontenabschluß, Systematik .. 58
Kontenarten, Einteilungs-
   kriterien 51
Kontenformen 51
Konteninhalt 50
Kontonummer, dekadische 75
Kontenplan, Begriff 75
Kontenrahmen, Begriff 75
   -Entwicklungsgeschichte .. 75
Kontenseiten 50
Kostenbegriff 61
Kostenarten-Rechnung 14
Kostenstellen-Rechnung 14
Kostenträger-Stückrechnung .. 15
Kostenträger-Zeitrechnung ... 15
Kosten-u.Leistungsrechnung .. 14
Kraftfahrzeugsteuer 125
Krankenversicherung,
   gesetzl. 107
Kreditoren 51
Kundenboni 108
Kundenskonti
   -GKR 106
   -Großhandelskontenrahmen 106
   -Grundbegriffe 106
   -IKR 107
Kursgewinne/-verluste 137
Kurzfristige Erfolgs-
   rechnung (IKR) 224

Lagebericht (Anhang) 31
Latente Steuern 165
   (Abgrenzung) 201
Lastschriften 51
Liefererboni 102
Liefererskonti
   -GKR 101
   -Großhandelskontenrahmen 101
   -Grundbegriffe 101
   -IKR 101
Lieferungen und sonstige
   Leistungen (UStG) 91
Liquidität 18
Löhne (im engeren Sinne) ... 111
Lohnkonten 113
Lohnsteuer 112
Lohnsumme 114

Maßgeblichkeit, umgekehrte . 215
Maßgeblichkeitsprinzip 19
Materialeinsatz 156
Materialkonten 155
Mehrwertsteuer 88
   -Begriff (Reform) ....
Minderungen ....
   -bei Ausgangsrechnung ... 106
   -bei Liefererrechnung 98

Stichwortverzeichnis

Nebenbücher 70
Nettoabschluß ....
    (der Warenkonten) 85
Nettobeträge (Umsatzsteuer) . 90
Neutrale Erträge 64
Neutraler Aufwand 61
Neutraler Aufwand u. Ertrag ...
    -Abgrenzung 66
    -Abschluß (Abb.) 66
Neutrales Ergebnis 66
Niederstwertprinzip ....
    -Begriff 25
    -Wertpapiere 138
Nutzungsdauer der ....
    Wirtschaftsgüter 172
Offene Handelsgesellsch.(OHG) .
    -Gewinnverteilung 210
Offene-Posten-Buchhaltung ... 74
Offene Rücklagen 214

Passiva 18
Passivierungsfähigkeit 23
Passivkonten (Abb.) 55
Passivtausch 34
Pauschalbesteuerung
    (Aushilfskräfte) 116
Pauschaldelkredere
    (Pauschalwertberichti- .. 184
    gungen zu Forderungen) ....
Permanente Inventur 42
Planung, betriebliche 15
Privatabgrenzungen 200
Privateinlagen 56
Privatentnahmen 56
Privatkonten, Merksätze 56
Privatsteuern 125
Privatvermögen (notwendiges/..
    gewillkürtes) 45
Prozeßgliederungsprinzip 76

Rechengrößen 13
Rechnungsabgrenzung ....
    -aktive 192
    -Begriff 189
    -passive 195
    -und Umsatzsteuer 189
Rechnungslegung, Begriff 18
Rechnungskreis I/II (IKR) ... 79
Rechnungswesen ....
    -Begriff 13
    -externes 15
    -Grundfunktionen 14
    -internes 15
Reingewinn 83
Rentenversicherung,
    gesetzliche 113
Rohgewinn, -ertrag 83
Rohstoffe 155
Rücklagen (offene) 214
Rücksendungen (Retouren) .....
    -an Lieferer 98
    -der Kunden 104

Rückstellungen ....
    -Begriff 196
    -Bildung und Auflösung .. 198
    -Zwecke 198

Sachbezüge der Arbeitnehmer 116
Sachliche Abgrenzung 166
Saldenbilanz I/II 204
Saldo 50
Sammelbewertung 46
Sammelkonten 52,74
Scheckverkehr 141
Schlußbilanz ....
    -Begriff 53,204
    -Konto 52
Schuldwechsel 131
Schwebende Geschäfte 197
Skontoaufwand 106
Skontoertrag 100
Soll 50
Sonderposten mit
    Rücklagenanteil 214
Sonst.Verbindlichkeiten 197
Soziale Aufwendungen
    (Abgaben) 113
Sozialversicherungsbeiträge 112
Speicherbuchführung 35
Statistik, betriebliche 15
Steuerbilanzen 19,40
Steuererstattungen 126
Steuerfreie Rücklagen 215
Steuerliche Abgrenzungen ... 200
Steuernachzahlungen 127
Steuerstrafen 127
Stichprobeninventur 42
Stichtagsinventur 42
Stille Gesellschaft
    (Gewinnverteilung) 206
Stille Reserven 25
Stückzinsen 138
Summenbilanz 204
Systembücher 70

Tantieme ....
    -Auftsichsrats- 221
    -Vorstands- 221
Tarifverträge 111
Teilwert 93,108
T-Konto 50
Transitorien, Begriff 164
Tratte 128

Übertragsbuchführung 71
Überschußrechnung gem.
    $ 4 Abs.3 EStG 122
Übungskontenpläne 80
Umbuchungen (Abschluß) 203
Umlaufvermögen 21
Umsaterlöse / Fertig- ....
    erzeugnisse 159
Umsatzkostenverfahren 28
Umsatzsteuer auf den ....
    Eigenverbrauch 92

Stichwortverzeichnis

Umsatzsteuerberichtigungen
  bei Forderungsausfällen . 176
Umsatzsteuerkonten,
  Abschluß 94
Umsatzsteuer-Reform 88
Umsatzsteuer-Tarife 90
Umsatzsteuer-Voranmeldungen . 90
Unfallversicherung,
  gesetzliche 108
Unfertige Erzeugnisse 154
Unterbilanz 18
Unterkonten, Abschluß 164
Unternehmerlohn, kalkulator.151

Veräußerungsgewinn (-verlust) .
  bei Anlagegütern 147
Verbindlichkeitsspiegel 23
Verbrauchsfolgeverfahren 45
Verbrauchssteuern 126
Verdeckte Gewinnausschüttungen
  (§ 1 Abs.1 Ziff.3 UStG) .. 89
Vergleichswirksame Leistungen117
Vermögensteuer, Grundbegriffe120
Vermögenswirksame Leistungen117
Verprobung, wirtschaftliche . 80
Verrechnungskonten für kalku-
  lator.Kostenarten 151
Vorbereitende Abschluß-
  buchungen 162
Vorratsvermögen 21
Vorschuß 115
Vorstandstantieme 221
Vorsteuer-Abzug 87
Vorsteuer-Berichtigung 99
Vorsteuer-Konten 91

Wareneinkauf 83
Wareneinsatz 83
Warenentnahmen (Eigen-
  verbrauch) 107
Warenkonten, Abschluß der ... 84
Warenkonten, getrennte 83
Warenkonto, ungeteiltes 82
Warenverkauf 83
Wechsel
  -Begriff 127
  -Bestandteile 128
  -Konten 131
  -Vorderseite 128
Wechseldiskont 129
Wechselobligo 131
Wechselprolongation 130
Wechselprotest 128,135
Wechselregreß 131,135
Wechselsteuer, Verbuchung129,132
Werbungskosten 123
Wertaufholungsgebot 25
Wertberichtigungen 176
  auf Anlagen ....
Wertberichtigungen auf- ....
  grund steuerlicher 216
  Sonderabschreibungen ....
Wertberichtigungen zu ....

Forderungen 177
Wertgrößen des Rechnungs- ... 15
  wesens ....
Wertpapier-Bestandskonten .. 136
Wertpapierkonto
  -Geteiltes 55
  -Ungeteiltes 54
Wertpapiere des Anlage-
  vermögens 136
Wertpapiere des Umlauf-
  vermögens 136
Wertzusammenhang 25

Zahllast, Begriff 87
Zeitliche Abgrenzungen
  -Begriff 186
  -Grundformen 188
Zieleinkauf 95
Zielverkauf 102
Zinsen, kalkulatorische 156
Zinspapiere
  -An-/Verkauf 141
  -Begriff 135
Zusatzleistungen 61
Zusatzkosten 59,61,156
Zweckaufwand 59
Zweckertrag 61
Zweikreissysteme 63

1)	Lineare Afa		Buchwert-AfA	
Nu.-jahr i	Abschreibungs-betrag A_i (L)	Restbuchwert B_i (L)	Abschreibungs-betrag A_i (D)	Restbuchwert B_i (D)
1.	10.000,--	90.000,--	25.000,--	75.000,--
2.	10.000,--	80.000,--	18.750,--	56.520,--
3.	10.000,--	70.000,--	14.060,--	42.190,--
4.	10.000,--	60.000,--	10.550,--	31.640,--
5.	10.000,--	50.000,--	7.910,--	23.730,--
6.	10.000,--	40.000,--	5.930,--	17.800,--
7.	10.000,--	30.000,--	4.450,--	13.350,--
8.	10.000,--	20.000,--	3.340,--	10.010,--
9.	10.000,--	10.000,--	2.500,--	7.510,--
10.	10.000,--	0,--	1.880,--	5.630,--
...	-	-	...	...

1) Zugang vor dem 30.07.1990 in der 1. Jahreshälfte

Anhang 1: **Abschreibungstabelle**

Jahr	Handels-bilanz ergebnis vor Steue.	Ertrag-steuern (60 %) -fiktiv-	Steuer-bilanz-ergebnis	Ertrag-steuern (60 %) -effektiv-	latente Steuern
1987	750.000,--	450.000,--	777.000,--	466.200,--	+ 16.200,--
1988	780.000,--	468.000,--	777.000,--	466.200,--	- 1.800,--
1989	780.000,--	468.000,--	777.000,--	466.200,--	- 1.800,--
1990	780.000,--	468.000,--	777.000,--	466.200,--	- 1.800,--
1991	780.000,--	468.000,--	777.000,--	466.200,--	- 1.800,--
1992	780.000,--	468.000,--	777.000,--	466.200,--	- 1.800,--
1993	780.000,--	468.000,--	777.000,--	466.200,--	- 1.800,--
1994	780.000,--	468.000,--	777.000,--	466.200,--	- 1.800,--
1995	780.000,--	468.000,--	777.000,--	466.200,--	- 1.800,--
1996	780.000,--	468.000,--	777.000,--	466.200,--	- 1.800,--

Anhang 2: **Aktive Latente Steuern (Tabelle)**

KLASSE 0
ANLAGEVERMÖGEN UND LANGFRISTIGES KAPITAL

00	Grundstücke und Gebäude
01/02	Maschinen und maschinelle Anlagen
03	Fahrzeuge, Werkzeuge, Betriebs- und Geschäftsausstattung
04	Sachanlagen-Sammelkonto
05	Sonst. Anlagevermögen
06	Langfristiges Fremdkapital
07	Eigenkapital
08	Wertberichtigungen, Rückstellungen und dergleichen
09	Rechnungsabgrenzung

KLASSE 1
FINANZ-UMLAUFVERMÖGEN / KURZFRISTIGE VERBINDLICHKEITEN

10	Kasse
11	Geldanstalten
12	Schecks und Besitzwechsel
13	Wertpapiere des Umlaufvermögens
14	Forderungen aus Warenlieferungen und Leistungen
15	Andere Forderungen
16	Verbindlichkeiten aus Warenlieferungen und Leistungen
17	Andere Verbindlichkeiten
18	Schuldwechsel, Bankschulden
19	Durchgangs-, Übergangs- und Privatkonten

KLASSE 2
NEUTRALE AUFWENDUNGEN UND ERTRÄGE

20	Betriebsfremde Aufwendungen u. Erträge
21	Aufwendungen und Erträge für Grundstücke und Gebäude
22	frei
23	Bilanzmäßige Abschreibungen
24	Zinsaufwendungen und Erträge (einschließlich Diskont und Skonto)
25	Betriebliche außerordentl. Aufwendungen und Erträge
26	Betriebl. periodenfremde Aufwendungen und Erträge
27/28	Gegenposten der Kosten- u. Leistungsrechnung
29	Das Gesamtergebnis betreffende Aufwendungen und Erträge

KLASSE 3
STOFFE / BESTÄNDE

30	Rohstoffe
33	Hilfsstoffe
34	Betriebsstoffe
38	Bezogene Bestand- und Fertigteile, auswärtige Bearbeitung
39	Handelswaren und auswärts bezogene Fertigerzeugnisse

KLASSE 4
KOSTENARTEN

40	Fertigungsmaterial
41	Gemeinkostenmaterial
42	Brennstoffe und Energie
43	Löhne und Gehälter
44	Sozialkosten
45	Instandhaltung
46	Steuern, Gebühren, Versicherungen und dergleichen
47	Verschiedene Kosten
48	Kalkulatorische Kosten
49	Sondereinzelkosten

KLASSE 5 / 6
FREI FÜR KOSTENSTELLENRECHNUNG

KLASSE 7
KOSTENTRÄGER-BESTÄNDE

78	Bestände an unfertigen Erzeugnissen (Halberzeugnisse)
79	Bestände an fertigen Erzeugnissen (Fertigerzeugnisse)

KLASSE 8
KOSTENTRÄGER-ERTRÄGE

83	Erlöse für Fertigerzeugnisse und andere Leistungen (Verkaufskonten)
85	Erlöse für Handelswaren
86	Erlöse aus Nebengeschäften
87	Eigenleistungen
88	Erlösschmälerungen (Erlösberichtigungen)
89	Bestandsveränderungen unfertigen und fertigen Erzeugnissen

KLASSE 9
ASCHLUßKONTEN

98	Ergebniskonten
980	Betriebsergebnis
987	Neutrales Ergebnis
989	Gewinn- und Verlustkonto
99	Bilanzkonten
998	Eröffnungsbilanzkonto
999	Schlußbilanzkonto

Anhang 4: Übungskontenplan gemäß GKR

KLASSE 0
ANLAGEVERMÖGEN UND LANGFRIST. KAPITAL

00	GRUNDSTÜCKE UND GEBÄUDE
008	Im Bau befindliche Gebäude
01	MASCHINEN UND MASCHINELLE ANLAGEN DER HAUPTBETRIEBE
02	MASCHINEN UND MASCHINELLE ANLAGEN DER NEBENBETRIEBE
029	Anzahlungen auf Anlagen
03	FAHRZEUGE, WERKZEUGE, BETRIEBS- U. GESCHÄFTS-AUSSTATTUNG
039	Geringwertige Wirtschaftsgüter der Betriebs- und Geschäftsausstattung
04	SACHANLAGEN-SAMMELKONTO
054	Beteiligungen
055	Wertpapiere des Anlagevermögens
056	Andere langfristige Forderungen
06	LANGFRISTIGES FREMDKAPITAL
060	Hypothekendarlehen

Bei Personenunternehmen:

07	EIGENKAPITAL (INHABER)
070	Eigenkapital / Gesellschafter A
071	Eigenkapital / Gesellschafter B
072	Eigenkapital / Gesellschafter C

Bei Kapitalgesellschaften:

070	Grund- bzw. Stammkapital
072	Gesetzliche Rücklage
073	Freie Rücklagen
079	Gewinn- und Verlustvortrag

080	Wertberichtigungen auf Anlagevermögen
084	Wertberichtigungen auf Außenstände
085	Rückstellungen
098	Aktive Rechnungsabgrenzungsposten
099	Passive Rechnungsabgrenzungsposten

KLASSE 1
FINANZ-UMLAUFVERMÖG. UND KURZFRISTIGE VERBINDLICHKEITEN

10	KASSE
11	GELDANSTALTEN ("BANK")
120	Schecks
125	Besitzwechsel
1259	Protestwechsel
13	WERTPAPIERE DES UMLAUFVERMÖGENS
14	FORDERUNGEN AUFGRUND VON WARENLIEFERUNGEN UND LEISTUNGEN
149	Zweifelhafte Forderungen
15	ANDERE FORDERUNGEN
150	Forderungen an Belegschaftsmitglieder
151	Eigene Anzahlungen
1550	Vorsteuer
1551	Einfuhrumsatzsteuer
1559	Sonst. Forderungen an Sozialversicherungsträger und Finanzbehörden
156	Forderungen an Gesellschafter wegen ausstehender Einlagen - bei Personensellschaften
158	Forder. gemäß §§ 89/115 AktG (bei Aktiengesellschaften
16	VERBINDLICHKEITEN AUS WARENLIEFERUNGEN UND LEISTUNGEN
17	ANDERE VERBINDLICHKEITEN
170	Verbindlichkeiten gegenüber Belegschaftsmitgliedern
171	Erhaltene Anzahlung.
174	Verbindlichk. gegenüber Sozialversicherungsträgern und Finanzbehörden ("Noch abzuführende Abgaben")
1750	Mehrwertsteuer
1751	Umsatzsteuer auf den Eigenverbrauch
1752	Umsatzsteuer-Verrechnungskonto
176	Gewinnanteile der Gesellschafter (bei Personengesellsch.) bzw. Dividenden (bei Kapitalgesellschaften)
177	Tantiemen (bei Kapitalgesellschaften)
180	Schuldwechsel
182	Bankschulden

19	DURCHGANGS-,ÜBERGANGS-UND PRIVATKONTEN
197	Privatkonto (Inhaber)
1970	Privatkonto Gesellschafter A
1971	Privatkonto Ges. B
1972	Privatkonto Ges. C

KLASSE 2
NEUTRALE AUFWENDUNGEN UND ERTRÄGE

200	Betriebsfremde Aufwendungen
205	Betriebsfremde Erträge
210	Haus- und Grundstücksaufwendungen
215	Haus- und Grundstückserträge
23	BILANZMÄSSIGE ABSCHREIBUNGEN
240	Zins- und Diskontaufwendungen
244	Skonto-Aufwendungen
245	Zins- und Diskonterträge
248	Skonto-Erträge
250	Betriebl. außerordentliche Aufwendungen
255	Betriebl. außerordentliche Erträge
26	BETRIEBLICHE PERIODENFREMDE AUFWENDUNGEN UND ERTRÄGE
260	Großreparaturen
269	Periodenfremde Erträge
27	VERRECHNETE ANTEILE BETRIEBLICHER, PERIODENFREMDER AUFWEND.
280	Verrechnete kalkulatorische Abschreibungen
281	Verrechnete kalkulatorische Zinsen
282	Verrechnete kalkulatorische Wagnisse
283	Verrechneter kalkulatorischer Unternehmerlohn
29	DAS GESAMTERGEBNIS BETREFFENDE AUFWENDUNGEN UND ERTRÄGE

KLASSE 3
STOFFE-BESTÄNDE

30	ROHSTOFFE
301	Bezugskosten/Rohstoffe
33	HILFSSTOFFE
331	Bezugskosten/Hilfsstoffe
34	BETRIEBSSTOFFE
341	Bezugskosten/Betriebsstoffe
38	BEZOGENE BESTAND- UND FERTIGTEILE, AUSWÄRTIGE BEARBEIT.
39	HANDELSWAREN UND AUSWÄRTS BEZOGENE FERTIGERZEUGNISSE

KLASSE 4
KOSTENARTEN

40	FERTIGUNGSMATERIAL (EINZELSTOFFKOSTEN)
41	GEMEINKOSTENMATERIAL (HILFSSTOFFKOSTEN)
42	BRENNSTOFFE, ENERGIE UND DERGLEICHEN
43	LÖHNE UND GEHÄLTER
44	SOZIALKOSTEN
45	INSTANDHALTUNG, VERSCHIEDENE LEISTUNGEN UND DERGLEICHEN
46	STEUERN, GEBÜHREN, BEITRÄGE, VERSICHERUNGSPRÄMIEN UND DERGLEICHEN
460	Steuern
47	MIETEN, VERKEHRS-, BÜRO-, WERBEKOSTEN ("VERSCHIEDENE KOSTEN")
470	Miete
479	Finanzkosten ("Nebenkosten des Geldverkehrs")
480	Kalkulatorische .Abschreibungen
481	Kalkulatorische Zinsen
482	Kalkulator. Wagnisse
483	Kalkulatorischer Unternehmerlohn
49	SONDEREINZELKOSTEN DER FERTIGUNG UND DES VERTRIEBS

KLASSE 5 / 6
FREI FÜR KOSTENSTELLEN-KONTIERUNGEN DER BETRIEBSRECHNUNG

KLASSE 7
BESTÄNDE AN UNFERTIGEN UND FERTIGEN ERZEUGNISSEN

78	BESTÄNDE AN UNFERTIGEN ERZEUGNISSEN ("UNFERTIGE ERZEUGNISSE")
79	BESTÄNDE AN FERTIGEN ERZEUGNISSEN ("FERTIGE ERZEUGNISSE")

KLASSE 8
ERTRÄGE

83	ERLÖSE FÜR ERZEUGNISSE UND ANDERE LEISTUNGEN ("VERKAUFSKONTO")
85	ERÖSE FÜR HANDELSWAREN
86	ERLÖSE AUS NEBENGESCHÄFTEN
87	EIGENLEISTUNGEN
88	ERLÖSBERICHTIGUNGEN
89	BESTANDSVERÄNDERUNGEN AN UNFERTIGEN UND FERTIGEN ERZEUGNISSEN

KLASSE 9
ABSCHLUSS

980	Betriebsergebnis
985	Verrechnungsergebnis
986	Gewinnverteilung
987	Neutrales Ergebnis
988	Das Gesamtergebnis betreffende Aufwendungen und Erträge (z.B. Körperschaftsteuer)
989	Gesamtergebnis ("Gewinn- und Verlustkonto")
998	Eröffnungsbilanzkonto
999	Schlußbilanzkonto

KLASSE 0
IMMATERIELLE VERMÖGENSGEGENSTÄNDE UND SACHANLAGEN

00 Ausstehende Einlagen (bei Kapitalgesellschaften: Ausstehende Einlagen auf das gezeichnete Kapital, bei Kommanditgesellschaften: ausstehende Kommanditeinlagen)
01 Aufwendungen für die Ingangsetzung und Erweiterung des Geschäftsbetriebes
   IMMATERIELLE VERMÖGENSGEGENSTÄNDE
02 Konzessionen, gewerbliche Schutzrechte und ähnliche Rechte und Werte sowie Lizenzen an solchen Rechten und Werten
03 Geschäfts- oder Firmenwert
04 Geleistete Anzahlungen auf immaterielle Vermögensgegenstände
   SACHANLAGEN
05 Grundstücke, grundstücksgleiche Rechte und Bauten einschl. der Bauten auf fremden Grundstücken
06 frei
07 Technische Anlagen und Maschinen
08 Andere Anlagen, Betriebs- und Geschäftsausstattung
09 Geleistete Anzahlungen und Anlagen im Bau

KLASSE 1
FINANZANLAGEN

10 frei
11 Anteile an verbundenen Unternehmen
12 Ausleihungen an verbundene Unternehmen
13 Beteiligungen
14 Ausleihungen an Unternehmen, mit denen ein Beteiligungsverhältnis besteht
15 Wertpapiere des Anlagevermögens
16 Sonstige Ausleihungen (Sonstige Finanzanlagen)

KLASSE 2
UMLAUFVERMÖGEN UND AKTIVE RECHNUNGSABGRENZUNG

   VORRÄTE
20 Roh-, Hilfs- und Betriebsstoffe
21 Unfertige Erzeugnisse, unfertige Leistungen
22 Fertige Erzeugnisse und Waren
23 Geleistete Anzahlungen auf Vorräte
   FORDERUNGEN UND SONST. VERMÖGENSGEGENSTÄNDE
24 Forderungen aus Lieferungen und Leistungen
25 Forderungen gegen verbundene Unternehmen und gegen Unternehmen, mit denen ein Beteiligungsverhältnis besteht
26 Sonstige Vermögensgegenstände
27 Wertpapiere
28 Flüssige Mittel
29 Aktive Rechnungsabgrenzung

KLASSE 3
EIGENKAPITAL UND RÜCKSTELLUNGEN

   EIGENKAPITAL
30 Kapitalkonto / Gezeichnetes Kapital
31 Kapitalrücklage
32 Gewinnrücklagen
33 Ergebnisverwendung
34 Jahresüberschuß / Jahresfehlbetrag
35 Sonderposten mit Rücklageanteil
36 Wertberichtigungen (bei Kapitalgesellschaften als Passivposten der Bilanz nicht mehr zulässig)
   RÜCKSTELLUNGEN
37 Rückstellungen für Pensionen und ähnliche Verpflichtungen
38 Steuerrückstellungen
39 Sonstige Rückstellungen

KLASSE 4
VERBINDLICHKEITEN UND PASSIVE RÜCKSTELLUNGEN

40 frei
41 Anleihen
42 Verbindlichkeiten gegenüber Kreditinstituten
43 Erhaltene Anzahlungen auf Bestellungen
44 Verbindlichkeiten aus Lieferungen und Leistungen
45 Wechselverbindlichkeiten (Schuldwechsel)
46 Verbindlichkeiten gegenüber verbundenen Unternehmen
47 Verbindlichkeiten gegenüber Unternehmen, mit denen ein Beteiligungsverhältnis besteht
48 Sonstige Verbindlichkeiten
49 Passive Rechnungsabgrenzung

KLASSE 5
ERTRÄGE

50 Umsatzerlöse
51 Umsatzerlöse (Fortsetzung)
52 Erhöhung oder Verminderung des Bestandes an unfertigen und fertigen Erzeugnissen
53 Andere aktivierte Eigenleistungen
54 Sonstige betriebliche Erträge
55 Erträge aus Beteiligungen
56 Erträge aus anderen Wertpapieren und Ausleihungen des Finanzanlagevermögens
57 Sonstige Zinsen und ähnliche Erträge
58 Außerordentliche Erträge (§ 277 Abs. 4 HGB)
59 Erträge aus Verlustübernahme

Anhang 5: Industriekontenrahmen (IKR '86)

	KLASSE 6 BETRIEBLICHE AUFWENDUNGEN		**KLASSE 8** ERGEBNISRECHNUNGEN	Anmerkung:
60	MATERIALAUFWAND Aufwendungen für Roh-, Hilfs- und Betriebsstoffe und für bezogene Waren	80	Eröffnung/Abschluß KONTEN DER KOSTENBE- REICHE FÜR DIE G+V IM UMSATZ-KOSTENVER- FAHREN	In der Praxis wird die KLR gewöhnlich tabellarisch durchgeführt. Hierzu hat der BDI 3-bändige Empfehlungen herausgegeben. (Siehe Literaturverzeichnis unter BDI, 1980, 1981, 1983)
61	Aufwendungen für be- zogene Leistungen PERSONALAUFWAND	81 82 83	Herstellungskosten Vertriebskosten Allgemeine Verwal-	
62	Löhne		tungskosten	
63	Gehälter	84	Sonstige	
64	Soziale Abgaben und Aufwendungen für Altersversorgung und für Unterstützungen		betriebliche Aufwendungen KONTEN DER KURZ- FRISTIGEN ERFOLGS-	
65	Abschreibungen SONSTIGE BE- BETRIEBLICHE AUFWENDUNGEN (66-70)		RECHNUNG (KER) FÜR INNERJÄHRIGE RECHNUNGSPERIODEN (MONAT, QUARTAL ODER	
66	Sonstige Personal- aufwendungen	85	HALBJAHR) Korrekturkonten zu	
67	Aufwendungen für die Inanspruchnahme von Rechten und Diensten	86	den Erträgen der Kontenklasse 5 Korrekturkonten zu	
68	Aufwendungen für Kommunikation (Dokumentation, In- formatik, Reisen, Werbung)	87	den Aufwendungen der Kontenklasse 6 Korrekturkonten zu den Aufwendungen der.Kontenklasse 7	
69	Aufwendungen für Beiträge und Sonstiges sowie Wertkorrekturen und periodenfremde Aufwendungen	88 89	Kurzfristige Erfolgsrechnung (KER) Innerjährige Rech- nungsabgrenzung	
	KLASSE 7 WEITERE AUFWENDUNGEN		**KLASSE 9** KOSTEN- UND LEISTUNGSRECHNUNG (KLR)	
70	Betriebliche Steuern	90	Unternehmensbezogene	
71	frei		Abgrenzungen	
72	frei	91	Kostenrechnerische	
73	frei		Korrekturen	
74	Abschreibungen auf Finanzanlagen und auf Wertpapiere des Umlaufvermögens und Verluste aus ent- sprechenden Abgängen	92 93 94 95 96	Kostenarten und Leistungsarten Kostenstellen Kostenträger Fertige Erzeugnisse Interne Lieferungen und Leistungen sowie	
75	Zinsen und ähnliche Aufwendungen	97	deren Kosten Umsatzkosten	
76	Außerordentliche Aufwendungen	98 99	Umsatzleistungen Ergebnisausweise	
77	Steuern vom Ein- kommen und vom Ertrag			
78	Sonstige Steuern			
79	Aufwendungen aus Ge- winnabführungsver- trägen			

Anhang 6: Übungskontenplan gemäß IKR

KLASSE 0
IMMATERIELLE VERMÖGENSGEGENSTÄNDE UND SACHANLAGEN

00	AUSSTEHENDE EINLAGEN (bei Kapitalgesellschaften: Ausstehende Einlagen auf das gezeichnete Kapital, bei Kommanditgesellsch.: Ausstehende Kommanditeinlagen)
000	Austehende Einlagen
001	Noch nicht eingeforderte Einlagen
002	Eingeforderte Einlagen
01	AUFWENDUNGEN FÜR DIE INGANGSETZUNG UND ERWEITERUNG DES GESCHÄFTSBETRIEBES
010	Aufwendungen für die Ingangsetzung und Erweiterung des Geschäftsbetriebes
02	KONZESSIONEN, GEWERBL. SCHUTZRECHTE UND ÄHNLICHE RECHTE UND WERTE SOWIE LIZENZEN AN SOLCHEN RECHTEN U. WERTEN
020	Konzessionen, gewerbl.Schutzrechte, usw.
03	GESCHÄFTS- ODER FIRMENWERT
030	Geschäfts/Firmenwert
04	frei
05	GRUNDSTÜCKE, GRUNDSTÜCKSGLEICHE RECHTE UND BAUTEN, EINSCHL. DER BAUTEN AUF FREMDEN GRUNDSTÜCKEN
050	Unbebaute Grundst.
051	Bebaute Grundstücke
053	Betriebsgebäude
054	Verwaltungsgebäude
055	Andere Bauten
056	Grundstückseinrichtungen
057	Gebäudeeinrichtungen
059	Wohngebäude
06	frei
07	TECHN. ANLAGEN UND MASCHINEN
08	ANDERE ANLAGEN, BETRIEBS- UND GESCHÄFTSAUSSTATTUNG
080	Andere Anlagen, Betriebs- und Geschäftsausstattung
089	Geringwertige Vermögensgegenstände der Betriebs- und Geschäftsausstattung
09	GELEISTETE ANZAHLUNGEN U.ANLAGEN IM BAU
090	Geleistete Anzahlungen auf Sachanlagen
095	Anlagen im Bau

KLASSE 1
FINANZANLAGEN

10	frei
11	ANTEILE AN VERBUNDENEN UNTERNEHMEN
110	Anteile an verbundenen Unternehmen
12	AUSLEIHUNGEN AN VERBUNDENE UNTERNEHMEN
120	Ausleihungen an verbundene Unternehmen
13	BETEILIGUNGEN
130	Beteiligungen
14	AUSLEIHUNGEN AN UNTERNEHMEN, MIT DENEN EIN BETEILIGUNGSVERHÄLTNIS BESTEHT
140	Ausleihungen an Unternehmen, mit denen ein Beteiligungsververhältnis besteht
15	WERTPAPIERE DES ANLAGEVERMÖGENS
150	Stammaktien
151	Vorzugsaktien
153	Investmentzertifikate
156	Festverzinsliche Wertpapiere
159	Sonstige Wertpapiere
16	SONST. AUSLEIHUNGEN (SONSTIGE FINANZANLAGEN)
160	Genossenschaftsanteile
164	Ausleihungen an Mitarbeiter, an Organmitglieder und an Gesellschafter
169	Übrige Sonstige Finanzanlagen

KLASSE 2
UMLAUFVERMÖGEN UND AKTIVE RECHNUNGSABGRENZUNG

20	ROH-, HILFS- UND BETRIEBSSTOFFE
200	Rohstoffe/Fertigungsmaterial
2001	Bezugskosten/Rohstoffe
2002	Nachlässe/Rohstoffe
201	Vorprodukte/Fremdbauteile
202	Hilfsstoffe
2021	Bezugskosten/Hilfsstoffe
2022	Nachlässe/Hilfsstoffe
203	Betriebsstoffe
207	Sonstiges Material
21	UNFERTIGE ERZEUGNISSE, UNFERTIGE LEISTUNGEN
210	Unfert. Erzeugnisse
219	Unfert. Leistungen
22	FERTIGE ERZEUGNISSE UND WAREN
220	Fertige Erzeugnisse
228	Waren (Handelswaren)
2281	Bezugskosten/ Handelswaren
2282	Nachlässe/Handelswaren
23	GELEISTETE ANZAHLUNGEN AUF VORRÄTE
230	Geleistete Anzahlungen auf Vorräte
24	FORDERUNGEN AUS LIEFERUNGEN UND LEISTUNGEN
240	Forderungen aus Lieferungen und Leistungen
245	Wechselforderungen aus Lieferungen und Leistungen (Besitzwechsel)
247	Zweifelhafte Forderungen aus Lieferungen und Leistungen ("Dubiose")
248	Protestwechsel
25	frei
26	SONSTIGE VERMÖGENSGEGENSTÄNDE (SONST. FORDERUNGEN)
260	Anrechenbare Vorsteuer
261	Aufzuteilende Vorsteuer
262	Frei
263	Sonst.Forderungen an Finanzbehörden (z.B. ausgezahlte Arbeitnehmer-Sparzulage)
264	Forderungen an Sozialversicherungsträger

Anhang 6: Übungskontenplan gemäß IKR

265	Forderungen an Mitarbeiter
266	Andere Sonstige Forderungen
267	Forderungen an Gesellschafter und Organmitglieder
268	Eingefordertes, noch nicht eingezahltes Kapital und eingeforderte Nachschüsse
269	Übrige Sonstige Vermögensgegenstände
27	WERTPAPIERE DES UMLAUFVERMÖGENS
270	Anteile an verbundenen Unternehmen
271	Eigene Anteile
272	Aktien
275	Finanzwechsel
277	Festverzinsliche Wertpapiere
28	FLÜSSIGE MITTEL
280	Guthaben bei Kreditinstituten ("Bank")
285	Postgiro
286	Schecks
287	Bundesbank
288	Kasse
289	Nebenkassen
29	AKTIVE RECHNUNGSABGRENZUNG UND BILANZFEHLBETRAG
290	Disagio
291	Zölle und Verbrauchssteuern
292	Umsatzsteuer auf Anzahlungen
293	Andere aktive Jahresabgrenzungsposten
295	Aktive Steuerabgrenzung
299	Nicht durch Eigenkapital gedeckter Fehlbetrag

**KLASSE 3
EIGENKAPITAL UND RÜCKSTELLUNGEN**

30	KAPITALKONTO/GEZEICHNETES KAPITAL

Bei Einzelkaufl.:
| 300 | Eigenkapital |
| 3001 | Privatkonto |

Bei Personengesellschaften:
300	Kapital Gesellschafter A
3001	Privatkonto A
307	Kommanditkapital Gesellschafter B
3071	Privatkonto B
308	Kommanditkapital Gesellschafter C
3081	Privatkonto C

Bei Kapitalgesellschaften:
| 300 | Gezeichnetes Kapital (Grund-/Stammkapital) |
| 305 | Noch nicht eingeforderte Einlagen |

31	KAPITALRÜCKLAGE
311	Aufgeld aus der Ausgabe von Anteilen
318	Eingeforderte Nachschüsse (GmbHG)
32	GEWINNRÜCKLAGEN
321	Gesetzl. Rücklagen
322	Rücklage für eigene Anteile
323	Satzungsmäßige Rücklagen
324	Andere Gewinnrücklagen
325	Eigenkapitalanteil bestimmter Passivposten
33	ERGEBNISVERWENDUNG
331	Jahresergebnis des Vorjahres
332	Ergebnisvortrag aus früheren Perioden
333	Entnahme aus der Kapitalrücklage
334	Veränderung der Gewinnrücklagen vor Bilanzergebnis
335	Bilanzergebnis (Bilanzgewinn/-verlust)
336	Ergebnisausschüttung
337	Zusätzlicher Aufwand/Ertrag aufgrund Ergebnisverwendungsbeschluß
338	Einstellungen in Gewinnrücklagen nach Bilanzergebnis
339	Ergebnisvortrag auf neue Rechnung
34	JAHRESÜBERSCHUSS/ JAHRESFEHLBETRAG
340	Jahresüberschuß/ Jahresfehlbetrag
35	SONDERPOSTEN MIT RÜCKLAGEANTEIL
350	Sog. steuerfreie Rücklagen
355	Wertberichtungen grund steuerlicher Sonderabschreibung
36	WERTBERICHTIGNEN (Bei Kapitalgesellschaften als Passivposten nicht mehr zulässig)
361	Wertberichtigungen zu Sachanlagen
365	Wertberichtigungen zu Finanzanlagen
367	Einzelwertberichtigungen zu Forder.
368	Pauschalwertberichtigungen zu Forder.
37	RÜCKSTELLUNGEN FÜR PENSIONEN U.ÄHNLICHE VERPFLICHTUNGEN
370	Pensionsrückstellungen
38	STEUERRÜCKSTELLUNGEN
380	Gewerbeertragsteuer
381	Körperschaftsteuer
382	Kapitalertragsteuer
383	Ausländische Quellensteuer
384	Andere Steuern vom Einkommen und Ertrag
385	Latente Steuern
389	Sonstige Steuerrückstellungen
39	SONST.RÜCKSTELLUNGEN
391	R.S. für Gewährleistungen
392	R.S. für andere ungew. Verbindl.
397	R.S. für drohende Verl.aus schw.Gesch.
399	R.S.für Aufwendungen

**KLASSE 4
VERBINDLICHKEITEN U. PASSIVE RECHNUNGSABGRENZUNG**

40	Frei
41	Frei
42	VERBINDLICHKEITEN GEGENÜBER KREDITINSTITUTEN
420	Kurzfrist.Bankverb.
425	Langfrist.Bankverb.
43	ERHALTENE ANZAHLUNGEN AUF BESTELLUNGEN
430	Erhaltene Anzahlg. auf Bestellungen
44	VERBINDLICHKEITEN AUS LIEFERUNGEN UND LEISTUNGEN
440	Verb.aus Lieferungen und Leistungen
45	WECHSELVERBINDLICHKEITEN (Schuldwechsel)
450	Schuldwechsel
46	Frei
47	Frei
48	SONSTIGE VERBINDLICHKEITEN
480	Umsatzsteuer
481	Umsatzsteuer / nicht fällig
482	Umsatzsteuer-Verrechnungskonto
483	Sonstige Verbindlichk. gegenüber Finanzbehörden
484	Verbindl. gegenüber Sozialversicherungsträgern
485	Verbindl. gegenüber Mitarbeitern

486	Verbindlichkeiten aus Vermögenswirksamen Leistungen
487	Verbindl. gegenüber Gesellschaftern und Organmitgliedern
489	Übrige sonst. Verb.
49	PASSIVE RECHNUNGSABGRENZUNG
490	Passive Rechnungsabgrenzungsposten

**KLASSE 5
ERTRÄGE**

50	UMSATZERLÖSE FÜR EIGENE ERZEUGNISSE UND LEISTUNGEN
500	Umsatzerlöse für eigene Erzeugnisse
5001	Erlösberichtigungen/ Eigene Erzeugnisse und Leistungen
51	UMSATZERLÖSE FÜR WAREN UND SONSTIGE UMSATZERLÖSE
510	Umsatzerlöse für Waren
5101	Erlösberichtigungen/ Waren
52	ERHÖHUNG ODER VERMINDERUNG D.BESTANDS AN UNFERTIGEN U.FERTIGEN ERZEUGNISSEN
520	Bestandsveränderg.
53	ANDERE AKTIVIERTE EIGENLEISTUNGEN
530	Aktivierte Eigenleistungen
54	SONSTIGE BETRIEBL. ERTRÄGE
540	Nebenerlöse (z.B. aus Vermietung und Verpachtung)
541	Sonst.Erlöse (z.B. aus Provisionen)
542	Eigenverbrauch (umsatzsteuerpflichtige Lieferg.und Leistg. ohne Entgelt)
543	Andere Sonst.betriebliche Erträge (z.B.Schadensersatzleistungen)
544	Erträge aus Werterhöhungen von Gegenständen d.Anlagevermögens (Zuschreibg.)
545	Erträge aus der Auflösung oder Herabsetzung von Wertberichtigungen auf Forderungen
546	Erträge aus d.Abgang von Vermögensgegenständen (Sachanlagen,Umlaufvermögen)
547	Erträge aus d.Auflösung v. Sonderposten mit Rücklagenanteil
548	Erträge aus der Herabsetzung von Rückstellungen
549	Periodenfremde Erträge(z.B.Rückerstattung von betriebl. Steuern)
55	ERTRÄGE AUS BETEILIGUNGEN
550	Erträge aus Beteiligungen
56	ERTRÄGE AUS ANDEREN WERTPAPIEREN U. AUSLEIHUNGEN D.FINANZANLAGEVERMÖGENS
560	Erträge aus anderen Finanzanlagen
57	SONSTIGE ZINSEN UND ÄHNLICHE ERTRÄGE
571	Zinserträge
573	Diskonterträge
578	Erträge aus Wertpapieren d.Umlaufverm. (Zinsen, Dividenden, Erträge aus d.Abgang oder aus Zuschreib.)
579	Sonst. zinsähnliche Erträge
58	AUßERORDENTL.ERTRÄGE (§277 Abs.4 HGB)
580	Außerordentl.Erträge
59	Frei

**KLASSE 6
BETRIEBLICHE
AUFWENDUNGEN**

60	AUFWENDUNGEN FÜR ROH-, HILFS- UND BERIEBSSTOFFE UND FÜR BEZOGENE WAREN
600	Aufwend.f.Rohstoffe/ Fertigungsmaterial
601	Aufwend.f.Vorprodukte/Fremdbauteile
602	Aufw.f.Hilfsstoffe
603	Aufw.f. Betriebsstoffe/Verbrauchswerkzeuge
604	Aufw.f. Verpackungsmaterial
605	Aufwend. für Energie
606	Aufwend .für Reparaturmaterial
607	Aufwend. für Sonst. Material
608	Aufwend. für Waren
609	Sonderabschreib.auf Roh-,Hilfs- und Betriebsstoffe und für bezogene Waren
61	AUFWEND.FÜR BEZOGENE LEISTUNGEN (z.B. Fremdlager)
614	Frachten und Fremdlager
62	LÖHNE
620	Löhne f.geleistete Arbeitszeit
625	Sachbezüge
63	GEHÄLTER
630	Gehälter einschl.tarifl.,vertragl. oder arbeitsbedingter Zulagen
631	Urlaubs- und Weihnachtsgelder
632	Sonst. tarifl. oder vertragl. Aufwend.
633	Freiwillige Zuwend.
635	Sachbezüge
636	Vergütungen an kaufmänn. Auszubildende
64	SOZIALE ABGABEN UND AUFWEND.FÜR ALTERSVERSORGUNG UND FÜR UNTERSTÜTZUNGEN
640	Arbeitgeberanteile z.Sozialversicherung
643	Sonst. soz. Abgaben
644	Aufwend. für Altersversorgung
65	ABSCHREIBUNGEN
650	Abschreib.auf aktivierte Aufwend. für die Ingangsetzung/ Erweiterung des Geschäftsbetriebes
651	Abschreibung auf immaterielle Vermögensgegenstände des Anlagevermögens
652	Abschreib. auf Sachanlagen
654	Abschreibungen auf Geringwertige Wirtschaftsgüter
655	Außerplanmäßige Abschreib.auf Sachanl.
656	Steuerrechtl.Sonderabschr. auf Sachanl.
657	Unübliche Abschr.auf Umlaufvermögen
66	SONSTIGE PERSONALAUFWEND.(z.B.Personaleinstellung)
660	Sonst.Personalaufw.
67	AUFWENDUNGEN FÜR DIE INANSPRUCHNAHME VON RECHTEN UND DIENSTEN
670	Mieten, Pachten, Erbbauzinsen

Anhang 6: Übungskontenplan gemäß IKR

671	Leasing		**KLASSE 7**		**KLASSE 8**
672	Lizenzen und Konzessionen		WEITERE AUFWENDUNGEN (insb.Finanzbereich)		ERGEBNISRECHNUNGEN
673	Gebühren			80	ERÖFFNUNG/ABSCHLUSS
675	Kosten d.Geldverkehr			800	Eröffnungsbilanzkonto
676	Provisionsaufw.(ausser Vertriebsprov.)	70	BETRIEBL. STEUERN	801	Schlußbilanzkonto
677	Rechts- u.Beratungskosten	700	Gewerbekapitalsteuer	802	G+V-Konto (Gesamtkostenverfahren)
678	Aufwend.für den Aufsichtsrat	701	Vermögensteuer	803	G+V-Konto (Umsatzkostenverfahren)
68	AUFWEND.FÜR KOMMUNIKATION (Dokumentation, Informatik, Reisen, Werbung)	702	Grundsteuer	804	Gewinn- u. Verlust-Verteilung
		703	Kraftfahrzeugsteuer		
		704	Frei		------------------------
		705	Wechselsteuer		Konten d.Kostenbereiche für die G+V im Umsatzkostenverfahren:
680	Büromaterial	706	Gesellschaftsteuer		
681	Zeitungen und Fachliteratur	707	Ausfuhrzölle		
682	Post	708	Verbrauchsteuern	81	HERSTELLKOSTEN
685	Reisekosten	709	Sonst. betriebl. Steuern	82	VERTRIEBSKOSTEN
686	Gästebewirtung und Repräsentation	71	Frei	83	ALLGEMEINE VERWALTUNGSKOSTEN
687	Werbung	72	Frei	84	SONST.BETRIEBL.AUFW.
688	Spenden	73	Frei		------------------------
689	Sonst. Aufwand für Kommunikation	74	ABSCHREIB.AUF FINANZANLAGEN UND AUF WERTPAPIERE DES UMLAUFVERM.U.VERLUSTE AUS ENTSPRECHENDEN ABGÄNGEN		Konten d.kurzfrist. Erfolgsrechng.(KER) für innerjähr.Rechnungsperioden (Monat Quartal, Halbjahr):
69	AUFW.FÜR BEITRÄGE UND SONSTIGES SOWIE WERTKORREKTUREN UND PERIODENFREMDE AUFW.				
690	Versicherungsbeiträge (Diverse)	740	Abschreibungen auf Finanzanlagen	85	KORREKTURKONTEN ZU DEN ERTRÄGEN DER KONTENKLASSE 5
691	Kfz-Vers.-Beiträge	742	Abschr.auf Wertpapiere d.Umlaufverm.		
692	Beiträge zu Wirtschaftsverbänden u. Berufsvertretungen	745	Verluste a.d.Abgang von Finanzanlagen	86	KORREKTURKONTEN ZU DEN AUFWENDUNGEN DER KONTENKLASSE 6
693	Verluste aus Schadensfällen	746	Verluste a.d.Abgang von Wertpapieren des Umlaufvermögens	87	KORREKTURKONTEN ZU DEN AUFWENDUNGEN DER KONTENKLASSE 7
695	Abschreibungen auf Forderungen	749	Aufwend.aus Verlustübernahme	88	KURZFRISTIGE ERFOLGSRECHNUNG (KER)
6951	Abschreib.auf Forderungen wegen Uneinbringlichkeit	75	ZINSEN U.ÄHNL.AUFW.	880	Gesamtkostenverfahren
		751	Zinsaufwendungen		
6952	Einzelwertberichtigungen auf Forder.	753	Diskontaufwand	881	Umsatzkostenverfahren
		754	Abschr. auf Disagio		
6953	Pauschalwertberichtigungen auf Forderungen	759	Sonstige Zinsen und ähnl. Aufwendungen	89	INNERJÄHRIGE RECHNUNGSABGRENZUNG
		76	AUSSERORDENTL.AUFW.	890	Aktive Rech.abgrenz.
696	Verluste aus dem Abgang von Vermögensgegenständen	77	STEUERN VOM EINKOMMEN UND ERTRAG	893	Passive Rechnungsabgrenzung
		770	Gewerbeertragsteuer		**KLASSE 9**
6961	Verl.a.d.Abgang / Immaterielles Anlagevermögen	771	Körperschaftsteuer		KOSTEN- UND LEISTUNGSRECHNUNG (KLR)
		772	Kapitalertragsteuer		
6962	Verl.a.d.Abgang / Sachanlagevermögen	773	Ausländ. Quellensteuer		
		775	Latente Steuern	90	UNTERNEHMENSBEZOGENE ABGRENZUNGEN
6963	Verl.a.d.Abgang /Umlaufverm.(außer Vorräte u.Wertpapiere)	779	Sonstige Steuern vom Einkommen und Ertrag	91	KOSTENRECHNERISCHE KORREKTUREN
		78	SONSTIGE STEUERN		
697	Einstellungen in den Sonderposten mit Rücklagenanteil	79	AUFWEND. AUS GEWINNABFÜHRUNGSVERTRAG	92	KOSTENARTEN UND LEISTUNGSARTEN
				93	KOSTENSTELLEN
698	Zuführungen zu Rückstellg.(z.B.Gewährleistungen)			94	KOSTENTRÄGER
				95	FERTIGE ERZEUGNISSE
699	Periodenfremde Aufw. (soweit nicht bei den einzelnen Aufw.-arten zu erfassen)			96	INTERNE LIEFERUNGEN UND LEISTUNGEN SOWIE DEREN KOSTEN
				97	UMSATZKOSTEN
				98	UMSATZLEISTUNGEN
				99	ERGEBNISAUSWEISE